石家庄海关年鉴

2022

《石家庄海关年鉴（2022）》编纂委员会——编著

中国海关出版社有限公司
·北京·

图书在版编目（CIP）数据

石家庄海关年鉴．2022/《石家庄海关年鉴（2022）》编纂委员会编著．—北京：中国海关出版社有限公司，2023．3
（中国海关史料丛书）
ISBN 978－7－5175－0658－4

Ⅰ．①石…　Ⅱ．①石…　Ⅲ．①海关—石家庄—2022—年鉴　Ⅳ．①F752．55-54

中国国家版本馆CIP数据核字（2023）第042645号

石家庄海关年鉴（2022）
SHIJIAZHUANG HAIGUAN NIANJIAN（2022）

作　　者：《石家庄海关年鉴（2022）》编纂委员会
责任编辑：夏淑婷
出版发行：中国海关出版社有限公司
社　　址：北京市朝阳区东四环南路甲1号　　邮政编码：100023
编 辑 部：01065194242-7539（电话）
发 行 部：01065194221/4238/4246/5127（电话）
社办书店：01065195616（电话）
https：//weidian．com/？userid＝319526934（网址）
印　　刷：北京新华印刷有限公司　　经　　销：新华书店
开　　本：889mm×1194mm　1/16
印　　张：22　　字　　数：415千字
版　　次：2023年3月第1版
印　　次：2023年3月第1次印刷
书　　号：ISBN 978－7－5175－0658－4
定　　价：220．00元

《石家庄海关年鉴（2022）》编纂委员会

《石家庄海关年鉴（2022）》编辑部

编辑说明

一、《石家庄海关年鉴》由石家庄海关组织编纂，是全面、客观、系统记载石家庄海关发展历程的编年史料，自2022年起，每年出版一卷，本卷为首卷。

二、《石家庄海关年鉴（2022）》以习近平新时代中国特色社会主义思想为指导，是全面反映石家庄海关2021年1月1日至2021年12月31日工作基本情况的资料性工具书，因本卷为首次编纂，综述部分进行了适当上溯。

三、《石家庄海关年鉴（2022）》坚持实事求是的编辑方针，坚持为人民服务、为社会服务的宗旨，为社会各界读者了解和研究石家庄海关提供基本资料。记述范围为石家庄海关及所属处室、隶属海关、直属事业单位的工作情况。

四、《石家庄海关年鉴（2022）》采用各部门单位供稿、年鉴编辑部统稿的形式编纂。设类目、分目、条目三个层级，有特载、专记、政治建设、业务建设、综合保障、隶属海关、事业单位、大事记、附录九个类目，分目下设概况和若干条目，撰稿人按姓氏笔画排序。

目　录

第四篇　业务建设

第五篇　综合保障

第六篇 隶属海关

第七篇　事业单位

第八篇　大事记

附　录

“中国海关史料丛书”编委会

综 述

石家庄海关于1987年2月24日经国务院批准设立，1989年8月28日经海关总署（以下简称“总署”）批准正式成立，为副厅（局）级直属海关。同年9月1日，正式开关办理业务。2000年12月7日，升格为正厅（局）级海关。

2018年4月16日，根据党中央、国务院机构改革的统一部署和总署工作安排，原河北出入境检验检疫局管理职责和队伍划入石家庄海关。石家庄海关以强烈的政治责任感和历史使命感，认真推进机构改革工作，行动迅速、进展平稳，在规定时间内完成了各项机构改革任务。机构改革后，石家庄海关针对业务种类更加齐全、监管责任更加繁重的实际，以政治建设为统领，以机构改革为契机，紧紧围绕总署的各项工作要求，全面融入河北省对外发展的大局，各项工作取得了较大进步。

石家庄海关内设正处级机构18个，设有石家庄海关缉私局（副厅级），下辖正处级隶属海关单位19个，管理事业单位10个。业务管辖范围为河北省，共有空港口岸1个（石家庄机场口岸），海港口岸4个（秦皇岛、曹妃甸、京唐港、黄骅港），海关特殊监管区域5个（曹妃甸综合保税区、石家庄综合保税区、廊坊综合保税区、秦皇岛综合保税区、北京大兴国际机场综合保税区），海关保税监管场所5个［河北武安保税物流中心（B型）、唐山港京唐港区保税物流中心（B型）、辛集保税物流中心（B型）、河北冀中南智能港保税物流中心（A型）、肃宁保税物流中心（A型）］，保税仓库22个，出口监管仓库4个。

2021年，石家庄海关以习近平新时代中国特色社会主义思想为指导，深入学习贯彻党的十九大和十九届历次全会精神，在总署的正确领导下，扎实推进“五关”建设，突出全面从严治党，做到强化监管和优化服务有效统一，马上就办、真抓实干，较好地完成了全年各项工作任务。

政治建关成效更加彰显。把学习贯彻习近平新时代中国特色社会主义思想作为首要政治任务，严格落实“第一议题”制度，传达学习习近平总书记重要讲话精神和重要指示批示精神。抓好党的十九届五中、六中全会精神学习，重点组织集中学习研讨，教育引导关区党员干部深刻认识“两个确立”的决定性意义，及时以党的创新理论成果统一思想、统一意志、统一行动。组织开展党史学习教育，深入开展“我为群众办实事”实践活动，带动关区党员干部在学史明理、学史增信、学史崇德、学史力行上下功夫。服务京津冀协同发展国家战略，推进“一带一路”建设，支持雄安新区规划建设，全力做好北京2022年冬奥会和冬残奥会筹办相关工作，坚决将固体废物、象牙等濒危物种及其制品拒于国门之外，以实际行动坚决做到“两个维护”。

新冠肺炎疫情[①]防控屏障更加坚固。持续构建科学、完备、高效的技术方案体系，建立动态更新机制，推动新冠肺炎疫情防控工作制度化、规范化。精准做好口岸新冠肺炎疫情防控工作，密切关注境外新冠肺炎疫情态势，针对性开展防范境外新冠肺炎疫情输入专项风险评估，提升重大疫情早期预警能力，严格落实“三查三排一转运”“7个100%”等要求，毫不放松地抓实、抓细各项防控措施。不断提升卫生检疫领域安全防护水平，建立健全“培训考核、监督管理、自查督查”三位一体的安全防护制度体系，组织开展安全防护突发事件应急处置演练，不断提升口岸一线应急处置能力。强化联防联控工作机制，实现口岸疫情防控无缝衔接、闭环管理。扎实推进新冠病毒疫苗接种、加强免疫接种工作，口岸一线人员、北京2022年冬奥会和冬残奥会保障人员全员全程完成免疫接种程序。

监管职能作用更加突出。严格落实口岸货物检查作业制度。强化进口危化品、再生金属等重点敏感货物口岸查验，加强智能审图应用力度。不断提升反恐能力，举行核辐射突发事件应急处置演练，持续开展核生化有害因子监测，查发处置核辐射超标情事两起。加强海关监管作业场所（场地，下同）日常监督管理及实地巡查力度，将“海关监管货物仓储”行政审批权限下放至隶属海关，监管作业场所规范化管理水平有效提升。扎实开展跨境电商进口走私“断链刨根”专项整治行动。着力提升稽查工作效能，积极探索开展跨片区稽查，大力推行稽查标准化作业程序和表单，增强执法统一性。强化加工贸易管理，完成加工贸易企业精准画像，保税监管风险防控能力有效提高。严守国门生物安全，强化外来入侵物种口岸防控，与河北省农业农村厅等6部门联合印发《河北省外来入侵物种普查总体方案》，联防联控的基础更加牢固。

促进外贸发展更加有力。持续优化口岸营商环境，全面推进业务改革，巩固压缩整体通关时间成效。2021年12月进、出口整体通关时间分别为26.36小时、0.99小时，较

① 2022年12月26日，国家卫生健康委员会发布2022年第7号公告，将新型冠状病毒肺炎更名为新型冠状病毒感染，本书记述时限为2021年1月1日至12月31日，因此，书中“新冠肺炎疫情”等相关表述，沿用2022年第7号公告颁布之前的说法。

2017年同期分别压缩83.53%、93.89%，均优于全国平均水平。支持各类海关特殊监管区域蓬勃发展，北京大兴国际机场综合保税区（一期）通过正式验收。扎实做好《区域全面经济伙伴关系协定》（RCEP）落地准备。深入推进原产地证书便利签证，全面实施“智能审核+自助打印”举措，实现原产地证书全天候“即报即签”。落实报关企业注册改备案制度，开展主动披露应用试点。

各项基础保障更加稳定。全面从严治党、从严治关纵深推进，全面从严治党主体责任逐级压实，党的建设工作质量稳步提高，清廉海关建设取得积极成效，干部队伍精神面貌持续向好。公文办理更加精简高效，信息宣传成效明显，值班应急平稳有序，政务公开服务水平不断提升，保密管理职能充分发挥。全面夯实财务基础工作，修订完善财务管理制度，使财务规范化管理水平不断提升。后勤服务、离退休干部管理等工作稳步开展，管理更加规范、精细，服务保障作用进一步强化、优化。扎实做好关区经济责任审计、专项审计有关工作，加强内控评价，提高了内控机制建设水平。

海关专题图片

领导活动

◀2021 年 2 月 2 日，石家庄海关召开 2021 年度海关工作会议、全面从严治党工作会议

2021 年 12 月 2 日，石家庄海关党委书记、关长闫伟东（左二）到石家庄机场航站楼改造现场调研 ▶

2021 年 3 月 11 日，石家庄海关党委委员、政治部主任刘卫（右一）到张家口某汽车发动机制造企业调研 ▶

◀ 2021 年 10 月 28 日，石家庄海关党委委员、副关长王蔚冰（右四）实地调研石家庄正定国际机场 T1 航站楼改造工作

2021 年 7 月 23 日，石家庄海关党委委员、缉私局局长刘滨生（右排中）到基层联系点沧州海关企业管理和稽查二科党支部参加专题组织生活会 ▶

◀2021 年 10 月 29 日，石家庄海关党委委员、副关长王锡刚（左二）出席石家庄海关在河北省政府新闻办召开的新闻发布会

2021 年 5 月 11 日，石家庄海关党委委员、纪检组组长刘学惠（右一）在辛集保税物流中心（B 型）调研 ▶

◀2021 年 3 月 26 日，石家庄海关党委委员、副关长石金峰（右二）到秦皇岛海关煤炭检测技术中心调研

疫情防控

2021 年 1 月 11 日，▶
曹妃甸海关关员登轮检疫

◀ 2021 年 1 月 27 日，邢台海关组织关员开展新冠肺炎感染应急演练

◀2021 年 2 月 3 日，北戴河海关关员对综合保税区入区进口水产品实施新冠病毒监测工作

2021 年 2 月 12 日，秦皇岛海关关员在秦皇岛港码头准备为入境船舶办理检疫手续 ▶

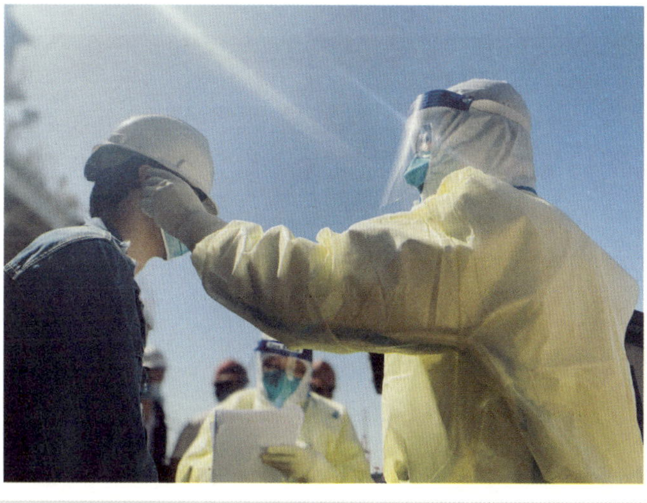

◀2021 年 5 月 27 日，京唐港海关关员对船员开展体温监测

2021 年 8 月 8 日，黄骅港海关关员准备登临检疫 ▶

◀ 2021 年 11 月 22 日，石家庄机场海关关员在机坪开展入境航班卫生检疫实战演练

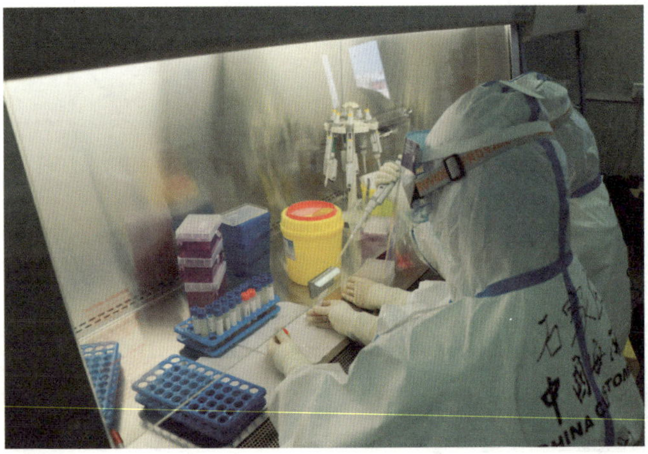

2021 年 12 月 6 日，河北国际旅行卫生保健中心核酸检测实验室工作人员在进行新冠病毒核酸提取工作 ▶

业务建设

◀ 2021 年 1 月 10 日，黄骅港海关关员对进境粮食进行表层查验

2021 年 2 月 26 日，秦皇岛海关关员对中蒙过境煤油现场施加关锁 ▶

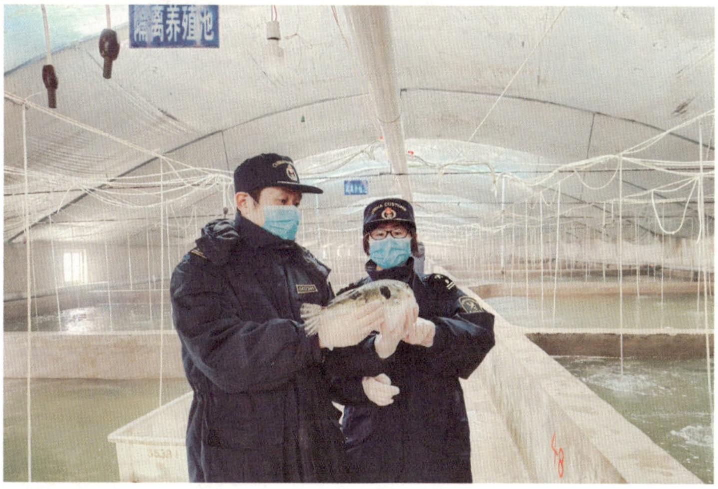

◀ 2021 年 2 月 26 日，唐山海关关员在元宵节对出口河鲀鱼进行查验

2021 年 3 月 3 日，石家庄海关缉私局工作人员查获涉嫌走私雪茄 5.8 万支 ▶

◀ 2021 年 4 月 14 日，沧州海关关员到小学进行“美丽中国 你我护航”国门生物安全科普讲座

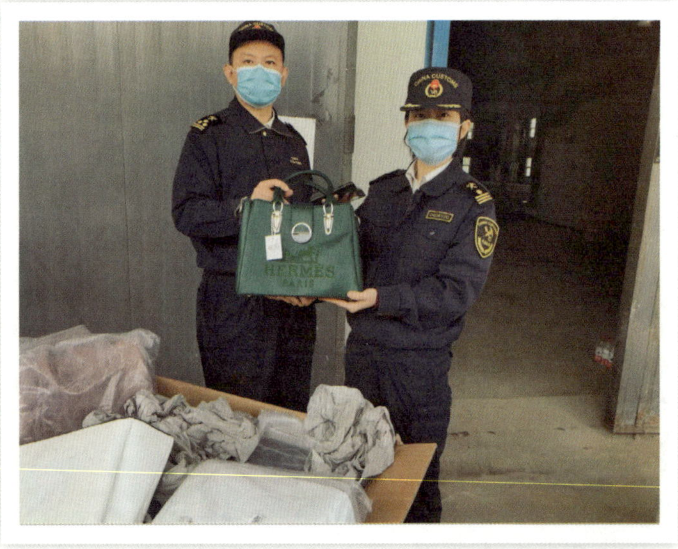

2021 年 4 月 23 日，保定海关关员在市场采购贸易渠道查获侵权商品 ▶

◀2021 年 4 月 30 日，衡水海关关员深入辖区外贸企业开展海关政策宣讲

2021 年 4 月 30 日，正定海关关员核对进入石家庄综合保税区的钢铁产品货物信息 ▶

◀2021 年 7 月 29 日，京唐港海关关员冒雨对进口集装箱进行查验

2021 年 9 月 8 日，张家口海关关员对进境的造雪机进行验核 ▶

◀ 2021 年 9 月 17 日，承德海关关员对供港澳活牛抽血采样检疫

2021 年 10 月 9 日，北戴河海关关员在植物检疫实验室鉴定进口大豆中检疫性杂草种子 ▶

◀2021年11月17日，雄安海关关员在辖区企业了解生产经营情况并宣讲跨境电商相关政策

2021年12月7日，曹妃甸海关关员采集截获有害生物 ▶

◀2021年12月15日，邢台海关关员在企业查验监管进口机械设备

2021 年 12 月 24 日，鹿泉海关关员查验进境皮张

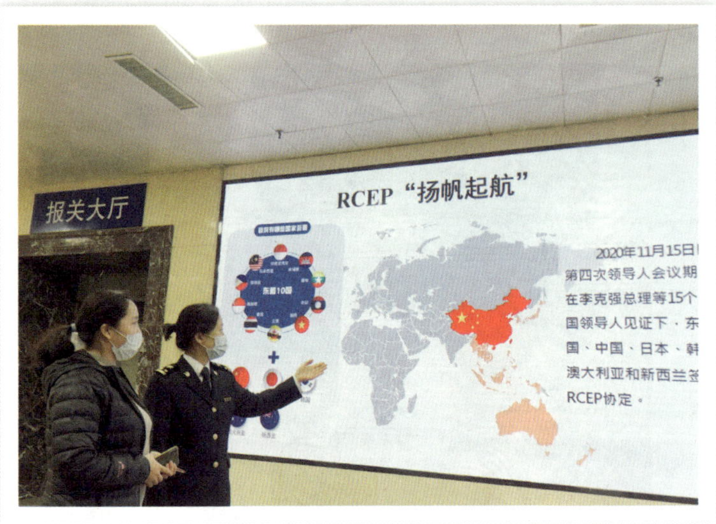

2021 年 12 月 30 日，邯郸海关关员向企业介绍 RCEP 相关政策

2021 年 12 月 31 日，石家庄机场海关关员在石家庄正定国际机场开展口岸卫生许可现场考核工作

队伍建设

◀ 2021 年 4 月 23 日，曹妃甸海关关员参观李大钊纪念馆

2021 年 4 月 24 日，正定海关赴井陉台阳爱国主义教育基地开展“内务规范强化月”准军集训 ▶

▶ 2021 年 5 月 11 日，离退休党员到红色教育基地接受“体验式”党史学习教育

◀ 2021 年 6 月 24 日，石家庄机场海关、黄骅港海关两名同志在“巾帼心向党”省直女职工风采展演中荣获二等奖

▶ 2021 年 6 月 26 日，廊坊海关全体党员重温入党誓词

◀2021 年 6 月 28 日，衡水海关利用红色资源教育基地开展现场党课教育，庆祝中国共产党成立 100 周年

2021 年 7 月 1 日，承德海关组织党员重温入党誓词 ▶

◀2021 年 7 月 30 日，曹妃甸海关综合业务一科党支部书记在第 5 期海关 e 课堂上交流介绍学习习近平总书记“七一”重要讲话精神的感悟体会

第一篇

特载

在2021年石家庄海关工作会议上的讲话

石家庄海关关长、党委书记　闫伟东

（2021年2月2日）

这次会议的主要任务是：以习近平新时代中国特色社会主义思想为指导，深入贯彻党的十九大和十九届二中、三中、四中、五中全会精神，认真落实全国海关工作会议部署，总结工作、分析形势、明确要求，研究安排2021年工作。

下面，我代表关党委讲三点意见。

一、2020年和“十三五”时期关区工作回顾

2020年，是极不平凡的一年。一年来，我们坚决贯彻习近平总书记重要指示批示精神，认真落实党中央、国务院决策部署，按照海关总署党委工作要求，全面深化政治建关、改革强关、依法把关、科技兴关、从严治关，统筹推进口岸疫情防控和促进外贸稳增长，经受住了严峻考验，关区各项工作取得新进步，全面建设实现新发展。

（一）把党的政治建设作为根本性建设一抓到底。

以习近平新时代中国特色社会主义思想凝心聚力不断深入。落实两级党委理论学习中心组学习制度，石家庄海关党委共组织19次中心组（扩大）学习。及时修订完善形势分析及工作督查例会制度，确保“第一议题”传达学习，“第一时间”研究部署。采用主题征文、专家授课、知识测试等不同形式压紧压实各级党组织理论学习任务，学习质量进一步提升。贯彻落实习近平总书记重要指示批示精神和党中央重大决策部署取得新成效。将禁止“洋垃圾”入境作为生态文明建设标志性举措。成功助力中国鲜梨出口巴西。围绕京津冀协同发展，加强津冀海关通关协作。建立京冀海关冬奥安保工作联系配合机制，参与起草2022年北京冬奥会海关安保方案；提升实验室食源性兴奋剂检测能

力，做好冬奥会筹备进口食品安全保障工作。巩固脱贫成果，石家庄海关负责的4个扶贫村“两不愁三保障”问题全部落实。发挥政治建设统领作用，政治机关建设扎实推进。开展“坚持政治建关、强化政治机关意识教育”成效明显。严格落实党内各项法规制度，强化重大事项请示报告。落实意识形态工作责任清单，压紧压实意识形态工作责任。严格落实中央“八项规定”及其实施细则精神，不断整治“四风”。严肃党内政治生活，认真落实民主集中制、“三会一课”、民主生活会、组织生活会、民主评议党员、谈心谈话等基本制度。把“四个融入”作为深化巡视整改工作的根本遵循，开展两轮“回头看”，整改重点从抓好任务落实向有效解决问题转变。

（二）在抗疫大战大考中交出合格答卷。

加强口岸卫生检疫。切实加强对疫情防控工作的组织领导，制发专项工作预案、方案，完善疫情防控指挥体系，开展疫情防控工作专项考核，严格落实海港空港口岸卫生检疫措施。开展埃博拉、中东呼吸综合征和寨卡病毒病等重点传染病样本检测，有效防止疫情叠加。加强高风险货物检疫。坚持“人、物、环境”同防，加强进口商品风险监测和预防性消毒工作，细化源头管控、风险监测、预防性消毒等各项措施，严防疫情通过进口冷链食品输入风险。强化涉疫相关特殊物品出入境管理，严格审批相关资料，及时掌握出入境情况和可能存在的生物安全风险。积极参与联防联控。融入属地疫情防控“一盘棋”，会同省外办等6部门建立河北出入境疫情防控工作机制，确定数据共享、人员处置、防控合作、病例追溯机制，实现入境人员检测、转运、隔离、留观全过程无缝衔接，闭环运作。建立入境航班卫生检疫及实验室检测信息通报工作模式，实现海关与地方联防联控机制信息共享互通，核酸检测结果互认。保障防疫物资快速通关。开通“进口疫情防控物资快速通关绿色通道”，提供卸货过程中查验、“门到门”查验、设备安装中检验等便利措施。加强出口防疫物资质量安全监管，开展“防疫物资产品质量和市场秩序专项整治行动”。

（三）切实兜住安全底线。

实际监管不断强化。加强口岸安全管理，组织开展安全生产集中整治和监管领域安全风险隐患排查整改，与省安委会等部门建立安全生产联系配合机制。联合河北省发改委等24部门共同起草签署工作方案，推动河北省口岸安全风险联合防控工作进入科学化、规范化运行阶段。推动监管作业场地达标建设，强化集中审像、智能审图应用，构建以集中审像中心为核心、H986机检现场联动的机检审图体系。组织开展口岸监管环节反恐怖工作自查“回头看”和应急处置演练。税收征管质量进一步提升。深化综合治税，开展重点税源商品、企业和行业调研，推动属地纳税人管理向更高层次开展。严格防控税收风险，研究制定高级认证企业“两步申报”免担保实施细则（试行），开展税款入库、税款担保、提前申报、归类差异等监控，担保处置及时率达100%。加强大宗散货二次结算管理，防范漏结算风险。关区税款入库361.24亿元，完成调整后的税收预算目标。国门生物安全防控持续加强。严格落实非洲猪瘟、高致病性禽流感和口蹄疫等重大动物传染病疫情防控工作，密切关注国外重大动物疫情动态，落实全链条管控，严格进境动物及动物产品检疫审批以及口岸查验和疫情处置。强化入境口岸疫情监测，有效拦截非洲猪瘟等重大动植物疫情疫病传入。进出口食品、商品检验监管更加有效。强化食品安全职能管理和进出口危化品安全检验监管，创新出口危化品包装使用鉴定监管模式，推动实施远程智能化辅助检验。

（四）有效促进外贸稳增长。

促进外贸进出口创历史新高。结合“六稳”“六保”任务落实，深入企业调研，有效解决企业实际问题。及时研究出台《关于应对疫情影响 促进外贸稳增长的26条具体措施》《统筹做好口岸疫情防控和通关便利化工作措施清单》等一系列工作措施，有效帮扶外贸市场主体，稳定外贸产业链供应链。加强宏观统计分析，完成《河北省进出口专报》11期。全年河北外贸进出口总值4,410.4亿元人民币，同比增长10.2%，规模创历史新高，增速高于全国。口岸营商环境持续优化。持续压缩进出口整体通关时间，2020年12月进出口整体通关时间分别为26.07小时、2.22小时，较2017年分别压缩83.72%、86.28%，压缩成效均优于全国平均水平。加大中国国际贸易单一窗口推广应用，助力企业复工复产和疫情防控，深化“放管服”改革，大力推进汇总征税、关税保证保险、财务公司担保等多元化担保方式。

（五）推动制度创新和治理能力建设取得积极进展。

业务改革不断深化。深入推进“两步申报”“两段准入”改革，“两段准入”试点工作在全关区铺开。科技支撑作用得到提升。加强科技规划、制度及基础能力建设，健全完善科研项目管理，加强专家队伍建设，11位专家获批入选第二批海关科技评估专家库。编制实验室建设发展三年规划，推进进口废弃医疗物属性鉴定区域中心实验室建设，实验室基础能力建设不断提升。加强网络监控，实现封网运行。升级集中审像应用系统，拓展开发移动应用子系统6个应用模块，实现移动办公和移动事务快速便捷处理。

（六）党建引领实现班子队伍面貌焕然一新。

基层党建工作进一步加强。扎实推进“强基提质工程”，深化党建品牌创建，共计9个党支部被评选为全国海关党建示范品牌、党建培育品牌和关区党建重点培育品牌。开展争做“新时代优秀共产党员”活动，3个党支部、2名党员获评全省和省直“两优一先”表彰。扎实开展文明单位创建工作，秦皇岛海关等4个单位荣获、保留全国文明单位荣誉称号，1个家庭荣获全国文明家庭荣誉称号，14个单位荣获省级文明单位荣誉称号。准军事化纪律部队建设扎实推进。将准军事化纪律部队建设同机关“灯下黑”问题专项整治相结合。组织开展动植、食品系统岗位练兵和技能比武。开展“内务规范强化月”活动。关党委委员带队开展内务督察，联合督察组常态化进行现场检查和视频检查，严格日常纪律作风。

（七）综合保障水平稳步提升。

法治建设持续推进。建立法制、业务部门快速反馈机制，开展以案释法、在线听审等系列活动，营造尊法学法守法用法良好氛围。注重基层法治人才培养、使用，年内培养新增11名公职律师。政务运行效能提升。加强应对疫情应急专项值班和信息报送，政务信息增彩进位，会议统筹管理规范有序，综合管理类制度专项整改成效积极，门户网站建设名列前茅，新闻宣传成效进一步拓展，督查推动工作落实成效明显，政务公开、12360服务热线工作不断提升，日常值班更加规范，平安建设稳步推进，办文、办会、办事质效进一步提高。财务后勤保障有力，全面落实“过紧日子”要求，压减非刚性、非重点项目支出。加快预算执行，严格控制会议、培训支出。严格重大事项集体审批和公车使用，规范闲置房产整合利用，不断强化事业单位财务管理，进一步规范进出口环节涉企收费，财务保障能力进一步提升，后勤满意度不断提升。

2020年是“十三五”收官之年。“十三五”时期，在总署党委的正确领导下，关区各项事业取得跨越式发展，各项工作取得长足进步。机构改革任务顺利完成，海关职责进一步拓展，队伍更加壮大，关检全面深度融合，口岸管理更加集约高效。全面深化改革纵深推进，围绕全国通关一体化改革，重点领域和关键环节取得重大突破，监管模式实现根本性变革。维护国门安全作用充分发挥，海关风险防控体系有效运转，内外联系配合协调顺畅，口岸监管和后续监管效能持续提升，切实当好首都政治“护城河”。服务大局作用更加凸显，支持开放型经济发展的能力和水平迈上新台阶，各类开放平台、政策先后落地；海关税收在增加中央财政收入、促进经济平稳运行和提高发展质量效益方面的作用更加积极有效，征收税款1,719.6亿元，减免税18.3亿元。口岸营商环境持续优化，进出口环节监管证件由86个减少到41个，进口、出口整体通关时间大幅压缩，进出口环节经营服务性收费明显降低。监管业务指标大幅增长，执法效能稳步提升，监管货运量17.5亿吨，同比增长30.7%；审核报关单58.3万票，同比增长38.9%。科技创新应用水平进一步提升，通关管理系统实现整合优化、迭代升级，一大批现代化监管装备设备投入使用，大数据运用成效显现。党对海关工作的领导全面加强，完成两级党组改设党委，党的领导体制机制更加健全顺畅，实施“强基提质工程”，基层党建全面夯实；落实新时代党的组织路线，领导班子、公务员队伍和企事业人才队伍建设全面加强。

上述成绩的取得，是习近平新时代中国特色社会主义思想引领的结果，是党中央、国务院坚强领导的结果，是关区广大干部职工按照总署党委工作要求不懈奋斗的结果，是有关方面大力支持的结果。在此，我代表石家庄海关党委，向关区广大干部职工和离退休老同志，向支持海关工作的各部门、各单位，表示衷心的感谢！向所有奋战在口岸疫情防控一线的同志们表示亲切的慰问和崇高敬意！

二、面临的新形势新任务和关区工作总体要求

2021 年是中国共产党成立 100 周年，是“十四五”开局之年，也是开启全面建设社会主义现代化国家新征程的第一年。站在新的历史起点上，以习近平同志为核心的党中央着眼于“十四五”乃至更长一个时期党和国家事业发展全局，作出了进入新发展阶段、贯彻新发展理念、构建新发展格局的重大战略判断和决策部署。按照总署党委要求，我们要以习近平新时代中国特色社会主义思想为指导，深刻认识新发展阶段的新特征新要求，准确把握关区工作面临的新形势新任务，坚持系统观念，强化监管优化服务，统筹发展和安全，科学谋划“十四五”海关工作，更好促进高质量发展、高水平开放，有力服务构建新发展格局。

（一）全面强化政治建关，大幅提升政治建设水平。

习近平总书记指出，旗帜鲜明讲政治，既是马克思主义政党的鲜明特征，也是我们党一以贯之的政治优势，要善于从政治上观察和处理问题，使讲政治的要求从外部要求转化为内在主动。

海关作为中央国家机关，首先是政治机关，必须持续加强政治机关建设，强化政治机关意识，不断提高政治判断力、政治领悟力、政治执行力。政治机关建设第一位的是要坚决做到“两个维护”，要坚定信赖核心、忠诚核心、维护核心，不折不扣贯彻落实习近平总书记重要指示批示精神和党中央重大决策部署，确保我们的工作始终沿着正确方向前进。要坚持党的全面领导，增强“四个意识”、坚定“四个自信”、做到“两个维护”。要对“国之大者”心中有数，找准海关工作在国家大局中的方位，坚持系统观念，统筹发展和安全，增强工作的前瞻性、主动性，坚决维护国家核心利益。石家庄海关地处京畿要地，地位重要、作用特殊，我们务必筑牢国门安全屏障，当好首都政治“护城

河”。

（二）纵深推进改革强关，大幅提升制度创新和治理能力。

习近平总书记指出，变革创新是推动人类社会向前发展的根本动力，谁排斥变革，谁拒绝创新，谁就会落后于时代，谁就会被历史淘汰。

建设社会主义现代化海关，先行先试、大胆创新既是总署的要求、地方的需要、企业的期待，也是我们必须担起的政治责任。这就需要我们进一步解放思想、转变观念，坚持目标导向、问题导向、结果导向，着力固根基、扬优势、补短板、强弱项，用改革的思维和方式解决发展中出现的问题，以深化改革激发新发展活力，狠抓改革落实，释放改革红利，不断增强进出口企业获得感，争当改革开放排头兵。

（三）全面加强依法把关，大幅提升法治建设水平。

习近平总书记指出，安全是发展的底线，发展是安全的目标。

依法把关是海关作为执法部门的本质要求。我们必须树牢法治理念，运用法治思维和法治方式履行海关职责，发挥法治引领、规范、服务和保障作用。要坚守安全监管底线，切实增强开放监管、依法监管能力水平。要坚持强化监管与优化服务同向发力，立足海关处在国内国际双循环“交汇枢纽”定位，全力融入国家区域协调发展大局，以支持构建开放型经济新体制为抓手，推动实现创新发展、绿色发展、高质量发展，营造既“管得住、放得开”，又“通得快”的通关环境。在此着重强调，我们要进一步完善各项制度机制，强化管理的规范化、标准化，不断提升治理能力；要进一步强化制度执行的刚性约束，有规定必须严格执行，不允许打折扣、搞变通，遇到问题要及时请示报告，不断提高执法的规范性、统一性。

（四）深入推进科技兴关，大幅提升科技创新应用水平。

习近平总书记指出，科技创新是提高社会生产力和综合国力的战略支撑。

推进科技兴关是海关深化改革、强化监管优化服务的重要举措，是适应世界海关发展潮流的必然选择。我们必须树立科技是核心战斗力的思想，发挥科技创新对事业发展的保障和促进作用，及时把成熟、适用的技术引进来，催生新的更加科学高效的监管作业模式。坚持业务和科技相融合，坚持管用和好用并重，向科技要管理，要效能，以科技引领和支撑海关业务发展，深化科技供给侧结构性改革，围绕业务系统和业务应用，开展科技攻关。近年来，石家庄海关科技创新环境持续优化，科技保障能力稳步提升，为“十四五”时期强化科技兴关提供了重要支撑。当前，科技创新和应用千帆竞发、百舸争流，停止探索就是落后，我们务必增强紧迫感和危机感，抢抓机遇、砥砺奋进、补齐短板。

（五）持续推进从严治关，大幅提升干部队伍素质。

习近平总书记在党的十九大报告中强调，坚定不移全面从严治党，不断提高党的执政能力和领导水平。

严明纪律、严格管理，是海关作为准军事化纪律部队最鲜明的特点。我们要全面落实从严治党要求，强化党建阵地建设，始终坚持“严”字当头，强化从严治党责任意识，统筹推进管党治党责任落实。持之以恒深化作风建设，坚决维护纪律的严肃性和权威性，保持遏制腐败的高压态势。近年来，石家庄海关党员干部通过长期锤炼和日常养成，队伍面貌积极向好，队伍管理取得积极进展，为“十四五”时期全面推进从严治党从严治关提供了有力保障。我们还需久久为功、驰而不息，把听党指挥、政治坚定注入灵魂，努力锻造“政治坚定、业务精通、令行禁止、担当奉献”的准军事化纪律部队。

三、高质量做好2021年工作

（一）深化政治建关，坚定不移走好“两个维护”第一方阵。

学懂弄通做实习近平新时代中国特色社会主义思想。习近平总书记发表重要讲话、作出重要指示批示，党中央作出决策部署、出台重要文件，我们都要“第一时间”学习领会。结合党的十九届五中全会精神学习，提高对重大理论和实践问题思考把握的能力，提高把握政治大局和政治方向的能力。增强学习的主动性、自觉性，养成利用业余时间学、挤出点滴时间学的习惯，常学常新、常悟常进。坚决落实习近平总书记重要指示批示精神。坚持“第一议题”制度，完善上下贯通、执行有力的抓落实工作机制，将习近平总书记对海关和河北工作的重要指示批示转化为具体的工作措施。坚持用党中央精神分析形势、推动工作，自觉站在党和国家的战略全局、政治大局上想问题、作决策、办事情，不折不扣抓好贯彻落实。时刻牢记自己是党的干部、组织的人，第一职责是为党工作，凡是重大问题、重要事项、重要工作进展情况，都必须按规定及时请示报告。大力加强政治机关建设。树牢政治机关意识，深刻认识海关每一项工作背后的政治考量、体现的政治要求，使海关工作始终保持正确的政治方向。要善于从政治上思考和把握、认识和推进海关工作，自觉融入国际国内两个大局，把对党绝对忠诚体现到海关工作的方方面面。持续推进政治机关意识教育。落实意识形态工作责任制。按照“讲政治、守纪律、负责任、有效率”要求，深化模范机关创建。抓好党的优良传统和作风教育，组织开展“党旗在基层一线高高飘扬——以实际行动庆祝中国共产党成立100周年”“我为群众办实事”活动。按照“四个融入”要求，推进中央和海关总署党委巡视整改，一直持续到下次巡视开始，每季度听取巡视整改工作情况汇报，不断巩固深化整改成果，全面提高巡察工作质效。

（二）举全关之力，坚定不移夺取抗疫斗争全面胜利。

持续加强口岸疫情防控。克服麻痹思想、厌战情绪、侥幸心理、松劲心态，紧盯境外疫情发展变化，结合口岸客、货运航线变化情况，加强风险监测分析，严格落实“三查三排一转运”等措施，做好入境人员、交通工具检疫查验，有效履行“外防输入”法定职责。扎实推进河北口岸核心能力动态管理，完善提升口岸公共卫生核心能力。加强联防联控，提升口岸突发公共卫生事件应对和处置能力。坚持“人、物、环境同防”。抓住进口冷链食品和高风险非冷链集装箱货物重点，落实各项制度规范、操作指南和总署具体布控指令，对接地方联防联控机制，支持做好河北冷链物品追溯系统相关工作。督促压实地方政府、进出口企业责任，扎实做好源头管控、风险监测、预防性消毒各项工作，开展应急处置演练，有效防控货物渠道疫情输入风险。坚决实现“打胜仗、零感染”。坚持依法防控、科学防控、全员防控，发挥各项操作指引、安全防护监督等制度规范约束作用，严格落实风险排查、出入管控、健康检测、疫苗接种等措施，有效应对石家庄、邢台等局部疫情。健全完善应急管理体系，确保应急状态下思想不乱、工作不断、队伍不散，实现应急状态与常态化防控工作体制机制无缝衔接。动态调整会议、差旅、培训、就餐、外出等人员管控措施，持续开展爱国卫生运动，教育引导干部职工及家属加强健康管理。

（三）坚持安全发展，坚定不移履行好严格监管本职。

提升风险防控和企业管理效能。积极主动接受总署风控局的业务指导，严格落实布控指令要求，及时跟踪处置结果反馈情况。发挥业务风险防控协同机制、口岸安全风险联合防控工作机制作用。始终保持对禁止“洋垃圾”入境严防严控态势，统筹做好濒危物种、野生动物等重点领域风险防控。关注全国各口岸查发情事，结合关区商品特点及企业、航线等变化情况，加强人工分析布控严防口岸漂移风险。加强企业信用培育，推动进出口企业守信联合激励、失信联合惩戒，鼓励企业实现守法便利。加强口岸实际监管。利用新一代查验管理系统对口岸事中环节货物查验数据开展动态监控和分析，及时对异常数据开展核查处置，持续规范口岸事中环节查验作业，严密监管防线。加强对海关监管作业场所（场地）和海关指定监管场地的视频监控、实地巡查、限期整改等日常监督管理。研究二级监控指挥中心保障和联系配合机制，提高业务、技术保障能力。做好冬奥会、冬残奥会监管通关保障工作。统筹监管装备资源，提高 H986 等设备的应用效能。提高税收征管工作质量。积极主动接受税管局的业务指导。全力完成税收预算目标。深化税收征管方式改革与综合治税。扩大税款电子支付、自报自缴、汇总征税等改革措施应用范围，继续推进多元化税收担保改革。强化税收监控分析，加强担保、验估等征管基础业务管理，开展税收风险联合研判，推进属地纳税人管理。做好2022年版《商品名称及编码协调制度》国内税则转换实施工作。落实关税调整、减税降费等国家税收政策，加强税政调研。强化公式定价价格管理，提高价格监控的针对性和有效性。严格做好重要敏感产品检验监管。加强大宗商品监管，强化风险监测，精准落实好国家宏观调控政策。落实好年度进出口食品化妆品安全监督抽检及风险监测计划。开展国门安全守护行动，加强进口食品安全准入审核。跟进《中华人民共和国进出口食品安全管理办法》等有关制度出台，完善关区进出口食品安全治理体系。围绕进出口商品质量安全加强风险预警、情况通报、出口退运等信息的收集研判。

（四）立足关区实际，坚定不移支持构建新发展格局。

推动重大国家战略落地实施。助力“一带一路”建设，继续支持河北企业中欧班列进出口业务，支持在中欧班列节点城市建设保税监管场所。服务北京大兴国际机场临空经济区、综合保税区等重要项目建设。立足通关监管、卫生、食品等职责，做好服务北京冬奥会、冬残奥会筹办各项工作。提高冰雪货物通关效率。优化口岸营商环境。配合总署跨境贸易便利化专项行动安排，深化“单一窗口”建设，精简进出口环节监管证件和随附单证，落实减税降费政策，拓展“多证合一”改革、“双随机、一公开”监管，巩固压缩整体通关时间成效，推动降低进出口环节合规成本。促进外贸高质量发展。做好优质特色产品出口申报前监管，确保产品质量安全。支持种牛、植物种子、苗木等优质动植物种质资源和粮食、木材等资源型农产品进口。指导运营企业做好进境粮食、肉类指定监管场地等项目的可行性评估和申建。规范再生钢铁原料进口管理，支持河北钢铁全产业链构建和绿色发展。支持企业有效利用RCEP推动优势装备产能走出去。加强技贸措施工作，做好调查预警、提供政策咨询。

（五）坚持系统观念，坚定不移推进关区事业全面协调发展。

深化海关改革。深化监管体制机制改革，推进关检深度融合，进一步理顺职责关系，优化职能配置。继续推广“两步申报”“两轮驱动”和“两区优化”改革，完善相关机制。跟进“两段准入”试点现场，及时收集业务改革中遇到的问题，提升监管和通关整体效能。强化科技创新应用。发挥科技创新引领支撑作用，坚持业务和科技一体化，加大科技研发应用，不断加强信息化应用项目建设，打造安全开放、统一规范、管用好用的信息化应用平台。健全“三级实验室检测质量安全管理体系”，提高实验室检测质量和安全管理水平，优化实验室布局。加强法治建设。协同推进改革与制度建设，加强规范性文件合法性审查，常态化开展制度梳理、修订，以制度形式固化改革成果。推进严格规范文明执法，深入落实“三项制度”规定，推动执法统一性建设。落实党委中心组学法机制，强调抓关键少数，提升领导干部运用法治思维和法治方式处理和解决问题的能力。

（六）坚持问题导向，坚定不移提升综合保障质效。

提升机关运转效能。加强政务保障，提升办文办会科学化、规范化、制度化水平，把“精文简会”要求落实到位。优化值班应急管理，确保紧急、重要、突发事项得到及时妥善处置。提升政务信息编报质量水平，加强新闻宣传和舆情应对，突出宣传重点做好正面舆论引导。强化机要保密、电子政务和档案管理，做好人大建议、政协提案办理，发挥督办系统功能，推动各项工作及时有效落实。提升财务保障和管理水平。严格落实“过紧日子”要求，坚持厉行节约，创建节约型机关。研究制定预算绩效管理办法，加强预算绩效管理，做好后勤保障工作。推动事业单位良性发展。健全完善督审机制。推进督察项目清单式管理，针对性开展非执法领域专项审计。深化领导干部经济责任审计，逐步构建专题评估、指标体系、平台建设“三位一体”联动提升的评估工作机制。加大督察审计整改力度，倒逼完善制度、加强管理、规范执法。

（七）坚持全面从严，坚定不移推进党建高质量发展。

持续加强党的全面领导，建立两级党委委员执法一线科室和基层党支部联系点，定期听取工作汇报，指导支部工作。持续深化“强基提质工程”，高质量抓好基层党建，加强对基层党组织的政治领导，不断提升基层党组织的组织力。

（八）整肃纪律作风，坚定不移提高准军事化纪律部队建设水平。

加强和改进思想政治工作，定期开展干部队伍思想动态分析。高标准、严要求践行准军事化纪律部队“16字”目标要求，严格落实“内务规范强化月”制度，注重抓在日常、严在经常，狠抓关容风纪养成。强化工作执行力，锤炼令行禁止纪律作风，把“马上就办、真抓实干”作为内在行为准则，强化垂直领导意识，把坚决执行上级命令作为刚性要求，抓落实不讲条件、不打折扣，树立办就办好的质量意识。

（九）激励担当作为，坚定不移建设高素质专业化干部队伍。

深入践行新时代党的组织路线，持续推进干部工作“五大体系”建设。加强领导班子、人才队伍规划研究，推进干部人事、公务员及事业单位管理制度建设。突出选人用人政治标准，加大有专业背景的复合型领导干部选拔培养力度，抓好一线科长队伍、优秀年轻干部培养锻炼，切实鼓励担当作为，进一步优化领导干部队伍结构。

（十）保持高压态势，坚定不移推进党风廉政建设和反腐败斗争。

认真落实全国海关全面从严治党会议部署，把严的主基调长期坚持下去，突出政治监督、做深日常监督，推动两级党委落实全面从严治党主体责任检查考核机制，完善党建述职评议制度和履责提醒机制，严格落实“两个责任”。持之以恒正风肃纪，持续深入整治“四风”老问题和新表现，坚决整治形式主义、官僚主义，切实为基层减负。加强窗口作风建设，用好海关政务服务“好差评”系统，不断提升服务质效。完善监督体系，充分发挥派驻监督、审计监督、干部监督、巡察监督作用，确保监督更加精准有力。抓好常态化警示教育和廉政建设，积极运用监督执纪“四种形态”，特别是第一种形态，把纪律规矩挺在前面，抓早抓小、防微杜渐，筑牢拒腐防变的思想道德防线。坚持从严执纪，一体推进不敢腐、不能腐、不想腐，打造清廉海关。聚焦“关键少数”，紧盯一线执法，时刻保持反腐高压态势，有效落实打私反腐“一案双查”工作机制，不断强化反走私反腐败合力。坚决杜绝酒驾醉驾行为。

任务已经明确，关键在于落实。让我们更加紧密的团结在以习近平同志为核心的党中央周围，不忘初心、牢记使命，团结一致，履职尽责，以兢兢业业的工作作风、扎扎实实的工作举措、实实在在的工作成绩献礼中国共产党成立100周年。

在2021年石家庄海关全面从严治党工作会议上的讲话

石家庄海关党委书记、关长　闫伟东

（2021年2月2日）

这次会议的主要任务是，深入学习贯彻习近平总书记在十九届中央纪委五次全会上的重要讲话精神，认真落实全国海关工作会议、全国海关全面从严治党工作会议部署，总结2020年关区全面从严治党工作，部署2021年主要任务。

下面，我代表关党委，讲三点意见：

一、深刻把握全国海关全面从严治党工作会议精神

1月28日，全国海关全面从严治党工作会议以视频形式在总署召开。会议从5个方面总结回顾了2020年海关全面从严治党、党风廉政建设和反腐败工作，一是政治机关建设深入推进，二是纪律作风建设走深走实，三是规范权力运行更加有效，四是反腐败综合效应持续增强，五是管党治党政治责任不断压实。

会议对做好2021年海关全面从严治党工作从7个方面进行了部署：一是全面强化政治建关，全力保障“十四五”规划顺利实施；二是坚持系统观念，一体推进不敢腐、不能腐、不想腐；三是深化整治形式主义、官僚主义，驰而不息转作风、树新风；四是坚持高标准严要求，锻造全面过硬的准军事化纪律部队；五是全面贯彻巡视工作方针，切实提高巡视巡察监督质量；六是增强风险意识和底线思维，提升权力运行制约监督效果；七是强化压力有效传导，确保管党治党政治责任落到实处。

会议总结成绩客观全面，指出问题切中时弊，部署工作政治性强、任务明确，各部门单位会后要专题组织学习，把会议精神原原本本传达到每一名干部职工。要切实提高政治站位，深入学习贯彻，准确把握精神实质，把思想和行动统一到党中央决策部署上来，落实到总署党委工作要

求上来，把“严”的主基调长期坚持下去，砥砺初心、勇担使命，以高度的政治自觉把会议部署的任务落到实处，为关区改革发展稳定提供坚强政治保证。

二、2020年工作回顾

一年来，在总署党委的坚强领导下，关区上下以习近平新时代中国特色社会主义思想为指导，不忘初心、牢记使命，锲而不舍、一以贯之推进全面从严治党、从严治关，落实管党治党政治责任更加扎实，作风建设深入推进，政治生态持续向好，党风廉政建设和反腐败工作取得新成效。

（一）践行“两个维护”更加自觉。

坚持以政治建设为统领，把讲政治的要求贯穿于关区工作各方面、全过程。关党委带头增强“四个意识”、坚定“四个自信”、做到“两个维护”，全年召开12次形势分析及工作督查例会、10次统筹口岸疫情防控和促进外贸稳增长工作指挥部会议，组织19次党委中心组集体学习，始终将学习贯彻习近平总书记重要讲话和重要指示批示精神摆在首位，第一时间传达学习、第一时间部署落实、第一时间督查问效。面对突如其来的新冠肺炎疫情，关党委带领关区广大干部职工，大力弘扬伟大抗疫精神，加强新冠肺炎疫情防控工作组织领导，深化与地方联防联控机制的协作配合，筑牢口岸检疫防线，坚决防止境外疫情输入。强化内部管控措施，抓好常态化疫情防控工作，以“打胜仗、零感染”的实际成效当好首都政治“护城河”。持续深入打击“洋垃圾”、濒危物种及其制品走私，查发的65.48吨固体废物全部退运出境。聚焦“六稳”“六保”任务，出台促进外贸稳增长、通关便利化等一系列政策措施148条，切实降低企业运营成本，持续优化口岸营商环境，为河北外贸进出口取得增长10.2%、增速高于全国8.3个百分点的优异成绩作出了海关贡献。继续做好驻村帮扶工作，持续巩固脱贫摘帽帮扶成果，圆满完成脱贫攻坚收官之年各项任务。

（二）管党治党责任更加明确。

加强两级党委班子建设，及时修订党委工作规则和议事清单，确保党的领导有效发挥。对政务公开领导小组等14个关级议事协调机构进行了调整，确保机构运转高效顺畅。制定《石家庄海关党委全面从严治党主体责任清单》，明确了石家庄海关党委及党委书记、党委班子其他成员所承担的35项具体责任，各隶属海关参照制定本关党委主体责任清单，确保压力层层传导不衰减。以“五查五看”为重点，扎实开展巡视整改“回头看”，推动整改重点从抓好整改任务落实向有效解决问题转变。召开隶属海关党委书记党建述职评议暨关区党建高质量发展推进会，6名党委书记现场述职并接受评议，压紧压实“第一责任人”责任。党委纪检组聚焦全面从严治党责任落实，通过重要情况通报、信访举报和问题线索风险提示等工作方式，加大监督力度，督促落实管党治党政治责任。

（三）政治引领作用更加突出。

深入贯彻新时代党的组织路线，坚持以事择人、用其所长，提任正处级领导干部2名、科级领导干部57名，151名干部晋升职级。坚持在疫情防控一线识别、使用干部，对表现突出的21名干部提任科级领导职务，12名干部优先晋升职级，有为有位、敢为善为的用人导向进一步彰显。组织开展强化政治机关意识教育，把创建模范机关作为推进关区党建工作高质量发展的重要抓手，石家庄海关被省直机关工委确定为9个省直模范机关建设示范单位之一。围绕创建党建品牌、争创“四强”支部和党支部书记履职能力提升3项重点工作，组织关区96名党务干部集中培训；深入开展机关“灯下黑”问题专项整治，共排查梳理出32个具体问题，制定52条具体措施。成立5个督导组，对关区各党支部开展模范机关暨基层党组织党建工作督导检查，实行分组亮分排名并作为考核奖惩的重要依据。发挥先进典型引领作用，充分发掘在抗疫中涌现的“闪光点”“正能量”，共有2个集体、10人荣获全国海关系统抗击新冠肺炎疫情先进集体和先进个人称号，3个集体、4人荣获河北省抗击新冠肺炎疫情先进集体和先进个人称号，1个党支部获河北省先进基层党组织称号，1个家庭荣获全国最美抗疫家庭称号。

（四）作风纪律建设更加深入。

持续开展作风纪律专项整治，梳理出具有共性和代表性问题15项，制定44条整改措施。通过省内权威媒体对外作出6项公开承诺并细化落实措施，自觉接受社会监督。在全省“三深化三提升”活动群众满意度测评中获得优秀等次。深入贯彻落实中央八项规定及其实施细则精神，常态化开展监督检查，疫情期间，坚持内容相近会议合并召开、内容相似例行报表合并报送，督导检查项目由疫情防控工作指挥部统一安排，联合开展，让基层有更多精力抓落实。深入推进节约型机关建设，推行绿色办公，严控“三公”经费支出，严明公务用房、用车使用管理纪律，确保把“过紧日子”要求落到实处。统筹抓好日常纪律作风与开展爱国卫生运动，关领导示范带头并直接带队开展内务督查、视频检查，9次通报内务督察情况，向16个部门单位下发了21份“整改通知书”，对1个隶属海关分管关领导就内务规范问题进行约谈。坚持重大节假日部署酒驾醉驾教育提醒机制，落实单位、家庭、个人三方联防联控，巩固了关区酒驾醉驾情事零发生的良好态势。

（五）权力运行监督机制更加规范。

推进源头治理，对业务制度开展常态化清理，全年废止文件25件、制修订文件25件，落实“放管服”改革要求，取消出口食品生产企业备案核准、从事进出境检疫业务的人员认定等2项行政审批事项；

推进“双随机，一公开”向全执法领域拓展，通过新海廉平台、新查管系统、CIQ等信息化系统对17个业务领域、65个岗位的100个内控节点的应用情况进行了内控评价，对3个隶属海关开展了评价的复核性检查，共发现6个薄弱环节和问题，有效防范了执法风险，提升了管理效能。相继开展非执法领域廉政风险自查自纠和外出执法廉政风险隐患排查工作，有针对性制定整改措施。组织对新冠肺炎疫情防控、促进外贸稳增长、减税降费等5个关级督查项目开展专项督查，对5个隶属单位和1个事业单位主要负责人开展经济责任审计，发现问题88项。开展个人有关事项报告专项整治，共抽查核实4批40人次，函询1人次、书面提醒8人次；完成认定处理18人次，如实报告率为100%。加强领导干部配偶子女及其配偶从业行为检查力度，保持不低于10%的核查验证比对，没有发现存在违规情事。强化外部监督，推动海关政务服务“好差评”系统上线运行，实现线上线下评价渠道全覆盖，好评率为100%。

（六）标本兼治效应更加凸显。

打造纵横贯通的协同监督网络，横向形成巡察监督、纪律监督、派驻监督、审计监督“四个全覆盖”，纵向构建起“组、地、关”三方协同监督机制，相互借力扩大监督效果。全年对12个部门单位开展了常规巡察、专项巡察，严格落实政治巡察要求，共发现问题89个，提出整改意见建议56条，向纪检监察移交问题线索1件，巡察“利剑”作用得到有效发挥。深化打私反腐“一案双查”，查发1名关员违规收受工作对象财物问题，并给予党纪处分和组织处理。充分发挥警示教育作用，围绕“四强化、四到位”扎实开展警示教育月活动。在重要时间节点加强教育提醒，申明工作纪律，落实各级责任。针对查发的2起违纪案件组织开展专题警示教育，推动形成“查处一案、规范一方、警示一批、教育一片”的纪法效果。

在总结工作成绩的同时，我们更应该清醒认识到问题和不足。时任总署署长倪岳峰和驻署纪检监察组组长陶治国在全国海关全面从严治党工作会议上指出的问题，或多或少在关区都有所反映，通过开展巡察审计、监督检查、专项整治等工作，一些新问题被揭开了盖子，一些老问题仍有所反复。一是对创新理论武装引导力度不够，有的领导班子理论学习重形式轻效果、重数量轻质量，一些领导干部满足于会上念一念、材料上批一批、系统里看一看，缺乏调查研究、跟踪问效。二是政治机关意识不强。个别单位对疫情防控的有关工作部署落实不严格，缺乏政治敏感性；有的对政策认识有偏差，对上级要求不能正确理解，合意就执行、不合意就不执行。三是履责尽责不到位，有的缺乏制度意识，对照责任清单存在内容缺项，该报告的不报告，有的讲党建不多谈业务不少，党建与业务融合不够；有的缺乏问题意识，讲成绩洋洋洒洒，谈问题轻描淡写、一笔带过，甚至个别单位没谈问题；有的缺乏责任意识，有相当一部分隶属海关党委委员全年没开展过1次提醒谈话。四是运用监督执纪“第一种形态”不到位。有的领导干部对苗头性问题见事迟、反应慢，没有做到抓早抓小、及时提醒；有的党员领导干部存在认识偏差，对开展提醒谈话有畏难情绪，不愿谈、不会谈、不敢谈。五是风险防控意识有待提升，个别领导班子和领导干部对执法、管理、廉政风险的认识不足，对干部思想状态没做到情况明底数清，检查问询时一脸茫然，发生问题时手忙脚乱。六是准军建设仍有差距，内务管理不规范、制度执行不到位、考勤不严格现象在关区依然存在。推进全面从严治党，必须突出问题导向，精准制导、精准发力，破解难题、啃硬骨头，在解决问题中推进党建高质量发展。

三、2021年主要任务

2021年关区全面从严治党工作的总体要求是：以习近平新时代中国特色社会主义思想为指导，深入贯彻党的十九大和十九届二中、三中、四中、五中全会精神，增强“四个意识”、坚定“四个自信”、做到“两个维护”，坚持稳中求进，立足新发展阶段，贯彻新发展理念，推动构建新发展格局，坚定不移全面从严治党，充分发挥全面从严治党引领保障作用，把严的主基调长期坚持下去，坚持系统观念，谋划和推动党的建设高质量发展，强化权力运行制约和监督，一体推进不敢腐、不能腐、不想腐，打造新时代清廉海关，锻造准军事化纪律部队，深入推进政治建关、改革强关、依法把关、科技兴关、从严治关，为关区改革发展稳定提供坚强保证，以更高的政治站位，更强的责任担当，坚决当好首都政治“护城河”，以优异成绩庆祝中国共产党成立100周年。

重点做好以下6个方面工作：

（一）强化政治建关，以实际行动践行“两个维护”。

关区各级党组织和广大党员干部要把“两个维护”作为最高政治原则和根本政治规矩，始终坚守初心使命，在担当作为中见成效，在攻坚克难中见真章。一要打牢“两个维护”思想基础。发挥党委理论学习中心组龙头作用，示范带动全体党员干部积极主动学、及时跟进学、联系实际学、笃信笃行学，不断提高政治判断力、政治领悟力、政治执行力。要把全面系统学习党史、新中国史、改革开放史、社会主义发展史纳入关区各级党组织必学内容，持续深入抓好党的十九届五中全会精神学习轮训，依托线上线下学习平台扩大培训范围。认真落实巩固深化“不忘初心、牢记使命”主题教育成果的具体措施，按照中央部署开展“党旗在基层一线高高飘扬”活动，推动广大党员干部坚定不移走好新时代“赶考路”“长征路”。二要增强“两个维护”行动自觉。坚决把习近平总书记重要指示批示和党中央重大决策部署作为行动号令，马上就办、真抓实干，建立健全学习、传达、督促、落实习近平总书记重要指示批示的闭环链条，认真落实坚定维护党中央权威和集中统一领导的各项制度，持续坚持“第一议题”制度，继续发挥形势分析及工作督查例会作用，完善定期“回头看”和报告、通报制度，及时发现和解决贯彻落实中的问题，把负责守责尽责体现在每个党组织、每个岗位。严格落实意识形态工作责任制，牢牢掌握意识形态工作领导权。要突出政治监督，始终把“焦点”聚焦到习近平总书记重要指示批示的贯彻落实上，问题不解决绝不松手、整改不到位绝不罢休。三要强化“两个维护”责任担当。要对“国之大者”心中有数，切实发挥海关职能作用，从全局和战略高度抓好发展和安全两件大事，以钉钉子精神落实习近平总书记对海关工作、河北工作的重要指示批示精神。毫不松懈抓好常态化疫情防控，严拒“洋垃圾”、象牙等濒危物种及其制品、疫病疫情于国门之外；在助力实施京津冀协同发展战略、支持雄安新区建设、服务北京冬奥会、巩固脱贫成果服务乡村振兴等重大政治任务中，在推动河北外向型经济发展的具体实践中，履行海关职责、发挥海关作用、作出海关贡献。

（二）强化政治担当，压紧压实全面从严治党责任。

权力就是责任，责任就要担当。要拧紧责任链条，精准实施问责，坚持不懈抓好管党治党政治责任落实。一是坚决扛起“两个责任”。两级党委要认真落实全面从严治党主体责任清单，加强对管党治党各项任务的领导、管理和监督。党委书记要履行好第一责任人职责，尽心尽力、尽职尽责，管好班子、带好队伍、抓好落实。党委委员要履行好“一岗双责”，领导、检查、督促分管部门和单位全面从严治党工作。纪检部门要认真履行监督专责，协助党委推进全面从严治党，做到政治监督具体化、常态化。党委派驻纪检组要切实发挥“探头”作用，突出领导班子和“关键少数”，精准开展监督，不断增强“派”的权威、“驻”的优势。二是打通落实责任“最后一公里”。坚持把巡视整改作为重大政治任务持续抓实抓好，关党委要每季度研究一次，检视整改成效、解决存在问题，推动整改落实。细化落实总署全面从严治党主体责任检查考核制度，将责任落实情况纳入巡察监督。隶属海关党委及班子成员要定期对落实全面从严治党主体责任落实情况开展自查，每季度填报一次自查表，交政工办汇总后向石家庄海关党委报告；每半年向石家庄海关党委提交落实全面从严治党主体责任情况书面报告。对责任落实不到位、管理宽松软的单位将开展约谈提醒。坚持有权必有责、有责要担当、失责必追究，实施规范精准问责，提升问责质量。三是发挥巡察“利剑”作用。把“两个维护”作为巡察的根本任务，统筹开展常规巡察、专项巡察、机动巡察和“回头看”，围绕“四个落实”监督重点，精准发现问题。落实巡视巡察上下联动工作要求，充实巡察干部人才库，加强巡察干部能力培训，提升巡察工作质量。以“四个融入”为根本遵循，压紧压实被巡察党组织整改主体责任，强化整改监督，加强纪检监察和组织人事部门的日常监督力度，做好巡察“后半篇文章”。

（三）强化正风肃纪，涵养风清气正良好政治生态。

严明纪律作风，是全面从严治党的内在要求，是建设准军事化纪律部队的永恒主题。一是深入纠治“四风”问题。继续抓好纠正“四风”和作风纪律专项整治，坚持问题导向，巩固整治成果，提升群众满意度。严格落实中央八项规定及其实施细则精神，坚持“过紧日子”，深入推进节约型机关建设，科学制定用水、用电、用油能耗指标，推行绿色办公，严控“三公”经费支出，严明办公用房、用车使用管理纪律。明确精文简会的标准、提高文风会风质量，防止用形式主义做法解决形式主义问题。二是严格干部管理监督。将主体责任履行情况作为评价领导班子和领导干部的重要依据，与选拔任用、激励约束、追责问责统筹结合起来。严格落实领导干部有关事项报告等制度，扎实开展个人有关事项报告随机抽查核实及重点抽查核实。按照“好干部”标准选人用人，对政治上不合格的“一票否决”。用好监督执纪“四种形态”，着重把“第一种形态”的运用作为考察领导班子和领导干部管党治党成效、检验监督执纪和责任监督工作成效的重要内容，及时开展谈话函询、约谈提醒，让红脸出汗成为常态。三是狠抓纪律日常养成。坚持严字当头，全方位管思想、管工作、管作风、管纪律。持续整治酒驾醉驾。大力整肃关容风纪，从石家庄海关机关做起，着重对着装不规范、内务凌乱、迟到早退等不符合准军事化纪律部队要求的“灯下黑”现象开展专项整治，要为基层做好示范。各隶属海关党委要从落实主体责任的高度抓好准军队伍建设。加大内务检查和视频检查力度，发现问题及时通报，约谈问题单位负责人，将其纳入各部门单位和主要负责同志考评考核。

（四）强化示范作用，推进党的建设高质量发展。

创建让党中央放心、让人民群众满意的模范机关是一项长期的政治任务。作为省直9家模范机关建设示范单位之一，我们要强化标杆意识，发挥示范作用，深化创建措施，推动关区党的建设高质量发展。一是培育先进单位和标兵单位。把创建模范机关作为全面从严治党的一项重要举措，作为党建工作主抓手来抓实抓好，要围绕“目标标准明确、创建过程扎实、党建工作有力、业务工作一流、作风形象良好、先进典型示范”的条件要求，深化创建方案，对创建成绩突出，成为先进标杆的部门单位要大张旗鼓宣传表彰，作为评先评优、党建考核的重要依据；对消极应付、无所作为甚至失责卸责的部门单位要通报曝光，责令整改。二是继续深化“强基提质工程”。统筹建立党委委员执法一线科室和基层党支部联系点，深入基层联系点科室调研指导，推动队伍建设和业务工作，有效防控执法风险、管理风险和廉政风险。以强化政治功能、提升组织力为要点，持续抓好“四强”支部建设和党建品牌培树。发挥基层党组织首创精神，探索兼顾日常工作、倒班作业和有效应对重大突发事件的党建工作模式，行之有效的做法要在关区组织推广。三是营造干事创业浓厚氛围。要坚持严管厚爱，带着感情、带着责任关心关爱干部职工，强化荣誉表彰奖励，激励干部担当作为。支持干部职工依规依纪反映合理诉求，反映问题要出于公心、客观公正、对党负责、实事求是，坚决反对自私自利、发泄私愤、颠倒是非的行为，严肃查处匿名诬告、恶意举报、造谣传谣等歪风邪气。要坚持“三个区分开来”，落实好容错纠错机制，鼓励干部敢于担当、踏实做事。

（五）强化风险防控，提升权力运行制约监督效果。

有权必有责，用权受监督。要强化法治思维，扛起监督职责，放大监督效应，把权力关进制度的笼子里。一是提高权力运行法治化水平。健全重大行政决策合法性审查机制，严格遵循法定权限和程序作出决策。盯紧权力运行各个环节，落实行政执法过错纠正和责任追究。落实行政执法公示制度，提高执法透明度和公信力，保障行政相对人和社会公众监督权。二是深化“制度+科技”运用。持续完善关区业务制度体系，明确职责任务、管理模式和业务流程，有效规范对外执法和内部业务管控。以强化内部风险源头防控为目标，积极应用“新海廉”平台开展自查自纠。加快各类信息系统整合优化，用好新一代海关信息系统。按照“零信任”“零风险”“零泄漏”的要求加强网络和数据安全管理，推进等级保护工作。三是加强内控机制建设。发挥察审计职能作用，扎实开展领导干部经济责任审计，健全完善内控机制，推动内控措施内嵌于业务规范和操作系统之中，有效促进权力规范运行。持续加强对财务管理、招标采购、信息化建设、基建工程等重点环节的管控，整合优化闲置资产，加强对实验室建设项目、疫情防控卫生检疫物资购置等领域的审计监督，进一步规范企事业单位的财务管理。四是强化执法一线管理监督。发挥支部建在科上、管到人头的特点，加强党员教育管理监督，重点抓好执法一线科长这一“关键岗位”，认真落实进一步加强执法一线科长队伍建设若干措施，切实发挥好带队伍、抓管理、防风险作用，加强外出执法廉政监督，组织开展抽查回访，促进公正廉洁执法。

（六）强化标本兼治，一体推进“三不腐”机制建设。

全面从严治党永远在路上，必须深化标本兼治，一体推进不敢腐、不能腐、不想腐，努力打造新时代清廉海关。一是强化不敢腐的震慑。保持惩治腐败高压态势不放松，突出关键少数，紧盯问题反映集中、群众反映强烈的领导干部，紧盯重点业务条线和权力运行关键环节，紧盯执法领域和非执法领域典型问题，严肃查处、严加惩治。对以权谋私、受贿放私、放纵走私等腐败问题，对吃拿卡要、打招呼干扰执法办案等侵害群众利益的问题，发现一起查处一起，绝不手软。深化拓展打私反腐“一案双查”工作，提升惩治内部执法腐败的有效性和精准度，切实发挥“一案双查”的“撒手锏”的震慑作用。二是扎紧不能腐的笼子。有效推进纪律监督、巡察监督、干部监督、派驻监督、审计监督有机贯通、相互协调，发挥监督合力，实现“有形覆盖”向“有效覆盖”转变。持续加大对权力、资金、资源富集的重点部门、关键岗位的监督。把“关键少数”作为重点，加强对各级“一把手”的监督。深化以案促改，坚持一案一总结，剖析案发原因，找管理漏洞、找制度空隙、找责任缺位，推进标本兼治。持续从严规范领导干部配偶、子女及其配偶从业行为，构建亲清政商关系。持续抓好 12360 服务热线、政务服务“好差评”系统建设，发挥特约监督员作用。组织开展“我为群众办实事”主题实践活动，不断增强企业群众获得感。三是增强不想腐的自觉。发挥正面教育和反面警示作用，利用警示教育月、法制宣传日等重要时段，集中开展党纪国法学习教育，实现思想受洗礼、灵魂受触动、做事讲规矩。关区凡发生违纪违法案件、违反中央八项规定精神问题和被上级点名通报的问题，相关责任部门单位都要在年度民主生活会（组织生活会）上深刻剖析、认真检讨、抓实整改。发挥廉政文化对涵养政治生态的潜移默化作用，以文化自信支撑政治定力，守好清廉家风关，努力向着正气充盈、政治清明的目标不断迈进。

2021 年迎来了中国共产党百年华诞，百年恰是风华正茂。让我们更加紧密地团结在以习近平同志为核心的党中央周围，扎实推动全面从严治党、党风廉政建设和反腐败工作向纵深发展，为推动海关事业高质量发展，建设社会主义现代化海关提供坚强保证，以良好的精神风貌和优异的工作成绩庆祝中国共产党成立 100 周年。

第二篇

专记

石家庄海关党史学习教育

石家庄海关把党史学习教育作为重大政治任务，各级党组织上下联动，履行政治责任，精心组织实施，结合庆祝中国共产党成立100周年，深入学习贯彻习近平总书记关于党史学习教育重要讲话和重要指示批示精神，教育引导广大党员干部学史明理、学史增信、学史崇德、学史力行，高标准高质量抓好任务落实，做到学党史、悟思想、办实事、开新局。

一、履行政治责任，精心组织实施，扎实推动党史学习教育深入开展

（一）把握主题主线，层层带动示范，确保学深悟透、入脑入心。

党委班子发挥带头示范作用，把学习习近平总书记在党史学习教育动员大会上的重要讲话、“七一”重要讲话、党的十九届六中全会精神作为党史学习教育的主题主线，与习近平总书记最新重要讲话和重要指示批示精神紧密结合，第一时间组织集中学习研讨，4次扩大到机关各部门单位主要负责同志。举办学习党的十九届五中、六中全会精神专题培训班、学习习近平总书记“七一”重要讲话精神专题读书班，通过党委书记带头宣讲、参观庆祝中国共产党成立100周年图片文献展、邀请党校专家专题辅导、大会交流等形式深学细悟，确保入脑入心。各基层党组织在利用好“三会一课”（定期召开支部委员会、党小组会、支部党员大会、按时上好党课）等载体的基础上，结合实际以“班车学习”“晨读一刻”“云端研讨”等形式灵活开展学习。组织全体党员参加“党在我心中”党史知识竞赛，结合党史学习教育专题学习班、网络培训班等开展知识测试，检验学习成效。深入实施“青年理论学习提升工程”，举办“学史力行 不负韶华”学习“七一”重要讲话精神青年干部专题研讨会、青年干部线上读书班，带动关区广大青年干部争先学、深入悟、踊跃行。

（二）突出特色、创新形式，推动党史学习教育热在基层、活在基层。

搭建宣讲学习平台，自上而下层层传导学习热度。两级党委书记带头开展宣

讲，党委班子其他成员分别深入分管部门单位、基层联系点和联系支部，与一线党员干部面对面开展学习交流，带动全体基层党组织书记为党员干部开展宣讲。组织收听收看中央宣讲团宣讲报告会，邀请省委党校专家开展党史专题讲座16场次。积极参与总署e课堂党史学习教育专题培训“西柏坡精神”党课的制作，推荐曹妃甸海关综合业务一科党支部书记面向全国海关现场教学授课。组织理论基础好、宣讲能力强的党务工作者、老干部老党员、青年先锋、道德模范等加入宣讲队伍，各基层党组织开展“学史·铸魂”红色讲坛，激发关区广大干部职工担当奋进热情。开展“永远跟党走”群众性主题宣传教育活动，石家庄机场海关、黄骅港海关两名同志在“巾帼心向党”省直女职工风采展演中荣获二等奖。充分运用河北省红色教育资源，各党支部组织党员到华北军区烈士陵园、西柏坡纪念馆、李大钊纪念馆、中央统战部旧址等革命教育基地现场教学，开展“清明祭英烈”“革命圣地讲党史”等主题党日活动，以沉浸式、体验式教育缅怀革命先烈，接受思想洗礼。深入挖掘海关红色资源，组织党员干部学习《镌刻在国门上的忠诚——红色海关英模事迹》等专题片，邀请老干部、老党员录制“庆祝百年华诞　讲述海关故事”专题访谈，部署开展石家庄海关关史研究工作，引导党员干部学党史、话关史，传承国门卫士红色基因。

（三）上下联动，统筹结合，深入学习贯彻党的十九届六中全会精神。

党委理论学习中心组带头示范，第一时间集中学习《中国共产党第十九届中央委员会第六次全体会议公报》、习近平总书记《关于〈中共中央关于党的百年奋斗重大成就和历史经验的决议〉的说明》及《中共中央关于党的百年奋斗重大成就和历史经验的决议》（以下简称《决议》），党委委员交流学习体会。12月6日—10日举办石家庄海关党委理论学习中心组（扩大）学习暨党的十九届六中全会精神专题学习班，关党委书记、关长闫伟东作开班动员和宣讲，邀请省委党校教授作专题辅导。关党委委员带头开展分组研讨，全体参会代表结合实际畅谈学习心得，交流学习体会和贯彻落实方向。党委委员和部分部门单位主要负责同志围绕学习贯彻党的十九届六中全会精神作交流发言。结合专题民主生活会学习研讨，持续深入学习习近平总书记在省部级主要领导干部学习贯彻党的十九届六中全会精神专题研讨班开班式、在中央政治局专题民主生活会上的重要讲话精神，围绕深刻认识“两个确立”对新时代党和国家事业发展的决定性意义开展深入学习研讨。关党委班子成员到基层一线进行督导宣讲，通过参加隶属海关党委理论学习中心组学习、参加基层党支部联系点“我为群众办实事”主题党日活动、召开党支部书记座谈会等形式，对隶属海关开展学习活动进行督促指导。做好学习保障，为各基层党组织和党员干部配发《学习辅导读本》《辅导百问》等学习资料。开辟学习阵地，用好“不忘初心、牢记使命”学习专栏，发布习近平总书记最新重要讲话和重要指示批示精神，刊载权威媒体评论文章，迅速掀起学习热潮。关区各部门单位党委班子带头开展学习宣讲，各基层党组织利用“三会一课”等形式开展学习，结合收听收看党的十九届六中全会精神新闻发布会直播，原原本本学习会议公报、《决议》等精神，带动全体党员干部谈心得体会，讲贯彻落实，确保学深悟透，入脑入心。制发石家庄海关团委学习宣传党的十九届六中全会精神工作指引和专题“学习汇”，抓好青年群体学习。积极开辟学习阵地，在“钉钉”学习平台上线党的十九届六中全会精神在线学习专题课程，在关区党史学习教育网站展示关区各级党组织学习动态和特色做法。征集党员干部学习心得和理论文章，在学习专栏和“石家庄海关 12360”微信公众平台刊发学习体会和反响，积极向系统内外推报宣传。用好机关大楼宣传视窗、基层海关及口岸一线宣传栏等载体，全方位、多角度做好学习贯彻全会精神宣传，线上线下相结合营造浓厚氛围，推动关区学习宣传贯彻全会精神走深走实。

（四）践行“人民海关为人民”，扎实推进“我为群众办实事”主题实践活动。

两级党委带头开展“三个走进”（走进地方政府、走进基层一线、走进服务对象），带动各级党组织深入地方政府、基层一线、重点企业深入调研，在找准突出问题的基础上，聚焦国门安全、便民利企、暖心聚力“三大工程”，形成石家庄海关党委重点民生项目 24 项，各隶属海关党委重点民生项目 188 项，全部按期完成。激励基层党组织和广大党员在持续办好民生实事过程中比贡献、比担当、比作为，评选出关区“‘我为群众办实事’十佳项目”10 个，“‘我为群众办实事’优秀案例”14 个。参与总署“百佳项目”评选，“助力河北鲜梨出口”“解决机关干部子女入托难”两个项目入选全国海关“百佳项目”。各级党组织共收到政府和企业感谢信函、锦旗 45 件。完善长效机制建设，将解决基层问题、业务问题清零、安全生产、危险品联防联控、跟班作业等工作机制有效措施固化下来，持续推进落实，用心用情用力为企业办实事解难题、为基层减负担送温暖。利用党史学习教育专栏、“石家庄海关 12360”微信公众平台等载体搭建学习交流平台，广泛宣传特色做法和办实事成效，61 篇信息简报被总署政工办网站、全国海关党史学习教育网站采用。开展“党旗在基层一线高高飘扬”“我对党有话说”“画说党史”等系列宣传，10 篇新媒体稿件被“学习强国”海关号采用。参与“青年心向党——我在抗疫第一线”100 个抗疫故事接力展示活动和红歌接力展示活动，石家庄机场、秦皇岛、曹妃甸海关和河北国际旅行卫生保健中心（石家庄海关口岸门诊部）4个视频作品在金钥匙微信平台播发，展示了关区党员干部凝心聚力、奋发作为，启航新征程、奋进新时代的良好精神风貌。

二、突出求实务实，坚持学用结合，党史学习教育取得明显成效

关区各级党组织强力推动落实，广大党员经受了全面深刻的政治教育、思想淬炼、精神洗礼，各级党组织的创造力、凝聚力、战斗力得到持续提升。

（一）围绕学史明理，切实增强了忠诚捍卫“两个确立”、坚决走好“两个维护”第一方阵的坚定性。

通过党史学习教育，关区广大党员干部深刻认识到党确立习近平同志党中央的核心、全党的核心地位，确立习近平新时代中国特色社会主义思想的指导地位，反映了全党全军全国各族人民共同心愿，对新时代党和国家事业发展、对推进中华民族伟大复兴历史进程，具有决定性意义。深刻认识到海关作为政治机关，必须更加坚定自觉地将捍卫“两个确立”内化于心、做到“两个维护”融入血脉，做到维护意识更牢、维护能力更强、维护效果更实。在党史学习教育中，关区各级党委班子持续完善“第一议题”制度，坚决贯彻习近平总书记重要讲话和重要指示批示精神以及党中央、国务院重大决策部署，全力打好口岸疫情防控“阻击战”和安全防护“攻坚战”，坚决守牢国门关口。深入学习贯彻习近平生态文明思想，保持打击“洋垃圾”走私的高压态势，持续开展“蓝天2021”“国门利剑2021”专项行动，将固体废物、有害元素超标煤炭以及羚羊角等濒危物种及其制品，拒于国门之外。破获涉枪涉爆涉毒等系列走私案件，用实际战果当好首都政治“护城河”。

（二）围绕学史增信，切实增强了践行初心使命、主动融入改革发展大局的积极性。

通过党史学习教育，广大党员干部更加深刻认识到，红色政权来之不易、中国特色社会主义来之不易，进一步坚定了对马克思主义的信仰，对社会主义、共产主义的信念，对实现中华民族伟大复兴中国梦的信心，深刻认识到中国共产党的领导、中国特色社会主义道路是历史的选择、人民的选择，进一步坚定听党话、跟党走、做忠诚国门卫士的思想自觉、政治自觉、行动自觉。海关与国家、民族的命运息息相关，党领导下的海关奋斗史，也是海关人践行初心使命、为中华民族伟大复兴不懈奋斗的历史。在党史学习教育中，关区全体党员干部守初心、担使命，努力用好党百年奋斗的历史经验，强化监管优化服务，积极贯彻新发展理念，全力支持重大国家战略和国家大事落地实施。积极联系对接，同北京、天津海关建立北

京2022年冬奥会和冬残奥会跨关区协作机制，扎实有序推进新冠肺炎疫情防控和通关监管服务保障工作。指导雄安新区综合保税区项目规划论证、产业定位、项目引进等工作，助力跨境电商B2B出口业务正式落地。支持“一带一路”建设和中欧班列发展。

（三）围绕学史崇德，切实增强了弘扬伟大建党精神、传承国门卫士红色基因的自觉性。

通过党史学习教育，广大党员干部深刻认识到，伟大建党精神是中国共产党的精神之源，要持之以恒从红色精神谱系中立心铸魂，做到明大德、守公德、严私德，锻造忠诚干净担当的政治品格，发扬准军事化纪律部队优良作风，奋力走好新时代的赶考路、长征路。党史学习教育中，关区各级党组织进一步深化“强基提质工程”，持续推动“四强”（政治功能强、支部班子强、党员队伍强、作用发挥强）支部建设，创建全国海关党建示范品牌3个、培育品牌2个，关区党建示范和培育品牌33个，形成了事争一流、梯次竞进的良好氛围。大力培树宣传先进典型，充分激发广大党员干部担当奉献热情。在口岸疫情防控工作中，特别是实行封闭管理以来，奋战在一线的党员干部舍小家顾大家，不畏艰险，勇担使命，为筑牢口岸疫情防线作出了重要贡献。在统筹推进疫情防控和促进外贸稳增长工作中，党员干部充分发挥积极性主动性创造性，冲锋在第一线、战斗在最前沿，主动靠前服务，让党旗在国门一线高高飘扬。

（四）围绕学史力行，切实增强了坚持“人民至上”、践行“人民海关为人民”理念的主动性。

通过党史学习教育，广大党员干部深入学习领会习近平总书记“江山就是人民、人民就是江山”重大论断，深刻认识到人民群众是我们党的力量源泉，要始终坚守“人民海关为人民”的理念，在实际工作中不断强化为人民服务的宗旨。在党史学习教育中，关区上下始终把维护人民利益摆在最高位置，组织开展打击跨境电商进口走私“断链刨根”等一系列专项行动。紧盯群众“菜篮子”“米袋子”，贯彻落实国家粮食安全战略部署，全面提升粮食调运监管效能，支持优良种质资源引进和种牛进口。严把进出口食品安全和商品检验关，严厉打击药品走私，有力维护人民群众生命健康安全。聚焦民生关切，全力保障京津冀地区液化天然气供应，让群众温暖过冬。依托京津冀通关一体化协作机制，用好“船边直提”“抵港直装”等贸易便利化措施，进一步提升通关效率。“石家庄海关12360”服务热线以分中心形式正式并入河北省12345政务服务热线，进一步拓宽为民办事渠道。

三、巩固拓展成果，建立健全常态长效制度机制，把党史学习教育成果转化为推进关区事业发展的强大动力

坚决贯彻落实习近平总书记重要讲话

和重要指示批示精神，深入学习贯彻党的十九届六中全会精神，认真落实全国和海关党史学习教育总结会议部署要求，建立常态化、长效化制度机制，推动关区党员干部持续增强历史定力、强化历史担当，奋力建设社会主义现代化海关。

（一）始终不渝捍卫“两个确立”，做到“两个维护”，坚决筑牢对党绝对忠诚的思想政治根基。

发挥党委理论学习中心组示范作用，用好学习专刊，严格执行“第一议题”制度，锲而不舍、一以贯之坚决落实习近平总书记重要指示批示精神和党中央决策部署，确保执行不偏向、不变通、不走样。扎实开展捍卫“两个确立”、做到“两个维护”、强化政治机关建设专项教育活动，带领各级领导干部不断提高政治判断力、政治领悟力、政治执行力。将党史作为各级党组织必修课、常修课，纳入两级党委理论学习中心组学习计划，纳入读书班、培训班、基层党组织“三会一课”、主题党日重要内容，用好河北和海关红色资源，持之以恒推进党史总结、学习、教育、宣传，推动关区党员干部进一步做到学史明理、学史增信、学史崇德、学史力行。

（二）始终不渝弘扬伟大建党精神，落实管党治党政治责任，营造风清气正的政治生态。

持续深化“强基提质工程”，统筹抓好“四强”支部建设和支部品牌创建工作，推动基层党组织全面进步、全面过硬。对照“讲政治、守纪律、负责任、有效率”要求，打造让党中央放心、让人民群众满意的模范机关。持续推进干部工作“五大体系”建设，提高干部“七种能力”，建立更加科学的选人用人机制，注重实绩导向，激励担当作为。坚持严管厚爱相结合，落实对抗疫一线干部职工及家庭关心关爱措施，在政治上、思想上、工作上、生活上体现组织关怀、传递组织温暖。持续压实管党治党责任，深入贯彻落实习近平总书记在十九届中央纪委六次全会上提出的“六个必须”和“九个坚持”，抓好全面从严治党主体责任清单的贯彻落实。把对“一把手”和领导班子监督摆在管党治党突出位置，切实把“关键少数”管住用好。抓好“现场监管与外勤执法权力寻租”专项整治整改工作，形成防范和化解执法腐败风险的长效机制。持续加强常态化廉政警示教育，严格执行八项规定，用好监督执纪“四种形态”。巩固拓展打私反腐“一案双查”（外查走私案件与内查违纪违法问题同步进行）工作成果，一体推进不敢腐、不能腐、不想腐，打好党风廉政建设和反腐败斗争攻坚战、持久战。

（三）始终不渝坚持人民至上和为民服务，贯彻新发展理念、推动高质量发展。

坚持“外防输入、内防反弹”总策略，筑牢口岸疫情防线，慎终如始、不折不扣落实总署各项要求，坚持“人、物、环境同防”“多病共防”，不断加强口岸公共卫生核心能力建设，坚决打赢常态化新冠肺炎疫情防控这场硬仗。贯彻落实总体国家安全观，持续加大打击“洋垃圾”走私、濒危野生动植物及其制品走私力度，提升口岸监管环节反宣品、毒品、武器弹药、外来有害物种等查发截获能力，从严从实从细抓好安全生产三年行动各项工作的责任落实，以实际行动维护国门安全、国家安全。心怀“国之大者”，全力支持京津冀协同发展、雄安新区规划建设、“一带一路”建设，做好北京2022年冬奥会和冬残奥会通关服务保障。拓展“三智”（智慧海关、智能边境、智享联通）合作新成效，助力中国—中东欧（沧州）中小企业合作区发展，释放RCEP等区域协定实施后带来的外经贸发展红利。支持河北优质特色农产品食品扩大出口规模，为助力乡村振兴贡献海关力量。深入推进“放管服”改革，巩固压缩整体通关时间成效。用好“业务问题清零”“解决基层问题”等良好机制，畅通海关和企业、机关和基层两个“民意直通车”。

通过扎实开展党史学习教育，关区全体党员干部从党的百年奋斗历程中汲取了强大力量，忠诚捍卫“两个确立”，坚决做到“两个维护”，在新时代新征程上展现新气象新作为，为不断开创加快建设现代化经济强省、美丽河北新局面，全面建设社会主义现代化强国作出新的更大贡献，以优异成绩迎接党的二十大胜利召开。

（撰稿人：孟　可）

石家庄海关统筹口岸新冠肺炎疫情防控

2021年，石家庄海关认真落实习近平总书记坚持“外防输入、内防反弹”总策略，科学精准、严格规范做好“人、物、环境同防”，慎终如始、履职尽责、严守国门，认真做好口岸新冠肺炎疫情防控工作。全年关区各口岸共检疫查验出入境人员116,642人次；检疫查验出入境航空器26架次，检疫查验出入境船舶5,537艘次。

一、以政治建设统领关区口岸新冠肺炎疫情防控工作

深入学习领会习近平新时代中国特色社会主义思想和党的十九大和十九届二中、三中、四中、五中、六中全会精神，深刻认识“两个确立”的决定性意义，着力增强做到“两个维护”的政治自觉、思想自觉、行动自觉。坚持用习近平新时代中国特色社会主义思想武装头脑，增强定力，坚决贯彻落实习近平总书记重要指示批示精神，紧密围绕党中央、国务院重大决策部署，继承弘扬伟大建党精神和伟大抗疫精神，始终坚持“外防输入、内防反弹”总策略，坚持党对海关口岸新冠肺炎疫情防控工作的绝对领导，切实把党的领导落实到了口岸疫情防控各方面、全过程，毫不动摇抓紧抓实抓细常态化新冠肺炎疫情防控工作。

二、毫不放松，坚决打赢口岸新冠肺炎疫情防控阻击战

（一）持续加强新冠肺炎疫情防控组织领导。

石家庄海关统筹口岸疫情防控和促进外贸稳增长工作指挥部不断加强对关区新冠肺炎疫情防控工作的组织领导，及时分析研判疫情形势，精准作出工作部署。第一时间学习贯彻习近平总书记关于新冠肺炎疫情防控的重要指示批示和重要讲话精神，以各种专题会议形式对总署新冠肺炎疫情防控要求进行学习贯彻落实，2021年召开5次党委会、17次关长办公会、12次统筹口岸疫情防控和促进外贸稳增长工作指挥部会议以及2021年关区卫生检疫工作

会议暨疫情防控工作调度会对新冠肺炎疫情防控工作进行专题部署，关领导132次赴基层一线实地检查新冠肺炎疫情防控等工作。

（二）持续完善新冠肺炎疫情防控技术方案体系。

更新完善《石家庄海关口岸新型冠状病毒肺炎防控工作方案》至第八版，《石家庄海关新冠肺炎疫情防控期间入境航班卫生检疫操作指引》至第七版；制发《石家庄海关海港口岸新型冠状病毒肺炎卫生检疫操作指引》，《石家庄海关新冠肺炎疫情防控工作人员安全防护工作方案》《石家庄海关口岸城市新冠肺炎疫情防控工作方案》《石家庄海关新冠肺炎疫情期间国际航行船舶船员突发事件应急处置预案》。针对重点航班、重点任务、等制订海外任务包机入境检疫方案、北京2022年冬奥会和冬残奥会入境备降航班检疫方案，做好关区顶层架构。各口岸海关按照“一口岸一方案”原则，结合本口岸实际，制订了更加细化的新冠肺炎疫情防控工作方案和应急处置预案。

（三）持续做好新冠肺炎等传染病疫情风险评估。

密切关注国际新冠肺炎等传染病疫情动态，坚持日常分析和专项研判相结合。2021年，共组织开展日常风险评估41次，开展入境货运机组人员风险评估12次，专项风险评估3次，撰写专项风险评估报告15篇，特别是针对新冠病毒的德尔塔变异毒株和奥密克戎变异株，石家庄海关结合总署警示通报、通知要求，以及关区各口岸交通工具往来情况，开展专项风险评估，确定重点船舶和重点人群，针对性提出防控措施，指导口岸精准检疫。京唐港海关、黄骅港海关结合口岸工作特点，创新建立了“一船一判”风险研判机制。

（四）抓紧抓实抓细各项疫情防控措施。

一是严格按照总署布控指令对入境交通工具实施登临检疫。按照总署最新版技术方案、操作指南及相关文件要求，对入境人员严格落实“三查三排一转运”，严格落实健康申明卡核验、两道体温监测、流行病学调查、医学巡查、采样检测和移交处置等卫生检疫各项工作要求。严格执行“每项必核”“有疑必问”，凡发现入境人员因健康申明卡第4~7项健康状况异常引发健康申报红码的，及时开展流行病学调查，严格按照要求开展采样检测工作，做实做细疫情防控各项工作，确保每一个环节的要求100%严格规范落实到位，并严格按规定做好转运移交和信息通报工作，严格闭环管理。

二是不断向船方加大法律、法规和政策宣传力度，要求船方落实疫情防控主体责任，加强航行和在港期间船员健康管理和主动申报，每日报送体温检测情况，同时要求港务作业、物料供应等部门要做好与船舶接触作业人员的安全防护措施，发现异常情况及时向海关报告。

三是进一步规范入境人员采样工作。严格落实《口岸新型冠状病毒肺炎卫生检疫操作指南》采样技术要点，按总署要求统一为采用植绒拭子分别采集单鼻咽和口咽，放入同一采样管中送检。对于近期有鼻部外伤或手术病史，或有鼻中隔明显偏曲，或有慢性鼻道阻塞及严重凝血障碍等病史不宜进行鼻咽采样的人员以及享受外交礼遇的人员采用口咽（同时用2根拭子）采样。针对国际航行船舶船员严格按照相关文件规定按不同情况进行分类实施精准采样，对下船船员、入境后由国际运输申请改为经营境内运输的船舶船员、入境需实施修理的船舶船员、14天内在境外换班上船的船员、检疫有异常船员及其密切接触者等实施采样检测，并确保采样地点选择、采样工作环境、人员防护满足相关要求，避免在采样环节发生交叉感染。

四是做好国际转国内航线船舶疫情防控工作。制发文件对国际转国内航线船舶疫情防控工作提出工作要求，明确国际转国内航线船舶全体船员采集2份鼻咽拭子样本，分别使用不同试剂进行核酸检测，其中1份由海关进行检测；另1份交由入境口岸所在地联防联控机制明确的检测单位检测，并将检测结果反馈至海关。

（五）切实做好“人、物、环境同防”工作。

一是强化组织领导。贯彻总署工作要求，成立了石家庄海关进口商品风险监测工作领导小组、专项工作小组和石家庄海关进口冷链商品现场监管作业检查监督工作专班。二是制订方案预案。印发了《石家庄海关进口高风险非冷链集装箱货物检测和预防性消毒实施方案》《石家庄海关进口高风险非冷链集装箱货物口岸环节疫情防控工作方案》《石家庄海关严防新型冠状病毒污染进口高风险非冷链商品输入应急处置预案（暂行）》，明确各部门工作职责、工作流程、工作要求，指导做好关区进口高风险非冷链集装箱及装载货物口岸环节新冠病毒核酸检测和预防性消毒、应急处置工作；并指定专人负责冷链食品和高风险非冷链集装箱货物采样检测和预防性消毒数据报送工作，确保数据报送及时、准确、无遗漏。三是规范阳性处置。制发系列文件对检出阳性后的复核确认、地方通报等处置进行了规范。

7月19日，京唐港海关首次对布控指令命中的一批进口数字积木（数量240套，货值483,840日元）按要求进行采样检测和预防性消毒；7月20日，秦皇岛国际旅行卫生保健中心（秦皇岛口岸门诊部）反馈采样样品检测结果为阴性。2021年，石家庄关区共对总署风险布控指令命中的6批次进口高风险非冷链集装箱货物实施新冠病毒检测采样和预防性消毒监督，进口口岸为京唐港和秦皇岛，涉及商品有数字积木、硫化橡胶管、合金铝管、橡胶软管、硅锰钢条，采样检测结果均为阴性。

（六）持续强化联防联控机制。

加强与卫生健康、公安、外交、移

民、民航等部门的沟通合作，强化数据共享、协同处置、防控合作、病例追溯机制，及时更新协作机制联络人。6 月 4 日，走访河北省卫健委，针对部门间协同配合进行探讨交流，完善突发公共卫生事件联防联控机制，强化入境闭环管理。曹妃甸海关充分发挥联防联控效能，争取港口办支持，购置 9 台移动检疫方舱投入使用，基本覆盖曹妃甸口岸所有卫生检疫作业区域。

三、慎终如始，坚决打赢新冠肺炎疫情防控安全防护攻坚战

（一）持续强化安全防护意识。

石家庄海关不断提高政治站位，始终将业务工作与安全防护工作“同研究、同部署、同督促”，及时根据总署最新版操作指南完善关区工作指引，明确各岗位防护要求。在制订下发新冠肺炎疫情防控工作方案、预案，部署新冠肺炎疫情防控工作时，对强化安全防护工作提出要求，并在此基础上制发专门通知明确安全防护工作要求和措施，通过不断提醒、反复要求，督促口岸海关清醒认识到安全防护工作的长期性和重要性，督促一线新冠病毒疫苗接种人员毫不放松做好个人防护，绝不因接种新冠病毒疫苗降低安全防护标准和水平。

（二）建立健全安全防护体系。

1 月 20 日，成立石家庄海关疫情防控安全防护领导小组和专家组，加强关区安全防护组织领导，明确各部门主体责任。1 月 29 日，制发文件，从“培训考核”“监督管理”“自查督查”等方面强化安全防护体系建设；组建三级防护监督员队伍共计 157 人，对防护监督员进行不定期抽查考核 12 次，保障安全防护监督能力、意识符合要求。每个作业班组设置专（兼）职防护监督员，落地落实“岗前检查、工作巡查、全程督查”以及“双人作业、互相监督”安全防护监督制度。

（三）持续强化安全防护能力建设。

2021 年，对一线卫生检疫人员和防护监督员开展多轮次、多形式的视频培训、研讨、理论和实操考核，实现对一线卫生检疫人员全方位、全覆盖的安全防护培训，全部人员考核通过后方可上岗。持续深入查找口岸疫情防控工作中存在的安全防护漏洞和不足，整理形成第 4 期《疫情防控个人防护作业易疏漏环节和易出现问题汇总》，组织拍摄 2 期 3 部安全防护教学视频，对各环节注意事项、容易疏漏的环节以及易出错环节进行重点展示和讲解，上传至“钉钉”平台供一线人员随时随地学习，实现全方位、全覆盖。组建疫情防控安全防护专家组，强化对关区卫生检疫领域安全防护工作的技术指导；7 月 19 日，组织开展石家庄海关口岸一线工作人员中暑及安全防护突发事件应急处置演练，并印发演练脚本供各关参考借鉴，全年组织各口岸海关、旅行卫生保健中心开展安全防护突发事件应急处置演练 21 次。

（四）构建安全防护督导检查机制。

按照总署工作部署，石家庄海关2月7日召开关长办公会安排部署自查事宜，会议议定构建定期自查和督导检查相结合的风险排查机制，每季度办公室牵头组织开展关区安全防护专项监督检查，各隶属海关每月进行一次自查，重大事项“一事一报”，对发现的问题建立“三个清单”，实施销账管理，确保发现问题立行立改，即时堵塞漏洞，严防安全防护事故发生。

贯彻落实7月8日总署新冠肺炎疫情安全防护工作视频会议精神，及时更新《关区安全防护监督检查清单》，优化督导检查方式，增加设立执法记录仪检查制度，由专人对每日现场操作进行检查；建立监控指挥中心巡查制度，由关领导带队每周三次对一线安全防护作业进行抽查，对各口岸海关防护监督员和口岸一线卫生检疫人员安全防护装备穿脱进行飞行检查，持续提升卫生检疫岗位人员安全防护意识和能力。

（五）落实高风险岗位人员封闭管理。

严格落实封闭管理“四必须”（必须成立工作专班、必须制定工作方案、必须建立管理制度、必须严格监督管理）、“五件套”（登记造册、封闭管理、两点一线、一天一检、全员全程接种疫苗）、“六个不”（标准不降低、区域不交叉、通道不共用、空调气流不交换、人员不接触、管理不缺位）。2021年6月24日，总署办公厅印发《关于做好海关系统入境人员卫生检疫岗位人员封闭管理的通知》（署办函〔2021〕25号），对登临检疫人员、健康申明卡核验人员等9类入境人员卫生检疫岗位人员实施“14+7+7”（14天在岗集中封闭管理、7天离岗集中封闭管理、7天居家健康监测）天封闭管理，对场所要求、人员配置、管理要求进行明确。

6月25日，关长闫伟东主持召开关长办公会议，学习传达总署办公厅《关于做好海关系统入境人员卫生检疫岗位工作人员封闭管理的通知》（署办函〔2021〕25号）文件精神，研究石家庄海关入境人员卫生检疫岗位工作人员封闭管理工作，成立由副关长王蔚冰任组长，办公室、监管处、卫生处、财务处、科技处、人事处、政工办、后勤管理中心以及“四海一空”隶属口岸海关主要负责同志为成员的工作专班。

6月27日，印发石家庄海关入境人员卫生检疫岗位工作人员封闭管理工作方案，细化石家庄海关封闭管理工作各部门职责、管理模式、管理要求等。各口岸海关制订工作方案，并相继对入境人员卫生检疫岗位工作人员实施封闭管理。7月12日，对封闭管理工作开展视频培训，解读总署封闭管理工作指南。

8月16号，曹妃甸海关总结“推行监督专班检查制度”“设立明白卡”等封闭管理工作的经验做法并报送石家庄海关。8月19日，石家庄海关树立完善曹妃甸海关经验并在全关区推广。

（六）规范医疗废弃物处置工作。

组织专家研讨并制发通知规范处置口岸医疗废弃物，要求口岸海关在口岸作业产生的所有医疗废弃物放入专门医疗废弃物容器，盛装医疗废物达到包装物或容器的四分之三时，一律使用双层黄色医疗废弃物垃圾袋，采用鹅颈结式封口、分层封扎，确保封口严密，进行消毒后方可移交，并做好移交签字记录，严格闭环管理，切实防止医疗废物流失、泄漏、扩散，严控感染或污染风险。制发通知对海关口岸作业产生的医疗废弃物的处置程序和处置人员的安全防护要求以及安全防护装备的穿脱程序进行再次调整明确，防止因医疗废弃物处置不当或安全防护不到位不规范造成污染和暴露感染。

四、持续推进，积极做好关区新冠病毒疫苗接种工作

（一）加强关区接种工作组织领导。

成立了以关长闫伟东为组长的关区新冠病毒疫苗接种工作领导小组，结合不同时期工作需要先后制订两版工作方案和应急处置预案，进一步加强对关区新冠病毒疫苗接种工作的统筹协调和组织领导。

（二）强化沟通协调，做好分级保障。

结合关区实际情况，经与河北省疫情防控办公室不断沟通协调，确定驻石单位参加省级保障，由卫生处统一对接属地卫生健康部门；其他属地海关与属地对接参加市级保障，确保关区新冠病毒疫苗接种科学分级，并在新冠病毒疫苗供应紧张的情况下，加强与地方卫生部门、接种点、省联防联控机制对接沟通，协调调拨新冠病毒疫苗，确保按期完成接种程序。

（三）强化指导督促，持续推进新冠病毒疫苗接种。

针对总署最新要求，在发文部署的基础上，第一时间电话向各隶属海关传达总署各项新要求，确保各项要求及时落实到位；定期通报关区新冠病毒疫苗接种情况，督促各部门单位按时完成接种工作，持续关注口岸一线人员新冠病毒接种情况，指导各口岸海关优先做好一线人员新冠病毒疫苗接种。2021 年，关区口岸一线人员、北京 2022 年冬奥会和冬残奥会保障人员 100%完成全程免疫接种程序。

（撰稿人：刘利辉）

优化口岸营商环境促进跨境贸易便利化

石家庄海关严格按照总署部署，全面推进可开展的任务、举措在河北省口岸落地见效。稳步推进“两步申报”“提前申报”等改革，推进“直提直装”在关区落地，压缩进出口货物整体通关时间、大幅简化进出口证件和随附单据、推广“单一窗口”应用、涉企收费管理等相关工作成效突出，各种惠企促贸措施落地开花、齐头并进，为河北省优化口岸营商环境提升跨境贸易便利化贡献海关力量。

一、持续压缩进出口货物整体通关时间，不断提升企业获得感

全面落实通关业务改革。推进“两步申报”（以进境货物准予提离口岸海关监管作业场所为界，分段实施“是否允许货物入境”和“是否允许货物进入国内市场销售或使用”监管）、“两段准入”（以进口货物准予提离进境地口岸海关监管作业场所为界，分段实施“是否允许货物入境”和“是否允许货物进入国内市场销售或使用”两类监管作业的海关监管方式）等业务改革，加强政策宣传引导，在尊重企业意愿的前提下，推动提高“两步申报”“提前申报”“汇总申报”“担保放行”等作业模式的使用，巩固压缩进出口货物整体通关时间成效。2021 年 12 月，石家庄海关进出口整体通关时间分别为 26.36 小时、0.99 小时，较 2017 年分别压缩 83.53%、93.89%。推行多种便利查验方式。灵活采用预约查验、下厂查验等查验方式，实施“收货人免到场”查验，加快验放生产急需的进口生产设备和原材料。推动京津冀海关协调联动。京津冀三地海关加强协作配合，建立三关综合业务领域问题处置联系配合机制，提高异常问题协同处置时效。

二、立足服务企业，简化通关手续，提升通关贸易便利化

按照能取消的取消，能合并的合并，能退出口岸验核的退出口岸验核的原则，全面精简进出口环节监管证件，除特殊情况外，进出口环节涉及的 38 种监管证件可

全部通过“单一窗口”受理。加强“单一窗口”的推广应用。2021年，实现了“单一窗口”向河北进出口企业、港口、码头、口岸作业场站实时推送查验通知；完成了中欧班列[①]场所企业智能卡口管理系统与“单一窗口”的对接；开发了海关货物放行信息数据服务系统，助力企业实现物流管控电子化，降低物流时间和成本。

三、降低通关成本，减少企业负担，全力释放改革红利

严格落实收费公示制度。在石家庄海关门户网站公示海关所属企事业单位涉企收费项目、要求企业接受第三方服务事项、政府委托事项、关区通过海关审核具有资质可从事检疫处理业务单位名单等内容；在收费现场公示收费项目、标准、依据等，坚决做到阳光收费，接受公众监督。要求海关所属企事业单位严格落实国家减税降费、优化口岸营商环境各项政策。严禁将取消或简化的监管证照、手续等变相转化为新的收费项目，迫使或诱导企业接受第三方有偿服务；坚决杜绝以任何形式指定服务、设置壁垒或为特定企业提供便利等导致不公平市场竞争的做法；坚决制止利用海关影响力、打着海关旗号收费的行为；严禁借新冠肺炎疫情防控之机巧立名目违规收费，增加企业负担。对海关所属企事业单位实行涉企收费动态管理，要求各企事业单位建立收费档案，密切关注收费工作动态，如有国家、总署最新文件，确保第一时间传达到各基层单位及时更新收费档案，并确保落实到位。

四、加快商事制度改革，提升政务服务水平

为进一步落实“双随机、一公开”的工作要求，积极与河北省市场监管局联合印发相关抽查工作的通知。各抽查事项均按总署要求执行，各抽查事项的抽查比例、频次和覆盖率达到了总署要求，实现了“双随机、一公开”监管全覆盖、常态化，并按要求对检查结果进行公示。畅通准入准出机制，积极推进企业注销便利化，进一步便利市场主体退出。与河北省政府及河北省市场监督管理局等部门加强沟通联系，搭建企业注销网上服务专区，提升政府行政服务效率、降低市场主体制度性交易成本。

（撰稿人：王亚昕）

---

① 按照固定车次、线路等条件开行，往来于中国、欧洲及“一带一路”沿线各国（地区）的集装箱国际铁路联运班列。

石家庄海关服务北京2022年冬奥会和冬残奥会筹备工作

一、做好组织保障工作

成立主要负责同志任组长的石家庄海关北京2022年冬奥会和冬残奥会（以下简称“北京冬奥会”）工作领导小组，设立新冠肺炎疫情防控组、通关监管组和综合保障组3个专项工作组，统筹做好石家庄海关在北京冬奥会筹办中新冠肺炎疫情防控、反恐安保、人员物资通关等各项工作。抽调业务骨干组建北京冬奥会领导小组办公室和工作专班，制定议事会议、值班值守、信息报送、请示报告、对外联络和应急响应等6项领导小组办公室工作制度，切实发挥领导小组办公会居中协调、上下联动作用。

二、做好方案预案的制订及完善工作

制订北京冬奥会海关工作方案及任务分工表，明确3个阶段21项工作任务，结合实际制订、完善卫生检疫、突发卫生事件应急处置、通关监管、涉奥航班备降保障、进驻人员内部防控、反恐安保、网络安全等18项服务保障北京冬奥会工作方案及预案，为北京冬奥会量身打造便利化监管服务措施，确保规定动作100%做到位。

三、做好培训演练工作

参加北京海关组织的冬奥会值机柜台前移工作，对个人防护操作流程及柜台前置业务工作进行远程培训。与京津海关联合举办做好北京冬奥会海关监管服务保障工作培训，解读总署相关政策，分享北京冬奥会物资、人员海关通关流程与经验做法，进一步提高关员政策理解能力和业务操作水平。

立足关区实际，组织业务现场开展涉奥航班备降卫生检疫和应急处置演练、进驻人员职业暴露应急演练、科技保障工作方案演练、反恐安保应急处置演练等9项应急演练。通过演练，进一步查漏洞、补短板、强弱项，切实提高关员岗位实战水平以及突发事件应急处置能力。

四、做好京津冀协同办奥工作

京津冀三地海关“一体谋划、一体实

施”，制定北京冬奥会跨关区协作机制，建立协作配合、会商分析、监管协作、信息共享等4项工作机制，凝聚三关合力共同做好北京冬奥会暂时进境物资中期监管等重点工作。2021年12月28日，张家口海关完成首批北京冬奥会暂时进境物资中期监管工作，该批货物为北京冬奥会参赛国家英国奥委会在北京冬奥会赛事期间的办公用品，通过海运方式从天津港入境，主要有笔记本电脑、护目镜、打印机、工作服、沙发等，共21件、重4,320千克。

五、做好通关保障工作

在张家口海关和5个口岸海关设置奥运会海关专用通道、专用窗口标识，便利北京冬奥会进出境物资、人员通关。编制北京冬奥会服务保障工作手册，支持冰雪企业用好“两步申报”“两段准入”新型通关模式，简化通关手续，降低冰雪企业时间成本，进一步提升服务冰雪产业发展的通关便利化水平。2021年，张家口海关累计监管冰雪货物报关单39票、货值1,858.3万元，进口造雪机、索道组装设备和结构框架、索道钢丝绳、索道用索轮组等冰雪货物为北京冬奥会赛场建设提供有力支持和保障。

按照奥组委安排，石家庄海关派员进驻北京冬奥会和冬残奥会北京、张家口赛区开展值机柜台前移业务。现场设立协调员、监督员、安全员等工作岗位，与北京冬奥村抵离中心、航空公司等部门沟通联系，及时了解值机柜台前移预约时间、旅客人数、行李件数等信息。

六、做好闭环管理工作

坚持把新冠肺炎疫情防控作为重中之重，全面落实闭环管理。进驻前，奥运村进驻工作人员按要求做好进入闭环工作各项准备，赛前14天内限制与他人接触，避免进入密闭空间以及人员聚集场所，做好物资、生活用品储备。进驻期间，奥运村进驻工作人员执行第二版《北京冬奥会和冬残奥会防疫手册》，每日开展核酸检测、体温监测和环境清洁等工作，工作期间佩戴一次性手套、KN95或N95医用防护口罩、医用防护面屏或护目镜，执行住宿管理、就餐管理和健康管理等各项要求，按规定做好个人卫生和防护。海关进驻人员闭环内未发生交叉感染。

七、做好涉奥航班备降工作

根据北京冬奥组委印发的《北京2022年冬奥会和冬残奥会航班备降保障工作指引》，石家庄正定国际机场为21个备降机场之一。石家庄海关高度重视涉奥航班备降工作，针对T1航站楼升级改造项目未完成现状向省有关部门提出方案修改建议和入境保障工作流程。石家庄机场海关两次参加应对处置演练，针对实际情况和演练存在问题不断完善工作方案和应急预案，开展安全防护专题培训考核和口岸突发公共卫生事件应急演练，全方位做好北京冬奥会和冬残奥会备降航班保障工作。

八、做好值班值守工作

建立关区服务保障北京冬奥会联络员机制，明确17个部门、单位处、科级联络员，发布服务保障北京冬奥会联络员通讯录。制定关区北京冬奥会值班值守工作制度，编制工作日和节假日值班表，监管部门、科技部门、风险部门和相关隶属海关均按要求开展“7×24小时”值班值守，海关工作全时畅通无缝衔接，场馆内外、闭环内外协调联动。

九、做好风险防控工作

参加京津冀海关风险防控工作专班，成立关区北京冬奥会风险防控专班，深化信息情报收集、分析研判、风险处置、监控评估、综合协调5个风险布控领域合作。累计采集内外部信息70余条，形成北京冬奥会主题信息汇编专刊3期，发布北京冬奥会主题预警11条；贸易渠道针对侵权高风险商品下达布控规则8条，针对政治反宣品加载布控规则3条；非贸渠道下达各类布控指令规则47条。

十、做好科技保障工作

制订网络安全保障工作方案，成立工作组，健全关区应急队伍，紧盯网络运行状况，发现问题第一时间处置。落实25项任务清单，整改12处漏洞、弱口令等安全隐患。落实封网运行和零报告要求，累计阻断外部攻击及异常访问862万次。北京冬奥会期间关区网络与信息系统运行平稳。

十一、做好关心关爱工作

春节期间，石家庄海关主要负责同志到张家口海关看望慰问北京冬奥会服务保障工作人员。北京冬奥会赛事期间，分管关领导与进驻张家口冬奥村关员进行连线、同济南海关移动P2+实验室支援人员座谈，及时了解进驻关员和支援人员生活情况和工作开展情况，切实解决后顾之忧。

张家口海关春节期间开展为北京冬奥会集中工作人员送温暖活动。开赛前，举行海关派驻北京冬奥会北京、张家口赛区服务保障工作专班出征仪式，关党委班子成员为出征7名同志佩戴党徽，勉励进驻人员做好海关服务保障工作。

十二、做好新闻宣传工作

坚持全方位宣传报道，全面、立体、生动地讲好海关关员服务保障北京冬奥会故事，展现海关关员政治坚定、业务精通、令行禁止、担当奉献的准军事化纪律部队风貌。2021年以来，组稿编发《助力冬奥有我！石家庄海关多措并举做好冬奥会服务保障工作》《北京2022年冬奥会张家口赛区首批参赛国物资抵达崇礼冬奥村》《石家庄海关为北京2022年冬奥会、冬残奥会海关监管服务保障工作再添动力》《石家庄海关值机柜台前移服务冬残奥会运动员离境》《牢筑防疫屏障 坚守冬奥护航》等稿件，被人民网、新华网、新浪网、中国新闻网、《河北日报》、河北新闻网、长城网、“学习强国”、《中国国门时报》等媒体广泛刊发。

（撰稿人：张田心）

《区域全面经济伙伴关系协定》（RCEP）实施

RCEP是世界上人口最多、经贸规模最大、最具发展潜力的自由贸易区，我国已经于2021年4月15日完成RCEP全部核准程序，各缔约方积极促成协定在2022年1月1日生效。石家庄海关以RCEP落地和实施为契机，高度重视培训宣传工作，认真落实总署要求，扎实开展RCEP实施前的各项准备工作，为2022年1月1日RCEP正式生效实施打下坚实基础。

一、工作要求

为落实党中央、国务院部署，做好RCEP实施准备工作，2021年2月8日总署关税司印发相关宣传培训工作的通知，要求各直属海关深刻认识RCEP实施相关宣传培训的重要意义，把宣传培训RCEP原产地规则和关税减让作为一项重要工作摆在突出位置，充分发挥主观能动性，精心策划宣传培训方案，分阶段、分步骤有效推进，抓好落实。并要求定期报送阶段性成果。根据关税司宣传培训工作的通知精神，石家庄海关研究制订了石家庄海关RCEP原产地规则和关税减让培训宣传的工作方案，要求各隶属海关提高政治站位，加强组织领导，充分发挥主观能动性，精心策划、统筹安排宣传培训内容和形式，通过专家授课、线上研讨、媒体发表政策解读、报送分析材料等多种方式分阶段、分步骤有效推进宣传培训，不断提升关区关员业务素质水平，熟悉RCEP原产地规则和关税减让，准确给予进口享惠、及时提供出口签证服务。同时帮助企业提升认知度和技术能力，熟悉掌握原产地证书申领程序、证明材料等要求，为企业应享尽享协定优惠奠定坚实基础。汇总编发了培训宣传课件，提出宣传培训的具体要求。

二、内部培训

为落实RCEP原产地规则与关税减让实施准备工作部署，提升海关关税条线关员的业务能力，总署关税司于2021年1月28日—29日举办第一期RCEP原产地培训班，培训内容主要涉及RCEP总体介绍、

RCEP货物关税承诺及实施；RCEP原产地规则和RCEP原产地规则实施操作程序四个方面。关区共计60人参加培训并全部通过考试。11月23—24日，总署关税司举办第二期RCEP原产地培训班，培训内容主要为RCEP原产地管理办法、经核准出口商管理办法以及RCEP原产地管理信息化应用项目，关区共计82人参加培训并全部通过考试。

多措并举组织参加多种类型内部培训，不断加强自身能力建设。派技术骨干参加总署项目开发，保障RCEP原产地系统2.0、3.0版本顺利运行。解答企业疑问100余次，向总署反馈有效问题6个，针对RCEP原产地判定规则和程序开展小组研讨，结合河北进出口特点，针对重点产品完成不同国家之间的关税比对，编写《河北省进出口重点商品自贸协定关税减让对比一览表》帮扶企业用好用足自贸协定优惠政策。各隶属海关深入开展“RCEP小课堂”“晨读一刻钟”等多种形式的内部培训，介绍及解读RCEP协定基本内容和重要作用，增强全员参与意识，形成浓厚的学习氛围，累计参加224人，做到业务岗位100%覆盖。

三、政策宣传

石家庄海关与河北省商务厅联合启动“RCEP燕赵行”活动，通过举办启动仪式、RCEP规则宣传解读、产业对接城市专场、园区推介等一系列活动做好RCEP生效对接准备，充分把握机遇，推动河北与RCEP各缔约方进一步扩大贸易和投资往来。在启动仪式上，石家庄海关关税处张少普被聘为河北省首批“FTA”种子培训师。2021年5月28日，石家庄海关联合河北电子口岸举办海关业务线上培训班，对RCEP原产地规则及优惠协定项下报关单填制规范进行解读。各隶属海关也结合本地进出口企业情况通过各种方式开展企业培训：邢台海关对现场办理产地证的企业开展面对面RECP政策宣贯与答疑，现场发放RCEP基础知识宣传页，帮助企业有效学习了解RCEP相关知识；鹿泉海关采用腾讯视频会议形式举办业务宣讲会，根据企业需求，对RCEP、海关通关业务改革等相关内容有针对性地进行详细解读，辖区200家进出口企业、300余人次参与；邯郸海关以“钉钉”视频直播方式举办辖区原产地政策培训会，详细讲解RCEP关税减让和原产地规则、同时结合日常签证常见问题开展线上答疑，深受企业欢迎。沧州、衡水、廊坊等隶属海关以开展RCEP进出口企业线上培训为抓手推动党史学习教育“我为群众办实事”实践活动的扎实开展。2021年关区2,300多名企业人员参加了石家庄海关单独或联合其他部门组织的各类“线上+线下”培训，100%覆盖应培训企业。

四、政策研究

为做好RCEP原产地规则和关税减让

实施准备，在海关系统内部形成通晓规则、研究规则、用好规则的良好氛围。总署关税司组织开展“RCEP 原产地规则和关税减让”主题征文活动，关区在组织深入学习和讨论的基础上，认真思考如何在履职尽责中提高海关原产地管理工作政治站位，强化监管优化服务，共计完成《以 RCEP 推动协同发展，打造河北对外开放新高地》《RCEP 对沧州汽车零部件进口影响浅析》《运用 RCEP 原产地规则推动雄安新区外向型经济高质量发展的思考》三篇论文，全面探索研究提升关区原产地管理水平的新路径和新举措。

由关税处牵头负责，统计处、法综处、鹿泉海关共同参与完成石家庄海关关级研究课题《RCEP 对河北省经济影响分析研究》。研究课题针对 RCEP 签署与实施为河北省参与区域经贸合作带来的巨大机遇，充分分析 RCEP 关税减让、原产地规则、服务贸易等对河北省以及京津冀区域的影响，有助于发挥 RCEP 助推京津冀区域拓展国际经贸领域、构建国内国际相互促进双循环新格局的价值，推进河北进一步优化对外贸易和投资布局，建立国际高标准贸易投资规则，协同京津打造具有全球竞争力的产业链创新链，共同构建更高水平的开放性经济新格局；并提出五个方面具体措施，建议抓住 RCEP 实施机遇，加强京津冀区域产业互联、政策互通，加快培育高精尖产业集群，协同打造具有全球竞争力的产业链创新链，共同构建国内国际相互促进的双循环新格局。

五、建言献策

2021 年 11 月 16 日，为抢抓 RCEP 实施机遇，助力河北省在构建新发展格局中实现高水平开放，石家庄海关向河北省政府专题报告了做好 RCEP 原产地规则关税减让及相关便利措施实施准备工作情况。报告通过具体数据全面展示河北省与 RCEP 成员间近年贸易规模不断扩大的现状和原因，着重从关税政策利好对外贸易、原产地规则助推提质增效、深度合作助力提档升级三个方面分析 RCEP 实施对河北外经贸的影响，提出 RCEP 带来的区域内关税的普遍下调，将使河北省企业的产品竞争力总体增强。报告详细通报石家庄海关做好 RCEP 实施准备的八项具体措施，并提出四方面建议：建立完善的政企沟通协调机制和政策宣讲平台，支持行业协会、产业联盟等组织在策略咨询、行业引领、规范自律等方面发挥更大作用；在自由贸易试验区、综合保税区、临港产业园区等建立与 RCEP 规则相衔接的制度体系和管理模式，进一步延长政策服务链条，释放招商引资活力，推动形成适应对外开放高质量发展的贸易服务体系；进一步在中国（河北）自由贸易试验区（以下简称“河北自贸试验区”）内率先开展 RCEP 实施各项准备工作，围绕原产地区域累积、负面清单、促进公平竞争等高标准经贸规则积极开展探索，鼓励企业加快融入中、日、韩经济产业链供应链分工协作；加快跨境电商综合试验区建设，培育跨境电商示范平台和外贸综合服务企业，依托大兴、正定航空枢纽重点加强与日、韩跨境电商领域的合作，拓展日、韩市场份额，形成开放发展新引擎。河北省副省长夏延军对报告给予批示，要求全省企业和自贸区加强学习，做好 RCEP 实施准备。

六、新闻宣传

新闻宣传方面，把宣传 RCEP 实施作为一项重要工作摆在突出位置，积极主动营造良好氛围，持续加大在新闻媒体、互联网等平台的宣传工作，充分展现石家庄海关在服务 RCEP 落地见效中的形象和作为。2021 年 4 月 23 日，在河北省新闻办新闻发布厅举办石家庄海关 2021 年第二场新闻发布会。石家庄海关新闻发言人发布石家庄海关发挥税收征管职能，深化税收担保方式改革和属地纳税人管理，推进原产地签证便利，做好 RCEP 原产地规则和关税减让生效实施准备，全力支持河北外贸稳增长的情况。关税处处长详细介绍了石家庄海关 RCEP 实施准备情况，对企业如何把握机遇，用好 RCEP 规则，进一步提升国际合作和竞争力提出了具体建议。全年石家庄海关持续加强在当地媒体、互联网宣传工作，在中央、省、市级媒体发表新闻报道 10 余次，在“石家庄海关 12360”微信公众平台发表 3 篇稿件。

七、签证业务系统实施准备

为做好 RCEP 原产地规则和关税减让实施准备，总署关税司于 2021 年 5 月 10 日起上线 RCEP 原产地管理信息化应用项目，此次系统上线是 RCEP 原产地规则和关税减让实施准备的重要环节，直接关系到将来 RCEP 生效后能否顺畅实施，石家庄海关高度重视，全力保障，成立应急专家小组，及时、准确解答企业在报关单申报和原产地证书申领遇到的问题，各隶属海关按照要求及时办结处理原产地签证管理系统中的相关业务，系统上线运行平稳有序。7 月 24 日，RCEP 原产地管理信息化应用项目 2.0 版本上线运行，“原产地证书自助打印”子系统、涉外核查和多种类型的原产地证书审核纳入 2.0 版本的系统中，石家庄海关关税部门全程参与项目建设，派员参与了系统的集中测试，并作为系统上线的应急处置工作组成员为全国海关提供技术支持。10 月 16 日，RCEP 原产地管理信息化应用项目 3.0 版本上线运行，所有类型的原产地证书均切换到新系统中审核，进一步优化完善了出口和进口原产地管理的各项功能。3.0 版本上线是 RCEP 原产地规则和关税减让实施准备的关键环节，标志着新一代签证系统的全面建成。关税岗位人员加强 RCEP 原产地管理信息化业务系统学习，熟悉历次升级操作流程，积极参与系统升级测试和上线应急处置，该系统在石家庄关区运行顺畅，为 RCEP 在 2022 年 1 月 1 日正式生效打下坚实基础。

八、其他方面的实施准备

紧密结合 RCEP 缔约方 AEO（经认证的经营者）① 互认进展，加大关区参与 RCEP 成员方贸易企业的海关 AEO 高级认证企业培育，实行“专档”“专访”“专人负责”，开展“量体裁衣”式信用孵化工作。充分发挥企业协调员的作用，建立企业微信群，开展视频集中培育、“一对一”专题培育，送政策上门，充分利用“中国海关信用管理” “石家庄海关 12360”微信公众号等媒体平台积极宣传海关信用管理、AEO 认证及联合激励与惩戒等各项政策，发布政策解读文章，第一时间响应企业关切。2021 年，石家庄海关共开展信用培育 350 家次，其中 5 家企业递交了高级认证企业申请。

不断强化知识产权边境保护执法，制定 29 条措施加强侵权高风险商品的监管力度，重点关注跨境电商、市场采购等新型贸易渠道侵权行为。同时积极引导省内企业进行知识产权海关保护备案，2021 年，河北省 175 家企业在总署完成知识产权备案同比增长 34.5%，备案知识产权 904 项同比增长 20.8%，为河北企业拓展 RCEP 市场提供有力的知识产权保护支撑。

石家庄海关与河北省农业农村厅签署《服务乡村全面振兴　推动农业对外开放高质量发展合作备忘录》，不断优化检疫流程，加快进境农产品检疫审批，支持从 RCEP 成员方引进优良种质资源，保障鲜梨等农产品出口 RCEP 成员方。制订石家庄海关技术性贸易措施工作指引和工作方案，向总署反馈 WTO/TBT、SPS 通报评议 11 条，面向与 RCEP 缔约方有经贸关系的企业定期制发境外技术性贸易措施动态和风险预警，关企联动共同应对非关税技术性贸易壁垒。

九、跨部门协作

根据省政府要求，石家庄海关立足部门职能，在深入研究的基础上，提出六项对接服务 RCEP 实施的具体政策举措，与河北省相关部门加强协作共同开展 RCEP 优惠政策宣传培训。组织石家庄海关于 2021 年 3 月 22 日—23 日参加商务部举办的 RCEP 第二次线上专题培训班。培训采用远程直播方式开展，总署专家就原产地规则和通关实务进行了讲解，各部委及行业协会就农业、轻工、纺织、机械、电子信息、石化等行业面临的机遇和挑战进行分析解读。石家庄海关组织相关关员和企业代表 80 余人以在线视频形式参加培训。各隶属海关高度重视、积极参加培训，其中沧州海关全体班子成员及各科业务骨干全程参加了培训，鹿泉海关组织本关全体

① 在世界海关组织（WCO）制定的《全球贸易安全与便利标准框架》中将其定义为：“以任何一种方式参与货物国际流通，并被海关当局认定符合世界海关组织或相应供应链安全标准的一方。”

业务人员集中观看视频直播，各隶属关还将培训链接推送至辖区有关企业，方便企业及时了解 RCEP 政策法规及实施意义。此次培训有助于更加准确、全面、深入地了解 RCEP 内涵和意义，为下一步帮助并指导企业用好用活协定提供了有力支持。为提前做好 RCEP 生效对接准备，提高对 RCEP 有关政策及优惠措施理解和利用能力，河北省商务厅于 2021 年 7 月 22 日在唐山市举办 2021 年 RCEP 河北合作与发展论坛，石家庄海关关税处相关人员远程线上参加，唐山海关派员现场参加了论坛系列活动。12 月 29 日，为做好 RCEP 生效对接准备，充分把握 RCEP 协定带来的机遇，推动河北与 RCEP 缔约方之间在畅通贸易、促进投资、开放市场方面建立更广阔合作空间，石家庄海关联合河北省商务厅等部门举办了 RCEP 燕赵行东盟国家专场系列活动的启动仪式，并开展首场培训，对 RCEP 原产地规则进行了详细解读。

（撰稿人：张少普）

第三篇

政治建设

党建工作

【概况】2021年，石家庄海关以党的政治建设为统领，以推动党的建设高质量发展为主题，持续抓好全面从严治党工作和清廉海关建设，认真贯彻落实习近平总书记重要讲话和重要指示批示精神，增强“四个意识”、坚定“四个自信”、做到“两个维护”。

扎实推动党史学习教育深入开展，党委班子发挥带头示范作用，第一时间组织集中学习研讨，4次扩大到机关各部门单位主要负责同志，两级党委书记带头开展宣讲，深入分管部门单位、基层联系点和联系支部，与一线党员干部面对面开展学习交流，组织收听收看中央宣讲团宣讲报告会，邀请省委党校专家开展党史专题讲座16场次。

上下联动，统筹结合，深入学习贯彻党的十九届六中全会精神。党委理论学习中心组带头示范，关党委班子成员到基层一线进行督导宣讲，通过参加隶属海关党委理论学习中心组学习、参加基层党支部联系点“我为群众办实事”主题党日活动、召开党支部书记座谈会等形式，对隶属海关开展学习活动进行督促指导。

【宣传思想文化】2021年，石家庄海关抓实理论武装，持续深入学习习近平新时代中国特色社会主义思想。党委理论学习中心组带头示范，围绕学习贯彻党的十九届五中、六中全会精神，习近平总书记在党史学习教育动员大会上的重要讲话、“七一”重要讲话以及在福建、广西、青海、西藏、河北等地考察时的重要讲话精神重点组织集中学习研讨。党委书记带头带动“三级书记”讲党课，推动各基层党组织以“三会一课”等形式学深悟透。全年共组织党委理论学习中心组（扩大）学习21次，带动18个隶属海关党委理论学习中心组及时跟进学习。编发相关学习专刊36期，及时组织各部门单位传达学习习近平总书记重要讲话精神并提出初步贯彻意见。

举办党史学习教育处级干部专题培训班、学习贯彻习近平总书记“七一”重要讲话精神专题读书班、党的十九届六中全会精神专题学习班。成立19个青年理论学习小组，建立领导班子成员定点联系学习小组、学习标兵列席党委理论学习中心组学习等5项日常工作制度。扎实开展党史学习教育，围绕“学史明理、学史增信、学史崇德、学史力行”组织4次党委理论学习中心组（扩大）学习暨党史学习教育专题研讨。组织处科级干部参加党史学习教育网上专题班，关区全体党员参加“党在我心中”全国海关党史知识竞赛。用好河北红色资源，组织党员干部到华北军区烈士陵园、西柏坡纪念馆、李大钊纪念馆等革命教育基地现场教学。开展“学史·铸魂”红色讲坛，参与党史学习教育专题培训“西柏坡精神”党课制作并面向全国海关教学授课。走访慰问获得党内功勋荣誉表彰的党员、生活困难党员、老党员、老干部和烈士遗属等活动，做好“光荣在党50年”纪念章颁发工作。开展庆祝中国共产党成立100周年理论文章与书画文学艺术作品征集、“学党史　话传承　建新功”读书分享、“颂歌献给党”亲子朗读活动。聚焦“国门安全”“便民利企”“暖心聚力”三项工程深入开展“我为群众办实事”实践活动，梳理形成关区两级党委重点民生项目清单212项，用心用情用力解决好企业群众“急难愁盼”问题，2个项目入选全国海关“百佳项目”。

践行社会主义核心价值观，广泛开展“学雷锋·献礼党的百年华诞”志愿服务，组织“抗击疫情　无偿献血”活动、为困难职工筹集爱心捐款、“我为祖国添新绿”植树等活动。召开“学史力行　不负韶华”青年干部专题研讨会、“树清廉家风　创廉洁家庭”青年干部家庭助廉座谈会，推荐全国文明家庭参与河北卫视“中华好家风”节目录制，传播海关正能量。强化宣传阵地，用好党史学习教育专栏、“石家庄海关12360”微信公众平台等载体，聚焦“党史学习教育”“庆祝中国共产党成立100周年”“学习贯彻党的十九届六中全会精神”等专题活动开展宣传。开展“中国海关”强国号“党旗在基层一线高高飘扬”“我对党有话说”“海关小姐姐讲党史”“画说党史”等系列宣传，参与“青年心向党——我在抗疫第一线”100个抗疫故事接力展示活动和红歌接力展示活动，4个视频作品被总署金钥匙微信平台播发。

▲2021年10月8日，石家庄海关机关举行升国旗仪式

【基层组织建设】2021年，石家庄海关以“强基提质工程”为契机，坚持把基层党建作为一项系统性、基础性、长期性工作抓紧抓好，努力提升基层党组织的组织力、向心力、战斗力，推动基层党建全面进步全面过硬。加强制度建设，以直属机关党委换届为契机，制定完善直属机关党委议事规则等制度，规范直属机关党委议事原则、议事方式等，进一步提升直属机关党委工作效率和会议质量。修订完善关区合格党支部建设“四个清单”，形成以支部、书记、委员的40项责任清单、24项任务清单、20项负面清单、20项检查清单为内容的合格支部建设制度机制。加强基层党组织建设，在符合条件的基层科室都成立党支部，实现“支部建在科上”、行政“一把手”担任党支部书记、支委设立纪检委员三个“全覆盖”，在筑牢口岸检疫防线、优化口岸营商环境、支持外贸稳增长、禁止“洋垃圾”入境等重大工作中有效发挥党组织战斗堡垒作用。成立后勤管理中心党委，加强对事业单位党建工作领导。加强党务干部队伍培训，提升党务干部工作水平，通过“钉钉”网络平台，组织参加全国海关基层党支部书记网上培训示范班1期，组织开展关区党建工作专题培训1期，党支部书记培训班1期，先后对共计623人次进行培训，有效地强化了党务干部身份意识和责任意识。

提升党组织凝聚力，积极开展“四强”支部评选和“两优一先”表彰等党内评优评先工作，共评选关区“四强”支部51个，关区优秀共产党员32名，优秀党务工作者18名，先进基层党组织30个，极大地鼓舞了士气，激发了热情。通过先进典型的示范引领作用，扩大了党建辐射效应，拓展了党建工作思路，促进党建与各项工作协同互助、百花齐放，不断丰富党建工作内容，释放党建工作活力。深入推进党建品牌创建活动，引导关区各党支部结合队伍和业务实际，广泛开展“一支部一品牌、一品牌一特色”的党建品牌创建活动，不断巩固提升党建品牌创建成果，1个全国海关党建培育品牌成功晋级示范品牌，关区共有全国海关党建示范品牌3个、培育品牌2个，并组织品牌支部书记参加海关总署结对帮扶、“书记项目”“微党课”等活动，总结推广党建品牌工作法，发挥示范带动作用。

【党风廉政建设】2021年，石家庄海关坚定不移推进全面从严治党、党风廉政建设和反腐败工作，持续巩固向上向好态势，不断提升整体建设水平。围绕全面从严治党、党风廉政建设和反腐败工作，党委会议专题研究19次，制定制度办法6项，推动完成全面从严治党重点工作任务52项，干部人事管理权限进一步明确，督导完成直属机关党委、机关纪委换届选举。建立起“季度报告、随机述职、全面考核”的履责监督考评机制，党委共听取21个部门单位“一把手”现场汇报履责情况，对12个主体责任落实不够到位的部门单位“一把手”开展提醒谈话，促进主体责任由节点监督向全程监督转变、由年终考核向过程考核转变。

持续深化纠治“四风”和作风纪律专项整治，梳理出具有共性和代表性问题12

个，制定22条整改措施并推进落实。出台深入治理违反中央八项规定精神突出问题、进一步推进清廉海关建设具体措施36条，并组织对照9个“一律不准”开展自查自纠，开展专项检查、随机抽查、明察暗访70余次，不断强化严查严纠高压态势。围绕加强对“一把手”的监督、对同级领导班子监督、对下级领导班子监督和组织落实4个方面，制定了24大类、57项主要措施。

开展关区干部配偶、子女及其配偶从业情况自查抽查工作，按照不低于20%比例对处级领导干部及相应职级干部配偶、子女及其配偶经商办企业情况进行验证比对，未发现存在利益冲突的情形。开展警示教育月活动，明确5个方面15项具体措施和3点工作要求，组织运用海关系统查处的45起违纪违法典型案例开展警示教育，组织开展“基层书记组长谈责任”主题视频访谈活动，并向总署推报了3个优秀视频。组织对拟提任处级、副处级领导干部的26名干部开展任前廉政法规考试。通报了关区上半年“好差评”系统整体运行情况，指出了存在的不足和下一步工作要求。按照总署统一部署，将政务服务“好差评”可评价事项由8项增加到13项。持续整治酒驾醉驾，通过单位、家庭、个人联防联控联治，保持了关区酒驾醉驾“零发生”良好态势。落实受处分人员跟踪回访制度，组织对总署党委开展巡视以来受处分的6名人员开展回访教育，全面了解受处分党员干部知错改错、工作表现、思想汇报等情况，推动查处、治理、教育一体贯通。

【群团工作】2021年，石家庄海关推动实施青年理论提升工程，强化年轻干部理论武装。制定石家庄海关青年理论学习小组学习规则，召开关区“学史力行　不负韶华”学习习近平总书记“七一”重要讲话精神青年干部专题研讨（视频）会、举办学习贯彻“七一”重要讲话精神暨党史学习教育青年线上读书班、开展“学党史、强信念、跟党走”学习教育，推动关区青年干部“四史”宣传教育向纵深发展。高标准推动青年文明号创建工作，推动各级青年文明号创建集体提档升级，在关区开展“擦亮青年文明号　助力三重四创五优化”主题活动及青年文明号创建推动工作。曹妃甸海关人事政工科、邢台海关报关大厅、沧州海关报关大厅、黄骅港海关物流监控一科、京唐港海关报关大厅5个集体获评2019—2020年度河北省青年文明号集体，承德海关综合业务科获评2019—2020年度“双创双服”优秀青年集体，沧州海关报关大厅、正定海关综合保税区监管科、鹿泉海关报关大厅、衡水海关报关大厅、邢台海关查检工作组5个集体获评创建集体。团委在全省共青团述职考核中被授予2020年度河北省创建“青年文明号”活动标兵成员单位称号，连续两年获此荣誉。

丰富活动形式，创新活动载体，推动

青年干部党史学习教育走深走实，开展“唱响红色旋律，筑牢信仰之基”主题团日、“缅怀革命先烈　传承红色基因”清明祭扫、老党员与青年干部主题座谈等活动，让红色基因代代传承。培树推荐先进典型，激发青年群体干事创业热情，衡水海关团支部被共青团中央评为全国五四红旗团支部，机关团支部书记王瑜、石家庄机场海关邸鲁东分别获评2021年度河北省争当“优秀共青团干部”“优秀共青团员”，选评出2020年度6个活力团支部、21名青年学习标兵。

积极融入地方团组织，拓展石家庄海关团组织影响力，关团委作为省直共青团组织第三片组提名组长单位，组织召开片组联席会议，承办并参与“激扬青春”乐享足球六人制足球比赛，荣获二等奖。广泛开展学雷锋志愿服务活动，为困难职工发起献爱心倡议书，组织关区干部职工为困难职工捐款；组织开展无偿献血活动，机关及驻石各单位共计72人参加献血，献血总量达20,200毫升。在“三八”节日期间开展系列活动，举办“幸福从接纳开始”专题讲座，答惑解疑，帮助女干部职工缓解和疏导心理压力。

▲2021年4月1日，石家庄海关青年代表到河北省英烈纪念园开展“缅怀革命先烈　传承红色基因”清明祭扫活动

（撰稿人：于天辰　孟　可　郭　琳　曹　坤　崔云飞）

巡视巡察

【概况】2021年，石家庄海关坚持以习近平新时代中国特色社会主义思想为指导，不断推进巡视整改以及巡察工作高质量开展。全面贯彻党的十九大和十九届历次全会精神，深入学习贯彻习近平总书记关于巡视工作的重要论述以及党中央关于巡视巡察工作新精神新部署，以制度建设为抓手不断推动规范化建设，以“三个聚焦”为监督重点依规依纪依法开展巡察工作，以“四个融入”为目标全力抓好巡视巡察整改，督促关区各级党组织和党员干部不断增强“四个意识”、坚定“四个自信”、做到“两个维护”，推动关区全面从严治党向基层延伸、向纵深发展，确保党中央、国务院重大决策、总署党委工作部署落实落地。

【巡视工作】2021年，石家庄海关坚决压紧压实管党治党政治责任，坚持把巡视整改作为一项政治任务持续推进。为了进一步巩固深化巡视整改成效，针对中央及总署党委两次巡视指出问题和意见建议，在原有173项整改措施全部落实的基础上，举一反三，深入查找不足，再次制定181项持续整改措施并于年内全部落实。确定2021年持续推动巡视整改事项清单，巡视整改工作领导小组每季度研究一次措施落实情况。

强化政治责任担当，党委书记作为第一责任人，对持续整改工作直接部署、直接过问、直接推动。其他党委委员按照分工直接推动分管领域的持续整改工作。在总署统一部署的一系列打击“洋垃圾”走私专项稽查行动中，由分管领导对石家庄海关专项稽查行动工作实施方案亲自把关，多次主持召开会议进行部署，指导推进整个专项稽查行动，采取视频督导和现场听取汇报的方式对隶属海关开展的相关稽查作业进行检查指导，提出具体要求，确保不折不扣落实总署工作要求。细化工作方案，深挖问题根源，明确责任分工，强化与地方公安等相关部门的联系配合，扎实开展“国门利剑”和“蓝天”专项行动，抓好持续整改各项工作。加大对重点难点问题的推进力度，同时对已整改问题组织开展“回头看”，防止问题反弹，巩固整改成效。制订巡视整改日常监督工作方案，充分发挥派驻纪检组的“探头”作用，加强对巡视整改工作的全方位、常态化监督，切实做好巡视“后半篇文章”。有针对性的强化监管保安全，以主持编印口岸环节监管业务操作手册为抓手，进一步提升一线监管能力、口岸核心能力和实验室检测能力建设，推动危化品监管、国门生物安全、进出口食品安全、实验室安全和网络安全制度化、程序化、规范化。

深化巡视整改成果运用，按照“四个融入”要求，以系统思维推动巡视整改长效化，不断加强党的建设，推动全面从严治党，引领保障石家庄海关改革发展各项事业高质量发展。为了抓好持续巡视整改，石家庄海关坚持动态管理、定期盘点，重点看每条措施是否得到落实，并有效支撑整改目标；看是否突出实效性，用事例、数据体现整改成效；看是否突出真实性，每项措施落实均有相应的印证资料作支撑。2021 年度，以持续整改为抓手，石家庄海关进一步强化政治建关，增设学习载体，编发相关学习专刊36 期，第一时间组织学习贯彻习近平总书记重要讲话精神。严格落实“第一议题”制度，完善形势分析及工作督查例会议定事项滚动式督办、关领导挂牌督办等配套措施，形成对习近平总书记重要讲话和重要指示批示精神第一时间学习贯彻、推动落实的闭环机制。修订贯彻落实“三重一大”决策制度实施办法，完善石家庄海关两级党委会议事清单，更加突出“两个维护”，更加聚焦主责主业。认真开展党史学习教育，党委书记带头讲专题党课，组织 4 次专题研讨，2 批集中培训。党的十九届六中全会精神学习实现全覆盖，包括 42 个部门单位领导班子和 249 个党支部。深入开展“我为群众办实事”实践活动，梳理形成石家庄海关两级党委重点民生项目清单 212 项，入选全国海关“百佳项目”2 项，用心用情用力解决好企业群众“急难愁盼”问题。坚持党要管党、全面从严治党，明确全面从严治党重点工作任务分工 52 项，压紧压实隶属海关党委和机关党支部全面从严治党主体责任，建立起“季度报告、随机述职、全面考核”的管党治党履责监督考评机制。不断夯实基层基础，根据《中国共产党支部工作条例（试行）》，修订完善石家庄海关合格党支部建设“四个清单”，形成以支部、书记、委员的 40 项责任清单，24 项任务清单、20 项负面清单、20 项检查清单为内容的制度机制，推动合格党支部建设。坚持总体国家安全观，将疫情防控作为工作重中之重，严格规范做好各项规定动作，坚决把好外防输入关口。聚焦国家大事、重大战略落地实施，石家庄海关在服务雄安新区建设、支持中欧班列运行、推动“一带一路”建设、筹备北京冬奥会等重点工作中，坚持“一对一”制定工作措施，有力推动了外贸高质量发展。

【巡察工作】2021 年，石家庄海关坚持以习近平新时代中国特色社会主义思想为指导，突出政治导向，强化自身建设，依规依纪依法做好常规巡察和巡察“后半篇文章”。

强化政治引领，深入学习习近平总书记关于巡视工作的重要论述，认真贯彻落实总署委员会关于直属海关党委开展巡察工作的指导和实施意见，结合石家庄海关工作实际制定“三个聚焦”巡察监督重点，即聚焦党中央各项决策部署和总署党委工作要求、石家庄海关党委各项安排落实情况，进一步促进党员干部担当作为；聚焦群众身边腐败问题和不正之风以及群众反映强烈的问题，推动全面从严治党向基层延伸；聚焦基层党组织建设、领导班子、干部队伍管理，推动解决基层党组织软弱涣散问题。把巡察监督作为重要内容写入《石家庄海关贯彻落实〈“十四五”海关发展规划〉工作意见》，围绕《“十四五”海关发展规划》，进一步找准政治监督的着力点、关键点。坚持把贯彻落实党中央关于统筹推进新冠肺炎疫情防控和促进经济社会发展重大决策部署作为重要政治任务，把总署党委统筹推进疫情防控和促进外贸稳增长、做好“六稳”工作、落实“六保”任务等重要工作安排作为巡察监督的重中之重。进一步加强对“一把手”的监督，明确巡察期间把“三重一大”事项集体决策制度执行情况作为巡察“一把手”重要内容，将“一把手”工作、生活情况作为巡察期间个别谈话必谈内容，进一步强化政治监督。

加强组织领导，全年召开3次党委会听取巡察综合情况汇报、审定石家庄海关党委巡察工作人员管理细则等制度、部署巡察整改“回头看”等工作；召开巡察工作领导小组会议7次，听取巡察组巡察情况汇报以及被巡察单位整改情况，审定巡察工作计划、巡察监督重点、巡察组及人才库人选等；进一步加强巡察工作部门建设，巡察办作为党委工作部门和政治部组成部门独立开展工作，成立巡察办党支部。

完善制度机制建设，制定印发石家庄海关党委巡察工作人员管理细则，优化巡察干部选派、管理、考核等程序，强化对巡察工作人员的规范管理，打造忠诚干净担当的党委巡察工作人员队伍；制定印发被巡察党组织配合石家庄海关党委巡察工作实施办法，明确被巡察党组织在实地巡察、巡察反馈、巡察整改等环节的工作内容，增强被巡察党组织接受监督的意识，进一步压紧压实主体责任；制定印发巡察办与人事处协作配合机制、巡察办与机关党委（政工办）协作配合机制，不断强化监督部门之间协作联动，进一步推动信息、资源、力量和监督成果共享共用；制定印发巡察反馈和巡察材料移交工作程序和要求，探索建立石家庄海关党委巡察整改评估机制。

加强队伍建设，按照“政治过硬、公道正派、责任心强、精通本职”要求，在2020年巡察干部人才库基础上，进一步充实基层执法一线业务骨干特别是执法一线科长，截至2021年12月，在库人员157人；积极参加总署巡视工作，推荐巡视干部队伍库人员11人，其中7人参加2021年总署巡视工作，3人被评为优秀等次；组织关区264名巡视巡察干部参加2021年全国海关巡视巡察干部专题学习网上培训班，进一步加强了巡视巡察干部理论素养和实操能力；组织3次石家庄海关常规巡察动员部署会，深入学习领会习近平总书记关于巡视工作重要论述，介绍石家庄海关党委巡察工作发现的常见问题，讲授“掌握巡察工作流程，提高实地巡察质效”“发挥联络员作用，保障巡察工作顺利开展”等课程；在石家庄海关管理网门户网站上设置巡视巡察工作专栏，制作理论学习教材，进一步丰富培训方式；开展巡后鉴定，由巡察办向人事部门推荐巡察工作优秀人员。

依规依纪依法开展巡察工作，全年分3轮，组建12个巡察组运用调阅复制资料、个别谈话、走访调研、明察暗访、召开座谈会、列席会议、问卷调查、受理信访等多种方式对法规和综合业务处、卫生检疫处、商品检验处、口岸监管处、科技处、督察内审处、教育处、离退休干部办公室、保定海关党委、雄安海关党委、黄骅港海关党委、石家庄海关风险防控分局等12个党组织开展了常规巡察，围绕“三个聚焦”共发现问题108个。针对巡察发现监督执纪“四种形态”运用不充分问题，党委书记约谈12个党组织主要负责人，机关党委就准军事化纪律部队建设问题约谈领导班子3次，各被巡察单位共开展提醒谈话31人次。

▲2021年7月19日，石家庄海关党委第五巡察组对离退办进行巡察情况反馈

做好巡察“后半篇文章”，坚持巡察整改同巡视整改上下贯通、一体推进，把巡视整改落实情况作为巡察监督的重点内容，认真检查被巡察党组织整改成效，针对发现个别党组织仍然存在巡视整改成果运用不充分、建章立制成效不明显等方面的问题，有针对性地提出整改建议；建立分管（联系）被巡察单位的关领导带队，巡察组组长副组长、领导小组成员参加的巡察反馈机制，进一步加强巡察反馈的严肃性；针对巡察发现的问题，分别向被巡察党组织及相关职能处室、派驻纪检组提出巡察建议54项，相关单位、部门对巡察建议高度重视、认真研究，积极构建解决问题的长效工作机制，有效推动了新冠肺炎疫情防控、非执法领域廉政风险防控、机关党建等工作；召开巡察工作领导小组会议，现场审议被巡察单位整改情况报告；组织20个单位开展2018—2020年巡察反馈问题整改情况自查工作，督促相关单位对照巡察发现的问题进行自查整改、做到举一反三，进一步巩固巡察监督成效。

（撰稿人：王　建　王　瑜）

纪检监察

【概况】石家庄海关以习近平新时代中国特色社会主义思想为指导，深入学习贯彻党的十九大和十九届历次全会精神，落实十九届中央纪委第五次全会部署，坚持严的主基调不动摇，坚定不移正风肃纪反腐，着力提升监督质量，持续推进标本兼治，有效发挥监督保障执行、促进完善发展作用。通过强化理论武装，“两个维护”更加坚定自觉；通过突出政治监督，保障关区“十四五”良好开局；通过紧盯“关键少数”，管党治党责任全面夯实；通过严格执纪严肃问责，一体推进不敢腐、不能腐、不想腐；通过开展“现场监管与外勤执法权力寻租”专项整治，关区治理效能不断提升；通过严实作风建设，新风正气不断充盈；通过加强队伍建设，纪检干部能力素质稳步提高。全年关区全面从严治党工作深入推进，政治生态稳步向好，廉政形势总体可控，建设风清气正的政治机关意识更加深入人心，党风廉政建设和反腐败各项工作迈上新台阶。

【强化理论武装】2021 年，石家庄海关结合工作实际，制订关区各级纪检部门党史学习教育工作方案，下发关于学习宣传贯彻党的十九届六中全会精神的专题通知，明确具体学习要求、内容及完成时限，全面铺开推进，确保全覆盖、不断档。创新学习载体，提升“参与度”。充分运用“三会一课”、工作例会、网上课堂、支部共建、知识测试等学习方式，把党史学习教育和全会精神学习宣传融入日常、抓在经常。通过纪检组长讲授专题党课、开展“建党百年·追寻红色足迹”主题党日、组织纪检干部到廉政教育基地进行“沉浸式”警示教育等多种方式，引导各级纪检干部真履职、能担当、做表率。紧密联系工作，提高“有效性”。将“现场监管与外勤执法权力寻租”专项整治与“我为群众办实事”实践活动结合起来，持续整治运用执法“即决权”“自由裁量权”任性随意、“贴着海关发财”等损害企业、群众利益问题，通过风险研判、专题报告、跟进督办等方式，推动法综、企管、商检等职能处室制定 6 项工作办法，完善 10 项工作指引，确保“我为群众办实事”实践活动取得扎实成效。

【政治监督】2021年，石家庄海关深入贯彻习近平总书记关于疫情防控工作的重要指示批示精神，把疫情防控监督作为工作的重中之重，综合运用方式方法，下沉防控一线监督；充分运用信息化科技手段，依托监控指挥中心，以多种方式开展监督检查，确保无死角；充分发挥各派驻纪检组作用，贴近监督、靠前监督，确保监督全覆盖、不间断，严格落实疫情防控监督工作周报制度，常态化摸排问题风险；组成9个检查组，对各部门、各企事业单位和各隶属海关开展“全覆盖”专项监督检查；针对总署实地检查组对疫情防控监督工作提出的意见建议，全面进行整改，坚决堵塞漏洞；推动业务部门强化疫情防控监督，职能部门联合成立“挑毛病”专家小组，形成上下联动、协同贯通的监督体系。

【日常监督】2021年，石家庄海关加强对党委“一把手”和领导班子监督，找准监督的切入点和着力点，聚焦选人用人、干部考核、党内政治生活、民主集中制执行、“三重一大”事项决策等方面，严格监督执纪，增强制度刚性；强化对党委和党员领导干部落实总署党委、驻署纪检监察组实施意见的监督推动，推动主体责任与监督责任贯通，层层压实责任；派驻纪检组通过列席会议、工作调研、约谈提醒、制发建议书等方式，切实推动“一把手”和领导班子履职尽责、担当作为；强化与政工、人事、财务、督审、巡察、法综等部门联系配合，通过信息沟通、监督互助、线索移交、成果共享等方式，推动各类监督贯通协同、形成合力。

围绕巡视整改，落实巡视整改监督责任。定期梳理整改进展情况，压紧压实巡视整改主体责任，加强与各有关部门的联系配合，及时了解巡视整改工作进展情况，持续跟踪督办，确保各项整改措施落实落地。

持之以恒纠治“四风”，坚持抓节点、盯重点，聚焦“关键少数”，制发节日期间落实中央八项规定精神监督通知、违反中央八项规定精神典型问题通报。各级纪检部门围绕“五个紧盯”开展专项检查、明察暗访等共112次，严防“四风”反弹回潮。

进一步推动纪检系统考核工作向基层延伸，下发党委派驻纪检组工作量化考核管理办法，细化29项考核内容，有效发挥考核“指挥棒”作用，推动队伍履职评价由“虚”转“实”。

【专项整治】2021年，石家庄海关聚焦基层执法腐败，扎实开展“现场监管与外勤执法权力寻租”专项整治。成立专项整治工作领导小组和8个工作组，研究制订专项整治工作实施方案；公布驻署纪检监察组和党委纪检组、隶属海关的三级举报方式，在关区所有办公场所和一线业务现场（含事业单位）张贴各类海报、设立举报箱；成立6个现场排查组，逐一开展谈话；推动职能处室下沉一线排查廉政风险；调研企业306家，并选取具有代表性的企业54家开展“二对一”谈话，听取意见建议，共召开各类企业座谈会104次、发放调查问卷4489份、查询纸面和电子资料25037份、跟班作业225人次；明确“蹲点下去找问题，上下联动抓整改”工作要求，建立“四必报告”（各单位各部门每周必向领导小组办公室报送相关工作周报、领导小组办公室每月必向关党委报告相关工作进展、关区每月形势分析及工作督查例会必听相关情况报告、“一把手”必听各阶段工作情况报告）工作机制，针对总署第一检查组反馈的问题制定43条整改措施，42条整改完毕，1条长期整改项取得阶段性成效；自查发现的111个问题全部整改完成，制定廉政风险防控措施131项。

【执纪问责】2021年，石家庄海关严格执纪审查，信访遏增量成效明显。严格落实有关规定，始终坚持问题线索集中统一管理、集体排查和评估研判，做到精准判定重复举报及实名检举控告，准确运用初步核实、谈话函询、暂存待查、予以了结等四类处置方式，扎实做好信访举报的接收、受理、办理等工作，将违反中央八项规定精神和“四风”问题线索纳入信访核实重点，深挖问题线索，切实加大核实工作力度。信访举报同比下降明显，减存量、遏增量成效显著。

精准运用监督执纪“四种形态”。督促各级党组织积极运用监督执纪“第一种形态”，对党员干部存在的问题以及具有苗头性、倾向性的问题，及时进行提醒和处理，力求达到执纪审查最佳效果。严把党风廉政意见回复关，出具党风廉政意见回复1300余人次，为党委选人用人和评优评先提供纪律保证。

认真开展案件审理和问责工作。针对2020年查发的案件向相关部门、单位制发纪律检查建议书，并向驻署纪检监察组报备；根据《中国共产党问责条例》有关规定和总署党委关于规范海关系统问责工作有关要求，结合关区工作实际，起草关于规范问责工作有关事项的通知，提交关党委审议通过，对问责工作进行任务分工，明确牵头部门及协助部门，对开展问责工作的具体程序进一步细化，推动问责工作规范化、精准化、常态化；针对某隶属海关违纪案件频发的情况，依规依纪同步开展责任分析，对该隶属海关党委班子成员开展集体提醒谈话，坚决做到有权必有责、有责要担当、失责必追究。

按照“现场监管与外勤执法权力寻租”专项整治工作的有关要求，认真做好专项整治问题线索起底、信访举报受理、问题线索处置和案件办理等工作。全面梳理排查，摸清工作底数，对2012年以来所有问题线索进行整理、汇总，梳理出完整问题线索清单，并结合关区实际，参照“专项整治重点问题参考提纲”，对2012年以来全部问题线索逐项核对、集体研判，形成专项整治领域问题线索管理台账；对照工作重点，集中分析研判，按照“倒查八年、一个不漏”的原则，问题线索起底专项工作组对专项整治领域问题线索，从事实是否清楚、证据是否确凿、定性是否准确、处理是否恰当、手续是否完备、程序是否合规、是否具有进一步可查性等方面集中开展分析研判，确保问题线索起底准确无误。专项整治工作期间，认真做好信访举报受理工作，切实加大问题线索处置力度，坚持问题线索集中统一管理、集体排查和评估研判，精准提出处置意见。同时，抽调业务骨干参与核实工作，确保专项整治工作相关问题线索高标准、高质量办理。

切实做好纪检工作数据统计和系统录入各项工作，做好“监执问”系统录入和相关报表定期上报工作，按照有关要求，将信访的受理、办理情况及时准确录入“监执问”系统，每月向驻署纪检监察组上报受理“一案双查”问题线索情况及纪检监察干部违纪违法案件情况等。开展不担任领导职务的二级巡视员和督办相关情况统计上报工作，对新提任二级巡视员和督办的问题线索、党风廉政回复意见等情况全面进行梳理，逐级审核把关，确保全面、完整、准确上报有关信息。

【以案促改】2021 年，石家庄海关坚持一案一总结、一案一警示，针对 2020 年查发的违纪案件，在关区范围内印发警示文件，开展专项警示教育，对涉案人员点名进行通报，深入剖析案情，深刻分析原因，深挖思想根源，促使关区全体关警员切实受警醒、受教育，并要求关区各级党组织认真履行全面从严治党主体责任，加强对党员干部日常管理、纪律规矩教育和“八小时之外”监督，真正做到真管真严、敢管敢严、长管长严，努力实现“查处一案、警示一批、教育一片”的政治效果和纪法效果。

针对“现场监管与外勤执法权力寻租”专项整治工作，对典型违纪违法案例进行通报，充分发挥反面典型案例警示教育作用，要求各部门单位准确分析本单位部门廉政形势和队伍现状，深挖思想教育、监督制约、体制机制等方面的问题，切实解决队伍建设、廉政建设、现场监管、外勤执法领域中存在的风险隐患和薄弱环节，形成靠制度防范风险，靠制度管权、管事、管人的长效机制。

针对驻署纪检监察组查处的违反工作纪律案件，在关区范围内深入开展警示教育活动，要求各部门单位旗帜鲜明讲政治，不断提高政治判断力、政治领悟力、政治执行力，从政治高度审视案件、剖析原因、整改问题，立即把思想和行动统一到总署党委的工作部署上来，认真抓好学习传达，确保全体干部职工，特别是处级以上领导干部入脑入心、整改到位。

（撰稿人：付思媛　毕文佳　焦建奇）

队伍管理

【概况】2021 年，石家庄海关坚持以习近平新时代中国特色社会主义思想为指导，深入践行新时代党的组织路线，坚决贯彻全国海关工作会议和全国海关政治部主任会议精神，以领导班子建设为龙头，不断深化干部人事制度改革，规范有序做好教育培训工作，多措并举加强关区干部队伍建设，确保为“十四五”期间关区改革发展建设提供坚实组织保障。

【领导班子建设】2021 年，石家庄海关落实党管干部原则，坚持新时期好干部标准，牢固树立重品德、重才干、重担当、重实绩、重公认的正确用人导向，有序开展关区处级领导干部选拔任用工作，共提任正处级领导干部 16 名、副处级领导干部 27 名，处级领导班子年龄结构、经历结构、专业结构得到进一步优化。加强执法一线科长培养使用，分别在京唐港海关和衡水海关选任 2 名执法一线科长担任党委委员；强化激励机制，将正、副科级领导干部管理权限授予关区三级党委，进一步压紧压实隶属海关党委在本单位选人用人工作中的主体责任。注重选准用好科级领导干部，深入调研分析机构改革以来关区科级领导干部队伍变化和职数空缺情况，落实“一线考察干部”理念，充分听取所在部门、单位意见，有序推进科级领导干部选拔任用工作。全年石家庄海关党委提任科级领导干部 61 名，各隶属海关党委共提任科级领导干部 52 名，其中执法一线科长共 8 名，关区科级领导干部队伍整体结构更加均衡，凝聚力、战斗力得到进一步增强，激励、关爱一线的选人用人导向更加彰显。不断加强干部交流培养锻炼，坚持人事相宜、人岗相适、用其所长，发挥干部交流工作的促进作用，不断提高关区各级领导班子效能。注重加强机关和基层纵向交流力度，共安排 15 名干部进行上下交流，同时安排 11 名干部在隶属海关间横向交流，进一步补齐经历短板、提高能力水平。坚持交流与培养使用相结合，对 21 名执法一线科长进行调整交流。加大优秀年轻干部培养锻炼力度，选派 6 人参加总署党委巡视、62 人参加石家庄海关党委巡察、5 人驻村参加乡村振兴工作，通过多岗位历练、全方位成长，不断优化干部特别是优秀年轻干部的培养路径；选派32名优秀年轻干部组建北京冬奥会服务保障梯队，在落实国家战略、执行重大任务中考验锻炼干部，增强干事创业本领。以考促行抓好干部考核工作。以总署开展直属海关领导班子客观指标考核为契机，科学开展年度考核工作，进一步加强对关区各部门、单位领导班子的考核。坚持把政治标准摆在首位，认真落实总署党委对海关各级领导班子政治建设和领导干部政治品质的考核要求。

▲2021年9月10日，石家庄海关举行新任职处级领导干部宪法宣誓仪式

【干部人事制度改革】2021年，石家庄海关深入推进公务员分类管理和职务与职级并行制度改革，深入学习贯彻海关总署印发的相关实施方案，按要求制订关区实施方案，科学划定实施范围和人员，准确核算各职级职数；按照总署要求的时间节点，依规对关区81名公务员评定专业技术任职资格，对67名划转至专业技术类公务员的干部进行了职级套转，关区公务员分类管理格局全面形成。坚决贯彻总署关于落实公务员职级序列规范津贴补贴的统一安排，深入学习相关政策、严格把握发放标准、全力开展测算工作，及时将职级序列规范津贴补贴兑现到位。深入推进关区事业单位机构改革，深入分析调研机构改革后事业单位业务运行和人员配置情况，就调整秦皇岛地区4家事业单位编制提出建议，经总署批复同意共调整编制16名，关区事业单位编制结构得到进一步优化。落实总署统一安排，按期完成对关区未经批准设立的15家事业单位的清理工作，关区事业单位设置更加规范。稳慎推动退休“中人”新待遇计发，落实省人社厅关于退休“中人”待遇的重大政策调整，统筹关区各单位分批次开展退休“中人”新待遇计发工作。加强政策学习理解，准确把握标准参数、比较系数等口径以及待遇核定、记核、发放相关要求，科学开展信息采集、视同缴费年限认定、新老办法比对计算、新待遇计发等环节工作。进一步明确石家庄海关党委和隶属海关党委干部管理事权，发挥隶属海关党委在科级干部选人用人工作中的主体作用，将部分人员的管理权限调整至各隶属海关党委。

【干部监督管理】2021年，石家庄海关从严贯彻落实“两项党内法规”，完成2021年度领导干部个人有关事项集中填报，根据最新政策要求，修订制发常见问题提示卡，进一步严明政策界限、填报口径和纪律约束；设立咨询答疑热线，周密开展政策解答；组织开展报告表校验，进一步提高填报质量。共计完成 197 名干部的个人有关事项报告表集中填报、初审、录入、校对和汇总分析上报。严格按照政策要求开展个人有关事项查核工作，共查核个人有关事项 9 批次、69 人次。着力加强选人用人监督，对 18 个隶属海关开展 2020 年度选人用人“一报告两评议”工作，对其中总体好评率低于关区平均值且排名靠后的 5 个隶属海关提出整改意见。严格落实《干部选拔任用工作监督检查和责任追究办法》，结合党委巡察工作和隶属海关关长离任审计，对 2 个隶属海关开展选人用人专项检查、对 3 个隶属海关开展选人用人离任检查，促进关区巡察监督、督察审计与选人用人监督检查同向发力，持续提升选人用人工作质量。持续清理企业兼职问题，按照总署统一安排，组织开展关区清理规范海关工作人员违规投资企业及在企业兼职自查和清理整改，完成广泛宣传动员、自查登记、彻底清理规范、公示等步骤，委托有关部门查询关区 1,881 名工作人员投资企业或在企业兼职的情况。坚持严字当头，从严监督执纪，对发现问题区分不同情形和性质，在立行立改的同时，对 11 名干部进行了函询，对 1 名干部进行了诫勉谈话，对 1 名干部进行了批评教育和调整职务的组织处理，并及时在关区范围内通报相关情况，使每一名党员干部受到警醒和教育。

【工资编制管理】2021 年，石家庄海关规范落实机构编制核查，按照人教司统一安排，启动关区机构编制核查工作，研究制订石家庄海关机构编制核查工作的实施方案及说明，组织指导各隶属海关从严自查。结合前期机构编制工作中收集的意见建议情况，完成“机构改革后提升直属海关机构编制效率效能”课题调研。推动企业工资总额管理实施，根据总署安排，积极做好关区各单位所属企业工资总额管理办法的制定和实施工作。按照分级管理原则，对关区各单位所属的 10 家企业开展全面调研。在此基础上，研究制定了石家庄海关所属企业工资总额的管理办法，经报请总署人教司同意后正式印发。做好工资福利、社会保险日常管理；完成 2020 年度工资统计报送；准确开展工资晋级晋档、驻村干部补贴发放、退休人员调待及银行卡信息变更等工作。根据河北省统一安排，年初为 954 名关警员缴纳医疗保险，及时完成异地住院现金报销、医疗保险参保办理及工伤认定工作，联系沟通河北省医保局、省人民医院安排休检，有力发挥了保险保障作用。

【公务员管理】2021 年，石家庄海关组织开展公务员法律法规实施情况监督检查，根据总署统一部署，制发自查工作方案，全面查找、收集 2018 年 12 月《中华人民共和国公务员法》修订以来，国家和总署层面出台的配套法规制度，全面自查评估关区贯彻落实情况，督促各隶属海关抓好自查整改。通过自查，有效提高了依法管理公务员的政治自觉，进一步提升了关区公务员管理制度化、科学化、规范化水平。充分发挥职务与职级并行制度激励效应，对扎根基层、作风过硬、成绩出色的干部优先晋升职级，共晋升一级巡视员1名、三级调研员（高级主管、高级主办）16名、四级调研员（高级主管、高级主办）4名、一级主任科员（主管）以下170名，关区各级干部干事创业、担当作为的热情进一步激发。规范公务员日常管理，根据总署统一安排，启动2022年度公务员招录，完成招录计划制订、报名及资格审核工作。顺利完成本年度军转干部的接收安置和公务员登记材料上报。周密开展2020年度公务员信息采集和统计工作，规范准确上报关区1,638名公务员信息及各类统计表30余份。完成关区职级公务员首次评授关衔和两次关衔集中调整工作，对700余名公务员授予和晋升关衔。针对部分隶属海关编制调整实际，对职级职数变动情况进行测算、上报，已获总署批复同意。

【事业单位队伍管理】 2021年，石家庄海关组织开展机构改革后关区事业单位岗位首聘，根据总署批复的石家庄海关事业单位岗位设置方案，核准各单位岗位总量、结构比例和最高等级，印发石家庄海关所属事业单位岗位设置工作相关实施方案；在此基础上，经统筹考虑并充分征求各单位意见，提出关区事业单位工作人员管理岗、专业技术岗、工勤技能岗的聘用方案，有序完成关区242名事业编制工作人员的岗位首聘工作，其中管理岗位71人，专业技术岗位161人（含“双肩挑”3人），工勤技能岗位13人，事业单位人员配置更加科学、业务运转更加流畅。加强事业单位人才队伍建设，根据总署人教司统一安排，完成2020年度职称评审工作，共评审初、中级职称20人，向总署推荐11人参加高级职称评审。关区专业技术人员中，具备高级职称人员占比达到41.9%，具备中级职称人员占比达到47.1%，事业单位专业人才队伍结构进一步优化。有序推进事业单位绩效工资实施，根据总署关于实施海关系统事业单位绩效工资工作安排，石家庄海关作为中等规模单位被人教司选取为调研对象，按照总署部署，完成了关区事业单位2015年至2020年度绩效工资执行数据的组织填报和分析研判工作，起草、填报了相关方案及执行情况表，获人教司审核通过。积极配合总署调研，派遣政治过硬、业务精通的人员参加总署人教司专项工作，积极向总署和其他直属海关学习交流，吸取先进经验，为下一步工作打牢基础。

【教育培训工作】 2021年，石家庄海关聚焦学习贯彻党的十九届五中、六中全会精神、党史学习教育、贯彻落实《“十四五”海关发展规划》等重点任务，精准制订培训计划，建立健全基于岗位职责的分类分级培训内容体系，突出重点，服务大局，为关区改革发展提供人才保障和智力支持。

修订并印发了石家庄海关教育培训工作相关管理办法，制发了石家庄海关2021年干部培训工作方案和教育培训计划，拟定了石家庄海关“十四五”海关干部教育培训规划细化工作措施，制订了石家庄海关进一步加强新冠肺炎疫情常态化防控培训工作方案，发布了石家庄海关关于进一步明确新冠肺炎疫情防控培训相关事项的通知。

突出政治属性，提高党的理论教育和党性教育质量。组织关警员参加海关系统学习贯彻党的十九届五中全会精神网上专题班；举办关区处级及以上领导干部学习贯彻党的十九届五中全会精神暨党史学习教育专题培训班，并利用视频系统将培训覆盖面扩大到全体干部职工；组织关区处级以上领导干部（含二级巡视员、二级总监、督办）147人参加中组部举办的中国干部网络学院“党史百年”专题培训；组织参加总署举办的“海关系统党史学习教育网上专题班”和“海关系统学习宣传贯彻习近平法治思想网上专题班”。

紧扣关区实践需要，突出实际实用实效，分级分类精准施训。持续做好口岸疫情防控教育培训工作；着力开展一线执法科长（基层党支部书记）专题培训，共培训179人；积极开展新提任领导干部任职培训，共培训新提任处级领导干部32人、科级领导干部133人；有效开展2021年晋衔培训，共48人参训；扎实做好10名新招录公务员初任培训工作；联合主管部门举办关区党支部书记培训班，242人参训；持续做好安全生产专项培训；加强关区线上课程资源建设，共上线党的十九届五中全会精神、党史学习教育、安全生产、防疫知识、纪检监察等13大类71门课程；加强教育培训队伍专业化建设，充分发挥兼职教师作用，年内兼职教师授课共计63人次，123学时。

▲2021年4月12日，石家庄海关处级及以上领导干部学习贯彻党的十九届五中全会精神暨党史学习教育专题培训班开班

做好第24届全国推广普通话宣传周和河北“双推月”相关工作；选派财务处祁晓英同志作为总署第十一批支教志愿者前往河南省鲁山县进行支教。

（撰稿人：王晓庚　尹志永　申劭萌　曲鑫鑫　杨　柳　郭　浩　黄一飞　韩小兵）

离退休干部管理

【概况】2021年，石家庄海关按照总署关于离退休人员管理工作的部署，围绕关区中心工作，坚持“四个突出”，扎实推进党史学习教育、不断加强离退休党支部建设、用心用情用力开展服务管理工作、扎实开展“我为群众办实事”实践活动、积极推进“智慧银海”系统推广应用，不断推动离退休人员工作提质增效。

【党史学习】2021年，石家庄海关以符合离退休工作实际及老同志特点的方式，全面、准确、深入开展党史学习教育，不断增强吸引力和感染力。组织机关离退休党支部赴平山县李家庄村中央统战部旧址，重温入党誓词，追忆革命精神，感悟初心使命，走进党史教育基地，接受“体验式”党史学习教育；邀请退休老同志为在职党员干部讲党课，通过讲述海关发展变化，深刻感受党的百年奋斗历程所带来的精神激励。组织离退休人员开展“我看建党百年新成就”专题调研，开展“庆祝百年华诞　讲述海关故事”专题访谈活动，开展“学悟百年风雨史，颂赞海关新篇章”主题征文活动，开展“百年风华　同心同唱”主题红歌拍摄活动，开展“翰墨光影颂百年”书画摄影征集活动，其中1人书法作品、2人摄影作品在总署离退局作品展中获奖。

【支部建设】2021年，石家庄海关突出政治建设统领作用，推进关区离退休干部党组织规范化建设，充分发挥离退休党支部、老干部活动中心阵地作用，在加强离退休党支部建设、规范学习活动、扎实基础工作上下功夫，规范开展“三会一课”、主题党日等党内活动，深入学习贯彻习近平总书记系列重要论述，党的十九大以及历次全会精神，不断提升政治理论水平。组织开展2021年关区离退休人员工作党建培训，协助离退休党支部开展警示教育活动，党史学习教育专题组织生活会，选派离退休党支部书记参加省（中）直党支部书记培训班。“七一”前夕，关领导带队走访慰问离休干部并为其颁发“光荣在党50年”纪念章。召开“光荣在党50年”纪念章颁授仪式，给获得纪念章的老党员代表现场发放纪念章。对离休干部、困难党员、省部级以上“两优一先”获得者共计 18 人进行慰问，向他们送去组织的关怀。

▲2021 年 6 月 25 日，石家庄海关召开“光荣在党 50 年”纪念章颁授仪式

【政策落实】2021 年，石家庄海关认真落实离退休人员分类管理制度，严格落实离休、退休、孤寡、重病、高龄和身体比较健康的离退休人员分类管理制度，确保各项慰问和福利待遇政策落实到位。提出点亮“四颗心”服务模式：电话留心生活状况、交心听取所思所盼、诚心收集意见建议、暖心传递组织关怀。坚持“重大节日必访、住院必访、家中发生大变故必访”的三必访原则。春节前，结合本地新冠肺炎疫情防控形势及工作要求，创新开展线上情况通报及无接触式春节慰问活动，确保标准不变、力度不减。突出规范化建设，落实离退休人员工作待遇，完成了离休干部医疗待遇申报、生活补贴标准提高发放工作；完成了 2021 年度基本养老金调整工作，为 19 名退休人员调整了基本养老金标准；完成离世退休人员抚恤金发放、新退休人员工资核算及独生子女费发放等工作。

【精准服务】2021 年，石家庄海关紧紧围绕“做好精准服务、为老同志纾难解困”的宗旨，加强离退休干部服务工作精准化建设，持续提升离退休干部关怀服务精准化水平。通过多种方式，多渠道听取收集老同志意见建议，为老同志解决“急难愁盼需”问题，为 51 位老同志落实了送水入户服务；为老同志体检预约制作了详尽的流程演示和操作说明，制订了后备解决方案，提供了“一对一”帮助服务，确保健康体检工作顺利开展。新冠肺炎疫情居家防控期间，通过微信群、短信、电话等方式进行联系沟通，及时了解老同志所思所想，准确掌握老同志实际情况和具体困难，为老同志配发了防护口罩、消毒液等防疫物资，为老干部活动中心配备了一次性防护口罩等防疫物资及急救物资和必备药品 15 种 25 件；对独居、高龄、身体健康较差的老同志进行特别关注，采取无接触关怀的方式，定期取得联系，多次解决住院、购药、购置必要生活物资等急难愁问题。针对独居、行动不便老同志面临的生活养老等问题，创新服务内容，加强互助联动，对接养老、医疗、文教等资源，组织近 30 名离退休老同志赴河北省唯一五星级民营养老机构——问道康养社区参观考察，详细了解康养服务、健康医疗、餐饮住宿、适老化设施等方面的情况，切实做好有特殊需求老同志的服务工作。

▲2021 年 10 月 9 日，石家庄海关组织离退休人员参观民营养老机构

【宣传教育】2021 年，石家庄海关突出信息化手段，充分发挥网络媒体便捷的作用，构建“云平台”、推行“智慧化”，实现宣传教育全覆盖。加强“智慧银海”系统推广应用，完成了关区全部 700 余名离退休人员数据填报工作，通过平台组织学习文件政策、推送工作信息；通过“离退休人员工作”“鑫海桑榆”“学习强国”等网络平台，组织老同志收看专题报告会；通过“石关夕阳红”“离退休党支部群”等微信交流群推送学习资料和健康理念；组织离退休工作者参加总署离退局网络培训。

（撰稿人：王　军）

第四篇

业务建设

法治建设

【概况】2021 年，石家庄海关深入学习贯彻习近平法治思想，全面落实全国海关法治工作会议精神，充分发挥法治固根本、稳预期、利长远作用，依法履行海关职能、完善制度体系、规范权力运行、强化法治监督、做好法治保障，坚持运用法治思维和法治方式为政治建关、改革强关、依法把关、科技兴关、从严治关筑牢法治根基。

【法规管理】2021 年，石家庄海关健全依法行政制度体系，大力推动《中华人民共和国海关法》（以下简称《海关法》）立法修订工作，研提署省立法征求意见，开展立法后项目评估，组织撰写《海关法》修订议案文稿，规范内部业务制度管理，促进关区治理体系提升。

经河北省人大代表团在第十三届全国人大第四次会议上提出议案，得到全国人大财经委批转，推动《海关法》修订进程；协调部分驻冀全国人大代表与政法司《海关法》议案组开展座谈，介绍总署相关工作进展并听取代表们的意见建议。承办总署政法司新版海关企业信用管理办法的修订集中工作和立法调研座谈活动。组织关区法治条线人员对《河北省数字经济促进条例》《中华人民共和国海关报关单位备案管理规定》等 36 份法律文件研提意见。开展 2021 年度海关立法后评估项目评估意见收集工作，对 24 部海关规章研究提出保留、修改或废止意见。出台石家庄海关内部业务制度相关管理办法，进一步规范内部业务制度管理，促进海关治理体系提升。严格执行石家庄海关规范性文件管理办法，管理规范性文件，对拟出台规范性文件依法进行合法性审查，同时按要求向总署政法司进行报备审查。深入学习《“十四五”海关法治建设规划》，研究拟定形成 5 大项、21 条细化落实举措。

【“放管服”改革】2021 年，石家庄海关健全行政执法工作体系，严格落实行政审批改革举措，全面推进落实行政执法“三项制度”（行政执法公示制度、执法全过程记录制度、重大执法决定法制审核制度），开展权责清单、行政备案清单编制工作，做好法治保障基础工作，提升依法行政考核成效，在中直单位考核排名较上年提升5位。

落实《中华人民共和国海关行政许可管理办法》，在“海关发布”公众号推送政策解读信息；严格落实取消“报关企业注册登记”“进出口商品检验鉴定业务的检验许可”等海关审批事项，及时更新审批目录，第一时间向社会公布，督促相关部门开展事中事后监管。制发关于进一步做好行政执法公示工作的相关通知，进一步全面、准确、及时地对执法信息予以公开。及时回应解决一线执法公示有关问题的反馈，组织开展“三项制度”落实情况定量分析，按月进行巡检、统计，督促各部门及时维护“行政执法公示”专栏，全年公开执法信息953条。参与全国海关权责清单编制工作专班，根据海关系统权责清单编制工作方案落实相关工作。对海关行政备案事项进行全面梳理，明确事项名称、设定依据、工作流程等关键要素，推动建立事项合法、程序规范的行政备案管理制度，梳理核对18项事项，并报总署进行审定。形成海关法律法规汇编电子版，对石家庄海关及所属事业单位以民事主体身份对外订立合同进行合法性审查，充分发挥法治保障作用。

【复议应诉】2021年，石家庄海关健全行政权力监督制约体系，前置复议关口，着力推动“治未病”，严格规范重大行政案件自由裁量权，持续提升复议诉讼案件办理水平，关区未发生行政诉讼案件，复议案件均实现定分止争。

准确把握行政复议工作面临新形势和新任务，组织开展关区公职律师暨执法骨干法治能力提升培训班，通过以案释法等多种形式，强化公职律师复议应诉水平，做依法决策“智囊团”，执法风险“防范者”，发挥法治最后一道防线作用。印发石家庄海关重要法制节点收集反馈工作办法，进一步对关区执法一线提供服务和指导，努力实现“解决一个问题、规范一类行为、消除一批隐患”。先后为固体废物复检、税收催缴、职工安置等多项疑难问题出具法律意见，并通过派员实地调研等方式，全方位为一线执法提供法治支持。严格落实工作职责，对提交案审会审议的某公司涉嫌申报不实等两起行政处罚案件深入进行分析，向上级部门请示汇报，在案审会上客观公正提出意见，案件审理意见得到总署相关司局认可。

【法治宣传】2021年，石家庄海关着眼提升企业获得感、安全感和满意感开展“精准精细精彩”普法，不断增强普法针对性和实效性，助力河北省不断优化口岸营商环境，涉企争议率降低逾50%，使法治成为发展营商环境核心竞争力的重要标志。围绕提升企业获得感，对接需求精准普法。

精准对接行政相对人个性需求，开展“送法进企”普法行动，职能处（科）室负责人担任普法服务专员，“精准画像”有的放矢地投放政策法规宣传资源，各级领导干部顺利对接重点企业560余家，打造企业获得感强的营商环境。精准对接基层法治环境提升需求，创新石家庄海关普法责任清单及执法普法反馈单“两单”举措，将提升海关工作人员法治素养与推进法治实践活动有机融合，构建关企共治共享法治环境。精准对接涉企争议前端化解需求，了解涉企执法疑难、宣讲相关法规，将问题解决在萌芽阶段。围绕提升企业安全感、获得感，以品牌打造精细普法。依托“8·8”海关法治宣传日核心知名品牌，围绕重大普法节点开展进口岸、进企业活动，联合河北省26个部门开展生物安全、进出口食品安全等政策法规解读，为企业健康有序发展保驾护航。依托线下传统普法品牌，创建关区“三送法”宣传品牌，深化“以案释法”培训品牌，通过案例生动提升执法关员法治意识，增强其依法服务企业责任感。依托线上新兴品牌，依托“石家庄海关12360”微信公众平台打造“1+N”普法体系，制作保护野生动物普法作品获总署“12360”微博转发。围绕提升企业满意感，创新发展精彩普法。活动从单向转为互动探索，举办“新法速递大讲堂”等主题实践活动，促进单向式传播向互动式传播转变，参加人数6,974人次。方式从宣教向服务转变，不定期举办宪法法律交流咨询日活动，定期收集企业关心关切的法律问题并集中解答，增强受众参与感、体验感、获得感。利用办公场所、业务现场因地制宜建设普法“微景观、微场地、微角落”，打造海关法治形象展示窗口。

▲2021年12月4日，黄骅港海关开展宪法宣传

【法治人才培养】2021年，石家庄海关抓好“关键少数”，落实党委理论学习中心组集体学法和主要负责人定期听取法治汇报制度，带动“绝大多数”，以关键普法节点为契机，举办首届模拟法庭展演等普法活动，引领“全员覆盖”。制订关区普法工作计划，发挥各单位、部门普法主体作用，把习近平法治思想自觉运用贯穿于法治建设、宣传教育工作全过程中，增强意识、培养人才。

举办党委中心组（扩大）集体学法活动，邀请专家学者进行“习近平法治思想”专题讲座，认真学习领会习近平法治思想核心要义和丰富内涵。把学深悟透做实习近平总书记“七一”重要讲话和党的十九届六中全会精神摆在突出位置，党委书记带头讲专题党课，主持4次专题研讨，分2批组织处级领导干部集中培训，组织1次专题读书班和1次专题学习班，带动关区党员干部在学思用贯通、知信行合一上狠下功夫。组织全体干部职工参加“学习宣传贯彻习近平法治思想网上专题培训班”，全员参加河北省干部宪法法律知识考试，加大专业人才培养力度。推荐公职律师先后参加总署以干代训、司法部涉外法治人才培训班、河北省律师“青苗班”集训营等活动。关区现有公职律师43名，1名公职律师获评全国海关优秀公职律师。

（撰稿人：李宗喜　李轶素　郝凯飞）

业务改革与发展

【概况】2021年，石家庄海关以习近平新时代中国特色社会主义思想为指导，围绕对外贸易服务国家政治大局，认真落实2021年全国海关综合业务工作会议部署，巩固拓展口岸疫情防控和促进外贸稳增长成效，推动改革系统集成与协调联动，推进全业务领域一体化改革，完善贸易管制和技术性贸易措施工作机制，开展知识产权海关保护，推进贸易高质量发展，服务社会主义现代化海关建设。

【业务改革协调】2021年，石家庄海关全面推进“五项创新”，完善提前申报制度，进一步规范“双随机、一公开”监管工作，参与全国海关全业务领域一体化专项工作，积极发挥协调机制作用，为基层一线解决执法困境，以改革助推业务高质量发展。

全面推广“两步申报”和“两段准入”便利通关模式，44家企业应用“两步申报”模式申报报关单6,644票、占比为28.43%；196家企业适用“两段准入”模式申报报关单3,636票、占比为11.68%。构建随机抽查与精准布控协同分工、优势互补的风险统一防控机制，实现“两轮驱动”（以科学随机抽查和精准分析布控为主要内容，以科学随机抽查掌控安全风险防控覆盖面，以精准分析布控靶向锁定安全风险目标，构建科学随机抽查与精准布控协同分工、优势互补的风险统一防控机制）。“两区优化”（优化海关特殊监管区域和自由贸易试验区海关监管制度，发挥海关特殊监管区域开放型经济重要平台和自由贸易试验区试验田作用）稳步推进，河北省内4个综合保税区全面施行“四自一简”（综合保税区内企业自主备案、合理自定核销周期、自主核报、自主补缴税款，海关简化业务核准手续）政策，实现简化区内、区间保税物流流转，数据可实现自动比对。进口提前申报报关单15,476票，占比为65.3%；出口提前申报报关单59,589票，占比为66.65%。关区形成唐山、廊坊、沧州、邢台、正定、北戴河6个稽查片区，稽查集约化水平稳步提升。实现25项随机作业事项全覆盖，全年实施检查作业11,659次，执法人员21,728人次。与河北省市场监管局启动部门间联合抽查工作，联合抽查核查作业8起，查发率为25%。

牵头“全国海关推进业务协调联动专项工作组”项下“完善海关业务执行岗位配置规范清单”专项任务，在全国范围内率先完成四级业务执行岗位修订完善工作，对总署制定的全部307个三级岗位中的274个进行配置承接，细化327个四级业务岗位。参与“服务区域经济发展专项工作组”项下京津冀协同发展组工作，印发北京海关、天津海关、石家庄海关推动京津冀协同发展工作实施方案，制订京津冀协同发展——跨关区认证合作工作计划，实现京津冀三地海关在企业认证作业中跨关区合作；建立异常问题快速处置机制，成立京津冀异常问题快速处置机制工作小组；制订京津冀跨关区境外食品安全法律法规共建共享工作计划；制订2021年京津冀病媒生物联合检测工作计划，组织京津冀病媒生物样本库建立视频培训；制订推动“三关统一”开展进出口商品风险评估预警处置工作计划，实施国门安全联合管控。指导地方政府、企业顺利完成辛集进境肉类指定监管场地申建、验收等工作，通过总署正式验收。对26个执法领域问题进行协调解决，精简保留84项关区数据报送清单，规范关区隶属海关数据报送工作，切实落实为基层减负任务。推进业务改革“问题清零”工作，通过问题直报、快速反应，推动总署优化系统设计、完善改革保障措施，向总署提出业务改革问题10条。

【通关运行管理】2021年，石家庄海关做好业务运行系统管理，持续压缩整体通关时间，开展未结关报关单专项清理工作，积极推进“提前申报”“两步申报”通关模式改革，全力保障相关业务平稳运行。

重视系统授权调整工作，及时协调解决出现的业务与系统结合的问题，注重指导培养关区二级系统管理员，保障关区H2018新一代通关管理系统（单证审核作业系统模块）、H2010系统、ECIQ系统、海关通关作业审批辅助系统（报关单修改撤销子系统）等系统相关业务平稳运行。早发现、早提醒、早改进，压缩关区整体通关时间。结合关区时效管控形势实时制发各类通知、通报，各部门、单位齐抓共管，共同开展海关通关时效治理工作。开展超长未放行报关单、未结关报关单的监控，提示现场及时处置，相关职能部门及时予以督导，及时处理现场反馈通关问题，纾解痛点，处理难点。建立关区业务应急事项上报机制，按照“优先保障货物通关”总体原则，进一步提高突发事件应急管理处置能力。进一步深化改革以巩固成效，持续推进“两步申报”“提前申报”改革，提升企业应用率和改革获得感，促进通关时效由“快”向“好”转变。12月，进出口整体通关时间分别为26.36、0.99小时，较2017年同期分别压缩83.53%、93.89%。集中对2003—2020年已申报未结关的871票报关单数据进行处置，处置有效率近100%；并对发现的涉案货物系统操作、舱单理货信息申报不准确等7类问题进行总结，制订执行定期监控和规范数据申报两项长效机制，使关区报关单未结关率明显降低。持续开展对企业宣传指导，动员更多企业积极参与“提前申报”“两步申报”，提升企业参与度；按月发布各隶属海关“提前申报”“两步申报”推进情况，畅通各关区交流渠道；加大对一线关员培训力度，促进相关岗位人员提升业务能力，熟练掌握业务流程和操作，为最大限度释放改革红利开展能力保障。关区进出口“提前申报”报关单占比分别为65.3%、66.65%，进口“两步申报”报关单占比为28.43%，处全国较好水平，各项业务运行稳定，企业反响良好。

【技术性贸易措施交涉应对】 2021年，石家庄海关发挥贸易调查、通报评议基础作用，完善工作机制，开展信息咨询服务，服务进出口企业合理运用技术性贸易措施维护合法权益。

落实总署国际司关企联动应对技术性贸易壁垒要求，向国际司推荐报送应对国外技术壁垒重点企业43家。制定石家庄海关技术性贸易措施工作指引和工作方案等措施，并定期对关区技术性贸易工作开展情况进行通报。在石家庄海关门户网站上添加“中国—中东欧国家海关信息中心”网站链接，制发境外技术性贸易措施动态11期，对关区46家企业开展技术法规咨询服务。与河北省商务厅联合举办出口中药材技术性贸易措施培训，累计3,000余人次参加。联合业务处室组织开展化学品、饲料添加剂关区技术性贸易措施培训，培训企业110多家。向总署反馈WTO/TBT、SPS通报评议征求意见11条。对韩国进口食品安全管理特别法施行规则、新西兰牛奶内泰乐菌素最大残留限量和多国农残限量标准等提出评议意见和建议，获得韩国、新西兰等国解释反馈，报送《对欧盟通报来源于中国的蜂蜜检出苦参碱和氧化苦参碱问题的特别贸易关注》，经总署审核采纳并函询外方，在消除国外贸易堡垒、避免新增成本方面积极发挥海关作用，支持河北省农产品出口。

【贸易管制与技术规范】 2021年，石家庄海关严格落实禁限管理政策，强化监管证件和许可证监控检查，维护国家对外贸易安全。

监管进出口商品涉及10项监管证件，报关单5,637票，同比减少12.06%；货值507.08亿美元，同比增加38.65%。组织关区禁限管理政策培训，重点推动落实对两用物项、易制毒化学品、濒危木材、消耗臭氧层物质等禁限货物监管。严密维护H2010通关系统参数，对监管证件和许可证监控检查，梳理和处置风险数据1,164条，向总署报送7条禁限管理政策研究建议。向总署申报技术规范项目18项，获批15项；按照进度完成4项技术规范，完成总署交办应急技术规范1项。

【知识产权海关保护】2021年，石家庄海关以习近平总书记在中央政治局第二十五次集体学习时的重要讲话为指南，深刻认识知识产权保护工作重要性，不断推进落实国家知识产权战略，组织开展专项行动，努力遏制进出口侵权违法态势，营造良好营商环境，为推动构建新发展格局贡献海关力量。

加大知识产权保护执法。制发2021年石家庄海关知识产权保护专项行动方案，结合关区实际制定29条措施，对服装、箱包、鞋靴、玩具、车辆配件、医疗物资等侵权高风险商品加强监管力度，重点关注中欧班列、市场采购等新型贸易渠道侵权行为，赴正定、保定海关开展实地调研走访，始终保持打击侵权高压态势。按照总署部署，开展输俄货物风险研判，结合数据分析结果，优化布控规则，重点针对中欧班列“无品牌”申报商品，增加对俄侵权布控查验指令，进一步提高查发能力。同时，深化多方合作，与北京、天津、深圳、青岛、满洲里等海关开展联合风险研判6次，与市场监管局等地方单位联合开展电商领域知识产权保护联合行动、网剑行动等执法协作，进一步提高工作效能。年内加载知识产权风险布控指令38条，查获案件4起，涉案货物2.1万件、同比增长4.4倍，案值20.1万元。保护奥林匹克标志专有权，参加京津冀海关奥林匹克标志保护研讨会，与北京冬奥组委及北京、天津海关就工作重点和疑难问题进行交流研讨，就查获案件情况进行信息交流，制发专项通知，就海关保护奥林匹克标志范围和程序、侵权高风险商品和渠道以及宣传培训等工作予以明确。充分发挥风险防控协同机制作用，加强侵权风险联合研判，提请增加布控查验频次，重点关注服装、鞋帽、箱包、玩具、眼镜、童车等侵权高风险商品，加大对五环标志、专有名称、会徽、吉祥物等奥林匹克标志保护力度。

▲2021年4月25日，沧州海关关员开展知识产权日宣传活动

多层次多角度开展技能培训，培养专业人才。落实《北京海关、天津海关、石家庄海关推动京津冀协同发展工作实施方案》，组织开展京津冀海关知识产权保护联合培训，邀请知名专家解读习近平总书记全面加强知识产权保护重要论述指示精神，组织国内外知识产权权利人代表讲解侵权鉴别技巧，选派关内业务骨干参加河北省打击侵权假冒工作能力提升培训班，从理论和实操等不同角度、不同层次努力

打造高素质知识产权海关保护执法队伍。制定石家庄海关知识产权海关保护案件档案管理规定，进一步明确案卷制作标准，并结合开展“现场监管与外勤执法权力寻租”专项整治工作和关区侵权办案模式改革，指导隶属海关开展案件调查、审理及案卷归档工作。组织开展知识产权培训30次，累计参加培训人员913人次，1个优秀集体和1名先进个人获得河北省保护知识产权联席会议办公室通报表扬。

【培塑自主知识产权企业】2021年，石家庄海关深入调查研究，优化企业服务，促进河北省内知识产权企业提升维权能力。

结合“我为群众办实事”实践活动，通过下厂调研、大厅窗口调研、宣讲现场调研及邮件、电话、微信“云调研”等形式，对2017年开展“龙腾行动”以来重点培塑的38家出口知识产权优势企业和河北省内的227家备案企业开展知识产权情况摸底，收集汇总问题和建议17条，向河北省内有关部门报送了河北省外贸企业知识产权保护工作仍需进一步加强的专题呈报；关区各隶属海关按照不同类型企业不同特点，实施针对性指导与服务，年内，新增重点培塑企业10家。黄骅港海关为中国—中东欧（沧州）中小企业合作区企业宣讲知识产权备案流程及相关案例分析，正定海关与自贸区企业开展知识产权保护相关问题深度交流，秦皇岛、唐山、承德等海关积极引导辖区内知识产权优势企业进行知识产权海关保护备案，邢台、沧州、衡水海关协助重点培塑企业进行维权，搜集侵权情况，撰写风险预警信息，提交形成“3条一控”布控指令。全年在总署新增知识产权备案省内企业60家，同比增长25%，累计备案企业175家；新增备案权利169项，同比下降15.5%，累计备案权利904项，为河北企业“走出去”提供了强有力知识产权保护支撑。

（撰稿人：牛　涛　狄晓燕　张晨宇　范　飞　班育新）

自贸区和特殊监管区域管理

【概况】2021年，石家庄海关以习近平新时代中国特色社会主义思想为指导，贯彻落实全国海关工作会议精神，坚持改革引领、创新驱动，制定关于促进河北省综合保税区和自贸试验区统筹发展的22项实施举措，叠加两类区域政策优势，促进优势互补、协同发展，全力服务自贸试验区和综合保税区高水平开放、高质量发展。

【自贸试验区制度创新】2021年，石家庄海关制定石家庄海关2021年支持河北自贸试验区建设工作任务清单，确定责任部门和责任人，定期督导汇总落实情况。提出专项支持政策5条，从简化企业备案手续、推进通关便利化改革、优化保税产品检验监管等方面支持河北自贸试验区快速发展。

推动曹妃甸片区“口岸物流车辆服务平台”创新举措研究，报请总署备案。推动曹妃甸设立期货保税交割仓库，对企业办理相关业务进行指导，依规办理期货原油出入库手续，曹妃甸中石化保税库40万立方米期货交割库容，全部完成年度原油出库计划。推动通关一体化建设，加快推进新一代海关通关管理系统应用，深化“两段准入”信息化监管改革，允许片区内综合保税区企业与境内区外企业之间按照“提前审放”模式报关，在各片区推广进出口商品“提前申报”、进口商品“两步申报”通关改革，进一步压缩通关准备和申报办理时间。支持生物医药产业发展，开展特殊物品检疫审批，优化审批流程，严格落实总署特殊物品审批管理要求，对申请事项及时审核，审批平均用时仅为2个工作日左右；严格落实低风险特殊物品分批核销政策，实现C、D及产品一次审批，分批核销，简化企业办理相关业务程序，缩短办理时间；严格落实总署特殊物品风险分级分类管理要求，与中国检验检疫科学研究院建立和合作协议，委托其开展高风险特殊物品风险评估工作；通过海关出入境特殊物品监管系统实现出入境特殊物品审批申报—审批—核销—查验—监管全流程信息化，方便企业随时了解办理进程，提高办理透明度。

实现京津冀自贸试验区在更高水平上

通关一体化合作，开展海关查验信息推送推广工作，协调总署数据中心，通过“单一窗口”实时向口岸公司推送河北辖区进出口企业、港口、码头、口岸作业场站查验通知，提高通关便利化水平；与天津海关在雄安片区举办冀津海关业务交流座谈会，在深化区域通关一体化合作、助力雄安新区外向型经济发展等方面进行研讨座谈；编写“船边直提”“抵港直装”政策宣传材料，通过“石家庄海关 12360”微信公众平台向河北省企业宣传相关优惠政策；依托京津冀通关一体化协作机制，首批辖区企业申报出口货物在完成属地“监管产装”后，运抵天津港码头直接放行，实现津冀货物“抵港直装”。开展政策指导，支持企业用好“批次进出、集中申报”制度，提升通关效率。全年河北自贸试验区进出口总值 679.3 亿元，占河北省进出口值 12.5%。截至 2021 年年底，河北自贸试验区累计海关注册企业 490 家。

【综合保税区发展】2021 年，石家庄海关贯彻落实总署党委打造高水平对外开放平台工作部署，结合“我为群众办实事”实践活动，助推河北省综合保税区建设再上新台阶。河北省 4 个综合保税区进出口值 631.9 亿元，同比增长 98.3%，占河北省进出口总值的 11.7%。

开展政策服务，推动综合保税区优化布局。制发石家庄海关关于促进河北省综合保税区和自贸试验区统筹发展的 22 项实施举措，叠加两区政策优势，促进优势互补、协同发展。支持雄安新区综合保税区规划建设。赴雄安新区实地调研 5 次，详细解读综合保税区设立条件、申请程序、建设标准、政策优势，推动地方政府加快项目规划和产业引进。雄安新区综合保税区已启动建设，项目规划已初步完成。推动北京大兴国际机场综合保税区（一期）正式通过开放验收。与北京海关联系沟通，研究确定信息化系统、基础和监管设施等建设标准，共同牵头两地 16 个部门完成预验收工作。12 月 20 日，全国首个跨省级行政区划综合保税区通过国家 8 部委正式验收。指导黄骅港综合保税区完善建设。赴渤海新区调研，与沧州市政府领导座谈，全面介绍综合保税区功能定位、优惠政策，就设立评估打分项目进行具体指导。

开展宣传引导，推动综合保税区提质增效。研究印发《关于加强〈综合保税区适合入区项目指引（2021 年版）〉学习贯彻的通知》，在曹妃甸、石家庄、秦皇岛、廊坊、雄安等地举办讲座 7 次，地方政府、管委会及区内外企业 500 余人参加，帮助地方理清招商引资思路，吸引区外企业入区发展。联合河北省有关部门举办全省综合保税区政策宣讲工作电视会议，在线介绍综合保税区优惠政策，提出发展意见建议。深入区内企业开展调研，帮助企业用好优惠政策。各综合保税区新增注册企业 164 家，活跃企业 65 家。曹妃甸综合保税区开展整车保税仓储 125 台，货值

4, 441 万元；石家庄综合保税区开展黄金、珠宝等首饰保税加工 45. 949 千克，货值 6, 855. 1 万元；廊坊综合保税区跨境电商统一平台申报 71. 3 万单次，货值 6, 910. 6 万元；秦皇岛综合保税区委内加工货量 66 吨，货值 487. 8 万元。

开展评估指导，推动地方政府履行主体责任。分析河北省绩效评估结果，向河北省政府报送《关于河北省综合保税区建设发展情况的报告》。会同河北省商务厅印发《河北省综合保税区整改提升专项方案》，研究制定《河北省推进廊坊综合保税区整改提升工作措施》，提出《关于支持廊坊综合保税区发展的 7 项具体举措》，助推各综合保税区争先进位。4 个综合保税区同步实现增长，曹妃甸、石家庄、秦皇岛、廊坊进出口值分别为 379. 6 亿元、139. 2 亿元、68. 1 亿元、45 亿元，同比分别增长 1. 78 倍、8. 5%、51. 9%、3. 93 倍。

（撰稿人：康　锋）

风险管理

【概况】2021 年，石家庄海关以习近平新时代中国特色社会主义思想为指引，深入贯彻党的十九大及十九届历次全会精神，自觉践行“四个意识”、坚定“四个自信”、落实“两个维护”，着力推动风险防控向全领域覆盖、全链条延伸，风险防控主体向多元共治拓展，风险防控效能得到大幅提升。全年坚持党对风险管理工作的全面领导，不断增强风险管理队伍能力素质，围绕重大决策部署，扎实开展新冠肺炎疫情防控、打击“洋垃圾”走私入境、涉濒危物种安全风险防控、国家生物安全风险防控等专项风险防控工作取得实效。针对关区固体废物防控实际进行理论研究和探讨，针对关区连续发生从巴西进口的“铁精粉”以及从日本进口的“旧金属轧机用轧辊”两起进境货物疑似固体废物，属性鉴别初检、复检结论不一致的案例，提出三个问题两个建议，积极总结撰写信息呈报，分别被总署办公厅、风险司采纳，对宣传石家庄海关风险防控成效起到积极促进作用。在涉濒危物种布控方面，查发货运渠道濒危榉木家具 1 起。积极推进风险管理体制机制创新发展，突出信息预警先导作用，强化大数据应用支持，推动河北口岸联防联控机制建设，持续强化风险分析处置实战应用效能。全年发布业务风险信息 329 条、风险预警 203 条；贸易领域人工分析布控查验报关单 350 票，有效 51 票；非贸领域人工分析布控清单数 2,390 票，有效 915 票；通过风险分析研判，统筹向企管部门提交风险处置类稽（核）查指令 303 条，有效 174 条。

【风险信息情报】2021 年，石家庄海关组织推动关区各业务部门单位收集、撰写、报送业务风险信息，同时注重信息的实战应用效能，充分发挥业务风险信息在风险防控过程中的基础作用。全年发布业务风险信息 329 条，报署 209 条，转化 43 条，其中专题查发风险信息被总署采编 15 篇，内容涉及知识产权、生物安全、食品安全、社会安全等。强化自主分析，提升人工分析效能，撰写了《石家庄海关 2020 年以来象牙等濒危物种进出口风险分析报告》《石家庄海关进口再生金属原料风险分析》等多篇专项风险分析报告。同时，积极参与总署组织的专项风险分析工作，主笔总署风险防控局（黄埔）牵头组织的牛皮革专题风险分析，为全国海关牛皮革领域风险防控提供有力支持。聚焦重点、热点，收集整理全国海关查发业务风险信息及典型案例，在门户网站“风险信息”栏目《石家庄海关风险信息汇编》专栏发布风险信息汇编44期，内容涉及新冠肺炎疫情专刊、象牙濒危物种走私专刊、危化品专刊、固体废物专刊、生物安全专刊等。搜集全国固体废物查发典型案例，持续梳理完善关区固体废物“影子商品库”，为领导决策提供辅助、为一线监管提供参考。积极拓展和发掘互联网信息、加强与外部门信息互换等多种外部信息渠道，充分发掘和共享风险信息在海关风险防控工作中的情报价值。

【风险预警】2021年，石家庄海关贯彻落实总体国家安全观，推进新海关风险业务全面深度融合，进一步发挥业务风险预警在风险防控中的基础作用，积极落实“提前介入、精准防控”的工作目标，强化预警发布，提前防范风险。统一接收总署风险司和总署风险防控局（上海、青岛、黄埔）发布的风险预警，并根据预警内容及时在关区有针对性地予以转发，确保预警的时效性和有效性。同时，强化自主分析的风险预警发布，全年发布风险预警203条，其中提示告知类预警191条，风险排查类预警12条，内容涵盖固体废物、濒危、动植物疫情、新冠肺炎疫情、侵权、归类、商品质量、“水客”走私等领域的风险。全年风险预警转化为布控规则、稽（核）查建议共计39条，切实发挥了风险预警辅助领导决策、服务现场监管、支撑精准布控的实战作用。积极参与全国预警发布，在关区查发案例基础上，进一步调取全国数据分析，提出的《石家庄海关风险防控分局关于申请在全国发布出口榉木家具涉嫌逃避濒危物种监管的风险预警》《石家庄海关关于提请关注出口化肥伪瞒报方式逃避监管证件风险的预警》等2篇风险预警在全国予以发布。

【风险分析处置】2021年，石家庄海关强化风险联合研判，全面加大后续风险处置力度。进一步完善关区业务领域风险联合研判工作机制，加强各部门间联系配合，切实形成部门间风险防控合力，通过发布风控分局关于加强关区业务领域风险联合研判工作的通知，进一步完善联合研判的组织实施形式，关区业务风险联合研判工作更加规范、更具可操作性。借助海关内外部数据，采用“大数据+人工分析”模式，聚焦重点领域、重大风险防控，强化专项分析，切实提高精准防控能力。成立风险分析后续处置工作专班，强化风险与企管、缉私等部门的联系配合，加强对涉检等领域风险分析和联合研判，充分发挥风险部门在后续监管工作中的重要作用。全年风险、企管、缉私部门以会议、座谈、电话、走访等各种方式联合研判50余次。风险部门统筹向企管部门提交风险处置类稽（核）查建议303条。强化报关单分析布控，查验、查获率“两率”稳中有升。查验方面：关区布控考核查验报关单1,466票；查获方面：高质量查获35票。全年下达针对知识产权侵权规则38条，命中49票，查发典型侵犯知识产权案例3起；危化品伪瞒报风险防控方面，通过建立“云擎”危化品风险专项防控模型，加载9条布控指令，查验3票，查获1票，拦截1票；濒危风险防控方面，针对濒危物种高风险商品以及高风险国家（地区）进口集装箱商品、象牙、木材等；下达布控规则14条，命中21票报关单，其中布控查发关区货运渠道首起濒危榉木家具情事；未获准入食品风险防控方面，结合关区进口货物实际，强化涉检领域风险防控；对关区进出口的炼焦煤、方便面和自日本辐射县进口的食品种牛等高风险商品进行重点风险防控，查获8起炼焦煤因氟含量超标被退运情事，查获4起检疫阳性种牛情事后被销毁处理，查获2票进口方便面分别因含有未获准入肉制品和无中文标签做退运和技术整改处理，查获1票进口水果糖等因食品属于日本核辐射区产品做销毁处理，查获1起违反“一个中国”原则的贴片电阻情事。积极构建以供应链为单元的风险防控机制，强化舱单分析布控，全年舱单报关单布控42票。加强舱单前置分析力度，结合报关单数据强化针对固体废物影子商品、劣质矿产品排查力度，分别对关区首次从韩国、日本进口以及固体废物影子企业进口再生钢铁进行布控，对关区首次进口精炼铝渣进行布控；强化劣质矿产品进口管控，对高二氧化硅含量铁矿、进口铝块等布控初筛，排除固体废物进口隐患；加强对关区过境货物分析力度，根据关区过境货物相关风险点进行了梳理并形成《石家庄关区过境货物风险分析报告》；联合口岸监管处制发关于进一步加强关区过境货物监管的通知，对过境货物各项监管环节进一步规范。

【非贸风险防控】2021年，石家庄海关非贸领域风险分析处置高质量发展。利用大数据资源精准分析向缉私部门移交走私进境毒品刑事案件线索。通过大数据建模围绕重点涉税商品开展案件关联分析，向缉私部门移交伪报贸易性质、走私进境药品保健品案件线索。围绕伪报贸易性质、走私进境药品保健品案件线索开展联合研判。扎实推进跨境电商进口走私“断链刨根”专项整治行动，通过风险布控在通关环节对涉嫌虚假交易的清单退单402票；多个部门开展业务风险联合研判，移交专项稽查企业2家。强化风险特征提炼，完善“两单三库”建设，实现重点商品风险靶向锁定。跨境电商布控清单数2,057票，拦截涉濒危物种成分商品等情事5起，退运销毁清单28票。做好“双十一”期间关区跨境电商业务保障工作，其间，关区跨境电商二线出区清单89,787票，货值876万元；中止指令规则1条，减少现场查验约400项。筑牢食品安全口岸防火墙，不断加大对跨境电商领域食品、保健品、化妆品等商品的防控力度，通过风险布控在跨境电商二线出区环节拦截超过保质期保健品一批次，货值420元。

【大数据应用】2021年，石家庄海关深入贯彻落实“十四五”大数据海关应用规划，努力提升关区大数据应用水平。树牢安全意识，严格落实大数据安全管理要求。安全保障是大数据海关应用的基石，作为大数据应用接入终端，数据安全是第一要务。基于数据安全要求，对关区“云擎”使用人员重新开展安全审查，按照“最小化”原则对系统用户进行授权，梳理数据表使用权限。积极主动对接总署，鼓励业务骨干参与署级大数据项目建设。结合人员特点从数据应用、“云擎”建模、系统数据建设等多方向、多维度开展大数据应用工作，全年共向总署大数据应用推送业务专家8人，涵盖大数据攻关模型专家2人，“云擎”大数据应用专家4人，系统数据应用专家2人，派员参与总署大数据攻关模型迭代优化、“云擎”中台数据开发、海关风险业务监测指标建设等集中工作4人次。以培训和探讨为助推器，提升大数据认知和应用水平。建立“一周一课”活动机制，开展大数据应用经验交流和问题探讨，积极组织人员参加总署大数据应用网上培训班，营造良好创新环境和全员参与氛围，打造基础雄厚、尖兵突出的大数据人才队伍。开发的“云擎”绩效考核模型、冷链集装箱监测模型被总署采纳并在全国推广。推动加工了报关单、布控单、查验单主题信息表，开发平台级模型10个，实现“洋垃圾”、危化品、濒危和邮递渠道等点状突破，以点带面的趋势凸显。全年通过大数据开展涉固体废物和再生金属进口、危化品逃漏检、象牙等濒危动植品进出口、邮递渠道毒品药品走私等重点安全准入业务的数据监控全覆盖。通过大数据应用向总署提交布控建议4条、下达布控指令21条，后续稽（核）查指令83条。

【口岸风险联合防控】2021年，石家庄海关强化口岸风险联合防控工作。根据《河北省口岸安全风险联合防控工作方案》，12月14日，组织召开河北省口岸安全风险联合防控第一次工作会议，就如何加强联系配合，充分发挥口岸联合防控效能开展交流研讨，并对下一步工作提出规划建议。通过此次会议，进一步加强了口岸单位之间的联系配合，为下一步继续深入做好联合防控工作打下基础。会议特别强调，北京冬奥会即将在北京及张家口地区开幕，要以此次会议为契机，坚持风险整体防控与精准防控有机结合，严格执行口岸安全联合防控工作机制，确保各项措施落地落实，做好北京冬奥会通关、监管、反恐安保等工作。河北省发改委、公安厅、安全厅、生态环境厅、卫健委、税务局和河北海事局、河北海警局、河北出入境边检总站等成员单位以及河北金属学会、河北毛皮协会相关负责同志及行业专家参加会议，就口岸安全防控工作进行交流发言并提出相关建议。

（撰稿人：王　薇　王亚丽　邓丽君　牟健辉　赵　巍　赵延争　侯梦龙）

关税征管

【概况】2021 年，石家庄海关深入推动综合治税，扎实推进税收征管改革，服务地方经济发展。全年税收入库 493 亿元，同比增长 36.47%。审核出具进出口货物征免税确认通知书 275 份，审批货值 10,617.35 万美元，审批减免税款 7,903.08 万元；为河北省企业办理限上内资鼓励项目产业政策确认 11 个，涉及投资总额 97.07 亿元，涉及进口货值 5.20 亿美元；签发各类原产地证书 114,267 份，签证金额 78.53 亿美元，为企业出口产品减免进口方关税 2.77 亿美元。

【税收入库】2021 年，石家庄海关税收入库增长迅速。全年税收入库 493 亿元，同比增长 36.47%，增收 131.76 亿元，创建关以来历史新高。关区税收前 5 位海关为：曹妃甸海关、京唐港海关、鹿泉海关、黄骅港海关、秦皇岛海关。前 5 位税源商品为：铁矿、原油、大豆、煤、天然气。

【综合治税】2021 年，石家庄海关深入开展综合治税工作。开展年度、年中、年末税收摸底调研，完善税收预测机制。加强综合治税领导小组各成员单位的联系配合，推动综合治税深入开展。

持续加大关区“提前申报”“两步申报”等改革措施，扩大改革适用范围，提升改革应用比率，为企业提供更多可选择的通关模式，不断提升通关便利化水平，更好地释放改革的创新性、实效性作用；切实落实简化监管证件各项工作，推动整体通关时间不断压缩，加强协调联动、沟通协作，提高异常问题协同处置时效。

加强口岸监管，严格按照布控查验指令对进出境货物实施海关检查；促进外贸稳增长，支持跨境电商、市场采购贸易新业态发展；强化集中审像、智能审图应用，持续推进跨境贸易便利化；指导口岸隶属海关按照口岸事中布控查验指令联系验估岗对价格进行核实，并移交处置。2021 年口岸查验部门移交处置且处理结果为“补（退）税”口岸事中查验报关单共计 11 票。

坚持依法统计、科学统计，严格落实各项统计数据质量管控工作规定，全年共复核报关单 14.2 万余票，核实发现各类型错误136票；审核上报业务统计（含检验检疫）数据3万余条，为综合治税工作提供数据保障。

加大主动披露政策落实力度，引导企业守法自律，全年办结涉税主动披露作业20起；开展涉税专项稽查，深挖税收潜力，强化对特许权使用费、大宗散货等领域专项稽查工作力度，深耕稽查追补税存量，重点关注大宗散货价格调整、税则号列调整、漏报应税项目等风险点，积极转化为涉税稽查作业，全年共办结涉税专项稽查作业16起；加强配合，共同研判税收风险，及时处置，紧紧围绕关区大宗散货价格调整、保税内销，强化各隶属海关稽查部门与其他业务科室之间联系配合、联合处置。

坚持“以打促税”，根据关区特点，全方位打击重点涉税商品走私、重点渠道走私、非设关地走私以及出口骗退税等严重危害国家税收的违法犯罪活动，全年共立案侦查刑事案件23起，案值1.2亿元；加强联系配合，对需要补税的案件共同做好应补税款的追缴工作，确保税款及时入库，提高打私成果补税转化效率。

加强联系配合，做好税款核销工作，年底坚持按日统计通报税款入库情况，积极联系国库，确保全部已缴纳税款均能在年底前及时入库。

将“税费入库时间超长”“减免税审批时限超长”等事项作为审计重点；在开展督察审计的同时注重综合治税的日常监管，充分应用海关内部控制与监督子系统（以下简称“HLS2017内控平台”）指导各隶属海关开展“减免税初审、复核为同一人”“税单已打印超期未核注”“保金保函即将到期预警”等模块对税收征管事项进行监控核查，防范了税收风险。

深化“两轮驱动”的风险防控模式，加强联合研判、联合处置，优化税收风险分类处置，发挥各类参数和指令的优势，进一步提升布控指令的规范化、精准度和有效性。全年加载布控规则共计17条，其中涉嫌低报价格逃漏税款风险，查获报关单9票；重点关注饲料伪瞒报归类风险，下达布控指令命中报关单2票，涉及两家企业，经取样送检灰分指标都符合标准。

【税政调研】2021年，石家庄海关广泛开展税政调研，税政调整建议质量提高。围绕完善关税结构、优化关税政策和增加优质产品进口开展税政调研，广泛征集各部门、企业意见建议，了解企业政策诉求。全年共上报税政调整建议34项，参加济南海关组织的农产品专项调研，参加全国重点行业调研2项。滑雪鞋靴、口罩、六氟化钨3项税政调整建议经总署报送，被国务院关税税则委员会采纳，惠及化工、消费品等多个行业和进出口企业，为河北省外贸企业争取税收政策支持。

【归类管理】2021年，石家庄海关加强归类管理工作，归类预裁定、归类认定、归类业务培训等工作有序开展。加大归类预裁定推进力度，提高预裁定签发数量和签发质量，增强企业对进出口贸易的可预期性。全年共签发归类预裁定30份，涉及农副产品、机电产品、化工品、钢铁制品、汽车零配件、医疗材料等商品；办理归类认定18份；参加商品归类应用2020版系统升级变更培训；参加2022年版《商品名称及编码协调制度》转版网上培训，学习2022年版《商品名称及编码协调制度》翻译及转版情况，提升关税条线及《商品名称及编码协调制度》应用部门关员业务能力，保证新版《商品名称及编码协调制度》有效实施。

【价格管理】2021年，石家庄海关加强价格管理取得实效。开展总署公告2021年第44号有关公式定价进口货物海关管理规定对企宣讲，在12360服务热线关税聚焦栏目发布，解答企业提问20条；落实总署“双特”价格台账管理操作指引和石家庄海关属地纳税人管理工作实施方案的要求，11月8日建立某属地纳税企业与智利某矿山企业之间的特殊关系价格管理台账，为关区首份“双特”台账；完善运费要素审核，针对滞期费、战争险等估价重点、难点问题组织关区培训研讨。

聚焦“商品+企业”，开展回运矿价格、原油滞期费、境外融资费用、保税筛矿出库价格风险防控，参与总署税管局项目推进。加强大宗散货超期结算风险监控，整改处置报关单69票。加强低瞒报价格风险分析研判，制发布控参数3条。全链条强化公式定价商品管理，从源头引导企业应备案尽备案，加强特殊关系影响成交价格报关单审核，严格结算期延期把关，加强动态核销监控。年内开展公式定价作业检查，纠正不规范作业情事3起。开展审价作业无纸化规范评估，重点评估简易审价程序、审价文书齐全等内容，完善关区审价作业记录65份。发挥专业技术作用，在特许权使用费、大宗散货二次结算、跨境电商进口走私“断链刨根”、运保费、航空业融资租赁费、再生金属等稽（核）查工作和进口牛皮价格风险、保税原油涉税风险防控工作中，与稽查部门、风险防控分局开展联合研判，提供估价专业技术支持。

【估价政策研究】2021年，成立“石家庄海关大宗散货估价研究专班”，石家庄海关深化估价政策研究取得成效。撰写论文《关于铁矿石保税筛分涉税风险防控的研究》《关于全通模式下大宗散货价格风险防控的思考》在相关期刊发表。参与关税司《海关总署关于审定公式定价进口货物完税价格有关问题的公告（征求意见稿）》的修订及《“走出去”企业回运矿价格构成和风险防控研究》课题的研讨，参与编写的《公式定价、跨国公司转让定价和寄售代销纳税流程再造和建立与之匹配的风险防控机制研究》获2021年司级二级优秀课题报告。参加总署全国海关价格运行监控小组工作，对全国公式定价延续性征税和运保费审价补税开展监控分析，提出政策建议。

【税收征管改革】2021年，石家庄海关深入开展税收征管改革，多元化税收担保、属地纳税人管理工作成效显著。

持续推进多元化税收担保改革，与电子口岸联合宣传“汇总征税”（海关对进出口纳税义务人在一定时期内多次进出口货物应纳税款实施汇总计征）、“关税保证保险”业务，并重点推荐加工贸易企业内销适用上述政策，为中油财务公司申请财务公司办理海关税款担保试点。全年共备案总担保301份，担保金额为24.51亿元；采用汇总征税方式申报报关单5,222票，占关区应税报关单总量的27.41%。按照《海关总署关于深化海关税款担保改革的公告》（总署公告2021年100号），12月1日起实施“以企业为单元”的税款担保改革，实现一份担保可以同时在全国海关用于多项税款担保业务。海关税款担保管理系统在关区上线运行。

开展年中、年底两次属地企业异地报关单规范申报审核，对问题数据联系相关直属海关改单。全年共对255家属地企业4.2万条进口应税报关单商品数据开展规范申报核查，对130条申报不规范报关单记录联系口岸海关进行改单。开展属地企业合规申报管理，对2020年、2021年验估发现问题的企业，通过约谈培训方式提高规范申报水平，扩大“自报自缴”应用比例。全年石家庄关区通过“自报自缴”方式申报报关单11,919票，占同期关区应税报关单的90.60%。对关区税收前30位重点税源企业和前30位报关企业建立企业底账，进行纳税遵从度评估，制订“一企一策”的差别化合规管理服务方案。

【进口税收优惠政策】2021年，石家庄海关全面落实各项“十四五”进口税收优惠政策，帮助企业用足用好各项减免税政策，做好天然气进口环节增值税返还工作，减税降费助力企业发展。全年共审核出具进出口货物征免税证明275份，审核货值1.06亿美元，审核减免税款0.79亿元，其中减免关税0.4亿元，减免增值税0.39亿元。为两家企业办理天然气进口增值税返还事宜，共返还企业增值税7.84亿元，同比下降23.14%。办理限上内资鼓励类项目审核11项，办理报备事项16个。

积极开展税收优惠政策政策研究，全年石家庄海关向总署提出进口税收优惠政策建议13条，产业政策条目建议4条，不予免税商品调整建议96条。协助总署修订“十四五”税收优惠政策10项，拟定“十四五”海关税收政策执行文件13项。牵头完成总署课题2项，协办总署课题2项。

【税收风险排查处置】2021年，石家庄海关持续强化税收风险排查处置工作，验估时效性、有效率显著提高。

强化验估指令反馈管理，提高验估反馈时效，防范验估超期反馈和超三个月反馈情况。加强验估现场与税管局的联系沟通，提高验估指令反馈有效性。全年共执行事中验估指令14条，执行单证验核风险参数202条，处置事后验估指令248条。

【税收风险防控】2021年，石家庄海关加强税收风险防控工作，推动关区税收工作高质量发展。针对关税司发布的税收风险预警在关区开展税收风险核查，全年共开展10期核查；将税管局提示的税收风险点和验估操作指引在关区发布30份；分析提炼关区税收风险，上报税收风险参数60条。开展海航集团欠税、适用关税保证保险情况的梳理，防范欠税风险；开展担保、税单打印核注、退运货物、归类差异等监控，防范担保超期、税款征收风险。

紧密围绕石家庄关区税源集中的特点，重点加强对铁矿、原油、煤炭等主要税源商品的价格风险防控。以关区价格指数为抓手，做好公式定价备案、大宗散货二次结算两步防控工作。关注特殊关系影响成交价格的风险，与总署税管局密切联系，对关区两家企业的回运矿组织开展审价工作。针对某跨国公司转让定价风险组织开展审价工作。发挥审价内控职能，不断加强价格职能监控工作，制作价格监控24份、价格监控联系单15份，有效防范执法风险。针对关区跨境电商价格风险设置布控指令3条，加强非贸领域价格风险防控。

定期监控石家庄关区业务现场审核确认的征免税证明，重点关注征免性质、商品编码、进出口货物征免税通知书有效期、审核确认时效、原产国（地区）、商品受限情况等关键信息，全年关区减免税审核确认结果正确率为100%。开展减免税审核风险商品专项监控，重点对关区2020年以来重大报备事项和2018年以来投资总额在5,000万以上内资鼓励类项目开展专项检查，发现归类错误1项，产业政策目录填报错误1项，不予免税目录适用错误商品3项。

组织开展石家庄关区2020年以来《中国—东盟自由贸易协定》项下马来西亚进口商品原产地涉税风险专项核查，对涉及相关协定和国家的73票进口货物逐批复核和排查；调取关区非联网进口享惠项下通关数据，开展优惠原产地申报有效率自查，并对复核发现问题及时整改。加强《中国—新西兰自由贸易协定》农产品特殊保障措施项下的审核，审核通过并出具两批共计256吨进口乳粉的在途证明、退回一批128吨不符合规定的进口乳粉在途申请。进一步落实稳外贸稳外资措施深入推进原产地证书便利签证，通过“互联网+海关”和“单一窗口”等电子方式完成原产地调查，全面实施“智能审核”+“自助打印”举措，实现原产地证书全天候“即报即签”。

【原产地证书签发】2021年，石家庄海关持续推动原产地签证工作，助力外贸企业享惠增长。全年签发各类原产地证书114,267份，签证金额78.53亿美元，同比分别增长4.87%和34.56%；签发各类区域优惠原产地证书73,229份，签证金额49.06亿美元，同比分别增长9.27%和48.62%，为企业出口产品减免进口方关税

27,675 万美元。

【原产地后续核查】2021 年，石家庄海关积极应对境外退证核查，保障外贸企业境外享惠。全年受理各类自贸协定成员方证书查询 33 批，涉及证书 119 份，完成核查答复 31 批，为出口企业申请享受进口国税收优惠做好政策支持，维护了签证机构的权威和诚信。据统计，提出证书查询要求的协定成员方主要来自《中华人民共和国与东南亚国家联盟全面经济合作框架协议》项下的印度尼西亚、马来西亚、泰国和越南，以及《中国—韩国自由贸易协定》项下的韩国，其中来自印度尼西亚的查询要求占证书查询总量的 79%。

【RCEP 关税减让和原产地规则实施准备】2021 年，石家庄海关以“四个到位”稳步推进 RCEP 实施前的各项准备工作。硬件到位，保障 H2018-RCEP 原产地管理信息化应用系统上线运行。组织各隶属海关原产地签证人员加强学习，熟悉新业务系统操作流程，完成 RCEP 业务系统升级，具备了签发 RCEP 原产地证书的功能；能力到位，组织业务培训，加强自身能力建设。印发石家庄海关 RCEP 原产地规则和关税减让培训宣传工作方案，组织原产地业务骨干深入研究 RCEP 原产地规则和降税安排，各隶属海关开展多种形式的内部培训，增强全员参与意识，为开展协定实施、宣贯和培训做好能力储备；帮扶到位，积极实施针对企业的宣传培训。面向全省 500 余家重点进出口企业组织各类“线上+线下”培训 60 余次，对 RCEP 原产地规则和关税减让、海关通关业务改革等相关内容进行政策解读，编写《河北省进出口重点商品 RCEP 自贸协定关税减让对比一览表》等专题培训资料，“点对点”开展精准帮扶和专项辅导，帮助企业用好用足 RCEP 优惠政策；宣传到位，联合河北省商务厅启动“RCEP 燕赵行”，撰写的《河北加速融入全球最大自贸“朋友圈”》《海关 RCEP 原产地业务新系统正式上线，企业进出口享惠更便利》《RCEP 下的河北机遇》《RCEP 生效倒计时！石家庄海关助企抓机遇，赢先机》等稿件在中央、省级媒体刊登播出、发表，在各类媒体和新媒体平台发表专题文章十余篇，为 RCEP 实施营造良好的社会氛围。

▲2021 年 8 月 18 日，邯郸海关关员深入外贸企业开展 RCEP 政策宣传培训

（撰稿人：齐姗姗　张　诚　张少普　郭潇爽　陶　静）

卫生检疫

【概况】2021年，石家庄海关认真学习党的十九届六中全会精神，深刻认识“两个确立”的决定性意义，着力增强做到“两个维护”的政治自觉、思想自觉、行动自觉。坚决贯彻习近平总书记重要讲话和重要指示批示精神，坚持“外防输入、内防反弹”总策略和“动态清零”总方针，贯彻落实党中央和国务院重大决策部署，把党的领导落实到卫生检疫工作的各方面、全过程，在做好新冠肺炎疫情防控的基础上，不断强化“多病共防”意识，结合风险研判、流行病学调查等情况做好对猴痘、黄热病、流感、埃博拉病毒病、中东呼吸综合征、拉沙热等重大传染病的排查工作，切实防范传染病疫情风险叠加。强化国境口岸运营者、交通工具运营者和口岸相关经营单位的公共卫生安全主体责任，按要求开展口岸食品生产经营、饮用水供应、公共场所、出入境交通工具、储存场地和固液体废弃物处理卫生监督，并聚焦口岸公共卫生风险较高的监督对象和场所，重点做好国境口岸病媒生物和病原微生物超标等重点指标的监督工作，不断筑牢口岸卫生检疫防线。

【检疫管理】2021年，石家庄海关切实抓好口岸新冠肺炎及中东呼吸综合征、拉沙热、埃博拉病毒病等各类传染病的疫情防控工作。更新新冠肺炎疫情防控工作方案和入境航班卫生检疫操作指引，制发海港口岸新冠肺炎卫生检疫操作指引、工作人员安全防护工作方案、口岸城市新冠肺炎疫情防控工作方案等。针对重点航班、重点任务等制订海外任务包机入境检疫方案、北京冬奥会入境备降航班检疫方案，口岸海关按照“一口岸一方案”原则，结合口岸实际不断完善新冠肺炎疫情防控工作方案，保障口岸疫情防控的科学有效。组织开展4期安全防护培训、1期流行病学调查培训、2期入境客运航空器终末消毒监督培训，通过“问卷星”平台开展3次新冠肺炎疫情防控专题考试，累积1,400人次通过考试，不断提升卫生检疫基础能力和“多病共防”的意识。改善和配置生物安全设备、检测设备，加强国际旅行卫生保健中心生物安全二级实验室、快速检测实验室能力建设，科学划分口岸技术支撑区域，明确河北国际旅行卫生保健中心（石家庄海关口岸门诊部）就近支援石家庄机场口岸、黄骅港口岸，秦皇岛国际旅行卫生保健中心（秦皇岛海关口岸门诊部）就近支援秦皇岛口岸、北戴河口岸、京唐港口岸、曹妃甸口岸，提升口岸卫生检疫技术支撑能力。制发石家庄海关关于全面加强今冬明春新冠肺炎疫情防控工作的通知等系列文件，持续强化防范各类传染病疫情叠加的意识和能力。针对总署发布的中东呼吸综合征、拉沙热、埃博拉病毒病、鼠疫、黄热病等传染病疫情警示通报，在做好新冠肺炎疫情防控的基础上，密切关注各类传染病疫情动态，结合关区口岸实际和通航情况，加强风险研判，做好对来自相关疫情国家交通工具登临检疫，做好健康申明卡核验、体温监测、医学排查等检疫查验措施，特别是对有症状人员，根据流行病学调查结果，有针对性地实施采样检测，严防埃博拉病毒病、中东呼吸综合征、黄热病、拉沙热、登革热、鼠疫等重大传染病跨境传播。全年检疫发现有症状（发热）人员 7 例，其中 6 例为体温监测发现，1 例为主动申报，均为入境船员，核酸检测阴性，经排查最终诊断为急性上呼吸道感染、急性胃炎等。

严格落实总署关于特殊物品审批相关工作要求，规范高效开展出入境特殊物品审批工作，全年共办理入境特殊物品审批 574 批次，平均审批用时仅 2 个工作日。严格落实总署对新冠病毒诊断试剂、新冠病毒疫苗涉及新冠肺炎疫情防控特殊物品的监管工作要求，严格审核把关，加强企业资质备案管理，严格审核相关申报材料，严格把关，确保审批工作质量。大力推广应用总署新版特殊物品卫生检疫审批与分析系统，做好系统过渡期工作衔接和审批工作，加强与特殊物品企业的沟通，及时传达总署相关要求，及时收集反馈系统使用过程中遇到的问题，并协调解决，保证新旧系统迁移过程中审批工作正常开展，提高效率。加强与法综、监管、缉私等相关部门的沟通配合，制发关区工作方案，明确部门职责，细化落实措施，严厉打击新冠病毒疫苗非法出境。

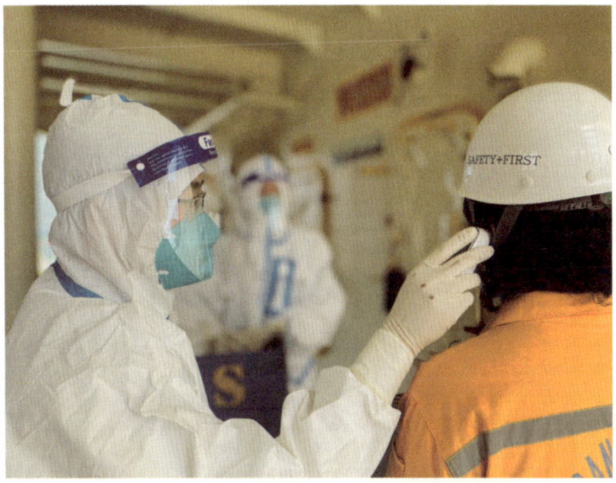

▲2021 年 6 月 5 日，京唐港海关关员对入境船员开展体温监测

【生物安全】2021 年，石家庄海关组织各口岸海关按照“定人员、定时间、定生境、定方法”的要求开展国境口岸病媒生物监测与控制工作，全年共开展口岸病媒生物监测 154 次，口岸本底监测捕获病媒生物 2, 797 只，及时准确掌握关区口岸病媒生物本底数据资料。落实总署“一带一路”病媒生物监测和控制工作要求，组织口岸海关、张家口海关对关区各口岸及北京冬奥会张家口赛场等区域开展病媒生物专项监测工作，捕获病媒生物3,421只，送检样本检出阳性病原体，为总署“一带一路”病媒生物监测和控制提供数据支撑。按照北京、天津和石家庄海关推动京津冀协同发展工作实施方案的工作要求，强化与北京、天津海关业务配合，牵头建立京津冀病媒生物联合监测控制工作机制，制订工作计划，对具体工作任务进行分工，组织开展京津冀病媒生物样本信息采集视频培训，初步建立了京津冀病媒生物样本库和数据库。

秦皇岛海关申报的3项科研项目均获得推荐上报总署科技司，其中《国际航行船舶压舱水及底泥携带病原体筛查摸底及检测鉴定技术研究》获得总署立项。

秦皇岛海关牵头承担的总署卫生检疫专业科研项目《国际航行船舶病媒生物精准监测与硫酰氟蒸熏处理智能远程实时可视化监控系统研究》顺利通过总署科技司组织的专家组验收，同时课题组制定了2项技术标准，研发了硫酰氟蒸熏处理智能远程实时可视化监控装置1套，收到国家知识产权局专利申请受理通知书，填补了石家庄海关在卫生检疫科研成果输出方面的空白。秦皇岛海关申报一项2021年度总署“揭榜挂帅”科研项目，揭榜题目为“口岸输入性病媒生物图谱及数据库研究”，是卫生检疫专业领域急需解决的核心技术难点问题的科研项目。

组织关区各口岸开展口岸公共卫生核心能力“常规能力”专项自查，自查发现问题46项，通过自查及时发现并协调解决疫情防控工作中存在的问题及短板，持续提升口岸疫情防控能力；发挥关区口岸公共卫生核心能力建设领导小组的作用，职能部门与口岸海关上下联动，齐抓共管，共同研究工作措施，推动口岸公共卫生核心能力持续达标，做好迎接总署下一轮复核准备。

【传染病监测】 2021年，石家庄海关组织国际旅行卫生保健中心开展预防接种不良反应应急处置演练，提升应急处置能力；指导国际旅行卫生保健中心严格按照属地要求，在确保疫情防控到位的前提下，依法依规有序开展出入境监测体检、预防接种、国际旅行健康咨询和技术支撑等各项工作，支持企业复工复产、助力务工人员返岗；结合“4·15国家安全日”“4·26全国疟疾日”“12·1世界艾滋病日”等开展疫情防控科普宣传，为留学人员、劳务人员搭建健康宣讲平台，提升健康宣教针对性。全年监测体检17,225人次，开展艾滋病监测15,149人次。

加强与北京海关、宁波海关、广东海关、中国检验检疫研究科学院、河北医科大学的交流合作，完成《冬奥会口岸传染病监测预警与快速检测技术研究》《冬奥会口岸综合风险应急处置技术及装备》

《冬奥会口岸快速通关智能监管技术及装备示范应用》和河北省科技厅项目《河北口岸输入性重要传染病及病媒生物传入风险评估与防控体系建设研究》项目任务书考核指标，并取得了阶段性研究成果。

持续加强艾滋病防治宣传教育工作。面向关区各海关单位征集2021年“世界艾滋病日”主题宣传作品及口岸艾滋病防治宣传教育典型案例；各口岸海关、国际旅行卫生保健中心广泛开展以“生命至上　终结艾滋　健康平等”为主题的宣传教育活动，将“世界艾滋病日”主题宣传活动与“我为群众办实事”实践活动相结合，通过悬挂横幅、摆放展板、张贴主题海报、发放宣传资料、设置咨询服务台、在业务现场LED屏幕循环播放艾滋病防控视频、微信公众号和微信工作群宣传等方式开展艾滋病防治宣传教育工作，进一步提升出入境人群及体检人员艾滋病防治知识知晓率，增强其安全防护意识，提高其参与艾滋病防治的积极性以及自我防护、主动检测的意识，营造了良好的艾滋病防治社会环境。

【卫生监督】2021年，石家庄海关组织开展5期关区卫生监督工作视频培训，培训内容涵盖国境口岸病媒生物监测与控制、船舶卫生检查和船舶卫生证书签发、国境口岸卫生许可、国境口岸食品生产经营单位卫生监督、国境口岸公共场所卫生监督等，关区各口岸海关共计培训218人次，54人参加培训并通过考试获得资质，提升了国境口岸卫生监督工作水平。

2月22日，根据总署要求，结合关区实际制订2021年度石家庄海关口岸卫生监督工作方案，明确国境口岸卫生监督适用范围、监督内容、监督频次和要求，新增对国境口岸固液体废弃物的卫生监督。全年开展口岸卫生监督513次，涉及口岸食品生产经营单位、公共场所、储存场地、固液体废弃物等。

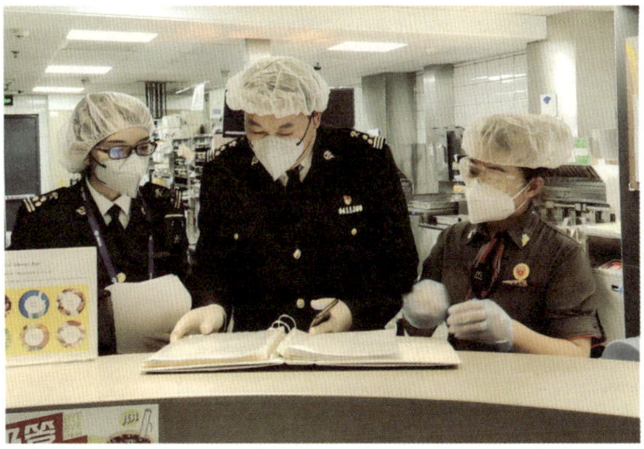

▲2021年12月21日，石家庄机场海关关员对航空口岸餐饮企业开展卫生监督

2月24日，制发石家庄海关国境口岸食品安全抽检工作实施方案，食品抽检范围涉及交通工具食品、餐饮食品2个食品大类，14个食品细类（包含热食食品、冷食食品、水果、坚果等），并根据工作任务和抽检类别开展实验室检测或快速检测，全年共开展食品抽检412批次，发现紫外线消毒效果测定不合格7批次。

落实深化“放管服”改革举措，持续推进国境口岸卫生监督“双随机、一公开”抽查工作，4月27日制发石家庄海关国境口岸卫生监督“双随机、一公开”抽查工作指引，确定抽查工作要求、频次和工作程序，全年随机抽查口岸卫生许可单位52次、国际航行船舶3,535艘次。

（撰稿人：刘利辉　狄　楠　张　帅）

动植物检疫

【概况】2021 年，石家庄海关树牢总体国家安全观，完善监测预警体系，严格口岸入境检疫，强化全链条监管，筑牢口岸检疫防线。加强重大动植物疫情疫病预警和安全风险应急处置，开展关区突发重大动物疫情应急处置演练，严格落实非洲猪瘟、高致病性禽流感、口蹄疫、红火蚁、沙漠蝗等重大动植物疫病疫情防控要求，严防疫病疫情在口岸环节跨境传播。支持农产品“优进”工程，服务保障农产品供应链、产业链安全稳定；支持种牛、种子苗木等优质动植物种质资源和粮食、木材等资源型农产品进口，有效满足国内消费和产业升级需求，助力乡村产业提档升级。推动鲜梨、饲料及饲料添加剂、竹木草制品、非食用动物产品等优势农产品出口。全年河北省出口农产品 122.2 亿元，同比增长 7.1%；进口农产品 379.1 亿元，同比增长 28%。

【国门生物安全】2021 年，石家庄海关严格落实非洲猪瘟、高致病性禽流感和口蹄疫等重大动物传染病疫情防控要求，印发石家庄海关关于进一步加强口岸高致病性禽流感疫情防控的通知，严防疫情在口岸环节跨境传播；密切关注国外重大动物疫情动态，在综合业务管理系统 HZ2011 发布风险预警信息 25 篇；细化隔离场防控措施，加强进境活动物隔离场检疫监管，开展进境种牛检疫执法检查工作，有效防控境外动物疫病的传入。在进境种牛中检出二类疫病阳性牛 171 头，全部进行扑杀并做无害化处理。

持续做好国门生物安全监测和安全风险监控工作。制订国门生物安全监测和安全风险监控实施方案，组织开展国门生物安全监测、现场查验技术等专项业务培训网上学习。开展工作指导和督促，按照时间节点和任务分工，及时完成年度工作任务，总结形成进出口饲料及饲料添加剂、粮食及转基因、水果、食用陆生和水生动物等 5 大类安全风险监控报告。共抽取安全风险监控样品 299 个，开展 1,607 项次检测，检出 3 个样品中 3 个项目不合格。

沧州海关处置 1 批检出二类传染病真鲷虹彩病毒的进境观赏鱼，对检出疫病同一水体的 103 条鱼全部扑杀并进行无害化处理；针对北京报告1例肺炭疽病例来自河北承德且其在当地有牛、羊及其制品接触史的情况，采取预防性动物疫情控制措施，承德海关向辖区供港澳活牛育肥场发出风险预警，全面强化注册场的日常巡查和监管，保证防疫消毒效果，并及时向总署报送石家庄海关加强肺炭疽病防控保障供港澳活牛安全的快报。加强对综合业务管理系统相关预警信息后续处置的跟进，强化风险预警信息的收集办理和应急处置能力，增强重大动植物疫情疫病防控能力。

▲2021年11月11日，黄骅港海关关员开展进境种牛隔离检疫

组织学习总署动植司编写的《进境农产品新冠疫情防控工作手册》，各隶属海关严格按照总署方案的适用范围，开展进口冷链农产品和高风险非冷链集装箱农产品核酸检测和预防性消毒工作。开展进境农产品及活动物检疫监管人员新冠肺炎疫情防护和作业培训，对《进境活动物检疫监管人员新冠肺炎疫情防护和作业指南》《进境农产品新冠疫情防控工作手册（第二版）》内容进行培训。关区口岸全年无进口冷链和高风险非冷链集装箱动植物货物。

【“国门绿盾”行动】2021年，石家庄海关印发打击非法引进外来物种和种子苗木“国门绿盾2021”行动方案，在寄递、旅客携带、跨境电商直购等非贸渠道组织开展打击非法引进外来物种和种子苗木行动，严防外来物种通过口岸入侵，维护国门生物安全。明确关区“国门绿盾2021”行动工作机制，组织分析研判形势，部署强化监管打击措施，各隶属海关强势出击，全面打击非法携带、寄递、夹带外来物种和种子苗木进境行为，严防外来物种入侵和动植物疫情传入。加强与河北省农业农村厅、河北省林业和草原局协作联动，建立部门合作机制，统筹协调打击非法引进外来物种和种子苗木等重大问题。各隶属海关在业务大厅显著位置张贴宣传海报、电子显示屏滚动播放等方式宣传国门生物安全法律法规知识、相关政策，各口岸海关在查检过程中加强对入境船员的宣传教育，提高公众国门生物安全的意识。

持续跟踪沙漠蝗、红火蚁等外来入侵物种发生动态，制发加强外来物种入侵防控工作方案的相关通知，强化组织领导和技术保障，严防外来物种入侵和动植物疫情传入。

【农产品“优进优出”】2021年，石家庄海关服务农产品供应链、产业链安全稳定，积极支持种牛、植物种子、苗木等优质动植物种质资源和粮食、木材等资源型农产品进口，保障国内消费和产业升级需求，助力产业提档升级。统筹做好强化监管与优化服务，强化进境动植物检疫审批工作，加快进境农产品检疫审批，对符合要求的申请随报随批；服务国家粮食安全大局，成立专家组对中国储备粮管理集团有限公司北京分公司4个库点的进口储备玉米倒仓整理方案进行风险评估，协助解决进口玉米储粮安全问题；研究石家庄国际陆港申请设立进境粮食指定监管场地、唐山港集团股份有限公司增加散装进境粮食指定监管场地接卸泊位的需求，提出针对性意见。全年共办理进境动植物检疫许可证1,270份；隔离检疫进境种牛12批、82,095头；检疫进境木材117.9万方、货值2.12亿美元，同比分别增长64.58%、124.3%；检疫监管进境粮食446.1万吨、货值23.66亿美元。

加快出口农产品企业注册登记，全面开展出口农产品生产、加工、存放企业注册登记网上审批工作，最大程度缩短审批时间，完成131家出口动植物及其产品生产、加工、存放企业的新增、延续、注销工作。积极向总署推荐对外注册，全年共向14个国家和地区推荐28份出口名单。助推优势农产品出口，推动鲜梨、饲料及饲料添加剂、竹木草制品、非食用动物产品等优势农产品出口，河北全年出口鲜梨26.45万吨，同比增长3.64%，惠及百万梨农。帮扶革命老区、贫困地区特色农产品出口，保定海关帮扶兰花种苗出口100.5万株，同比增长8%。

用足用好动植物疫情信息和检疫政策动态，及时掌握国内外动植物疫情动态，针对性做好动植物检疫工作。持续跟进国外动植物检疫法规变化情况，针对欧盟大幅调整饲料添加剂的管理政策，向总署报送对我国相关产业的影响需积极关注和应对的海关要情；积极跟进英国脱欧之后法规变化情况，及时向总署反馈，各隶属关按照新规出具证书，确保输英水果顺利通关；针对俄罗斯暂停进口我国核果、仁果、柑橘类水果，配合总署开展输俄水果技术资料梳理研究工作。

▲2021年9月28日，曹妃甸海关关员查验进境木材

【夯实动植检工作基础】2021年，石家庄海关动态调整动植检领域安全生产问题隐患和制度措施“两个清单”，制订进出境动植物检疫监管领域工作检查表，采取现场检查和自查相结合的方式，每季度开展1次专项督查。组织开展“安全生产月”活动，提升安全生产工作水平。制订石家庄海关疫情防控工作人员安全防护督查要点（动植物检疫），开展新冠肺炎疫情防控工作人员安全防护督导检查和培训工作。

严格落实《海关事业单位所属企业脱钩工作方案》要求，注销关区两家公司检疫处理从业单位资质。制定石家庄海关动植物检疫处理效果评价制度、石家庄海关检疫处理应急管理规定等文件，完善检疫处理监督管理工作制度体系，建立出入境检疫处理单位能进能出的动态管理机制，检疫处理监督管理工作针对性、有效性得到有效提升。

持续深化“放管服”改革，进一步规范关区进境动植物检疫审批工作，研究制定石家庄海关进境动植物检疫审批工作规范（第一版），积极向总署申请授权开展非食用动物产品检疫审批终审工作。

完成2020年度粮食安全省长责任制考核工作，配合河北省粮食和物资储备局完成2020年度粮食安全责任制省级部门抽查工作。严格检疫监管，开展关区进境粮食生产加工企业风险排查工作，开展进境大豆后续监管专项行动。充分发挥“进境粮食检验检疫管理系统”信息化监管优势，进一步做好进口粮食防疫工作。

持续做好疫情防控工作方案的修订、完善工作，各口岸海关研究制订新冠肺炎疫情防控口岸动植物检疫工作方案，切实筑牢口岸疫情防控防线。在黄骅港海关开展石家庄海关突发重大动物疫情应急演练，各隶属海关和动植处等相关职能部门共计122人参加演练，有效提升关区口岸动植物疫情应急处置能力。

落实全员培训要求，举办国门生物安全监测专题培训，提升一线人员的业务能力和执法能力。20人次入选总署植物种苗、粮食、水果、原木、食用水生动物指定监管场地审核验收专家库，其中3人当选组长。推荐1人入选总署动植物检疫舆情监测工作组、2人入选河北省农业转基因生物安全管理专家、2人入选河北省外来物种入侵防控专家。

【形成农业对外开放合力】 2021年，石家庄海关与河北省农业农村厅签署《服务乡村全面振兴　推动农业对外开放高质量发展合作备忘录》，从加强出口农产品基地建设、促进农产品进出口、加强农产品质量安全监管、加强疫病疫情及外来入侵物种联防联控、开展科研和检测技术合作、信息互通互享等方面开展合作，积极推进构建河北农业对外开放新发展格局，共同推动河北农业高水平开放和高质量发展，服务乡村振兴战略。

与河北省农业农村厅、河北省自然资源厅、河北省生态环境厅、河北省林业和草原局等部门联合印发《关于进一步加强外来物种入侵防控工作的通知》等文件，进一步提升外来物种入侵综合防控能力，有效遏制和防范重大危害外来物种入侵风险。

服务北京冬奥会，研究制订北京冬奥会进境动植物检疫监管工作方案、动植物检疫突发事件应急处置预案，抓好方案、预案的细化落实，提高涉奥动植物疫情风险研判和应急处置能力。

（撰稿人：王朝华　石　磊　朱鸿峰
陈　旭　陈向阳）

食品检验检疫

【概况】2021 年，石家庄海关认真贯彻落实习近平总书记关于食品安全的重要指示精神，全面把握“四个最严”精神内在精髓，旗帜鲜明讲政治，把做到“两个维护”转化为做好进出口食品安全的政治自觉、思想自觉、行动自觉，按照总署和河北省委省政府工作要求，统筹推进常态化新冠肺炎疫情防控和进出口食品安全监管工作，不断从政治层面细化相关业务岗位工作要求，严格落实事前准入，事中、事后检验检疫监管要求，加强风险防控，督导企业落实主体责任，做到“源头可追溯、过程可控制、去向可跟踪、信息可查询、风险可管理、安全有保障”，坚决守好国门食品安全防线，全年未发生区域性、系统性进出口食品安全风险及进出口食品安全事件。

【进口食品检验检疫】2021 年，石家庄海关关区进口食品 253 批、货值 1.2 亿美元；完成进口食品监督抽检样品 34 个，监测 353 项次，未有不合格样品检出。全年未承担进口食品化妆品安全风险监测抽样任务。针对关区某进口商在口岸环节被发现进口肠衣产品存在夹带的情况，及时在关区范围内提出了预警。

【国门安全守护行动】2021 年，石家庄海关完善南亚七国食品安全管理体系及准入研究工作方案，组织开展中国与南亚各国食品安全标准比较分析工作，形成了系统研究报告；针对印度国家食品安全与标准局发布的《食品安全与标准（食品产品标准和添加剂）首次修订法规（2021）》，发布信息提示，提请各隶属关对新增安全卫生项目予以关注。根据京津冀协同发展工作实施方案“跨关区境外食品安全法律法规共建共享”工作安排，整理印发了欧亚非部分国家食品安全监管体系研究报告和相关法律法规。

对 10 家境外输华水产企业就企业疫情防控情况和食品安全管理体系持续运行情况等开展视频检查，对后续处置情况进行评估；对巴基斯坦出口企业的冷冻熟制去骨牛肉产品准入开展分析，对启动巴基斯坦熟制牛肉输华准入程序的可行性和必要性进行评估，确保境外出口企业的产品能够满足中国的相关标准和要求。成立专项工作组完成巴基斯坦干辣椒输华风险评估工作，为总署制定巴基斯坦干辣椒准入政策提供技术支持。

开展肉类、乳品进口专班工作，提高进境动植物源性食品检疫审批工作效率，在确保国门安全的基础上加快办理速度，平均审批时限同比缩减50%；针对巴氏杀菌乳的特点，在国家准入、企业及产品注册的基础上，根据前期进口情况及风险评估结果，对符合条件企业进口的巴氏杀菌乳，在口岸实施“检查放行+风险监测”模式，进一步优化放行监管模式；对部分报关单未填写或校验境外食品生产企业注册信息的情况进行分析研判，督促做好进境食品单证审核和现场检查，严禁非准入产品和已被暂停企业的产品入境，严防重大动物疫病通过进口食品渠道传入风险。

【北京冬奥会进口食品安全保障】2021年，石家庄海关贯彻落实习近平总书记关于北京冬奥会的系列重要指示批示精神，主动对接省市两级冬奥办赛会服务协调部门，建立协调联络沟通机制，落实省市两级冬奥办工作任务，按照优化完善北京冬奥会餐饮服务相关进口业务工作计划和服务标准，制订第24届北京冬奥会进口食品与餐饮服务领域工作计划和服务标准、进口供北京冬奥会食品储存场所安全卫生要求。参与协调解决张家口奥运物流中心测试赛及冬奥会期间餐饮原料物流仓储及配送困难问题，研究讨论北京冬奥会（张家口赛区）餐饮原材料仓储物流配送全流程方案（V4版），协调解决涉及北京冬奥会筹办相关问题。组织制订了北京冬奥会进口食品监管工作方案、进口食品安全突发事件应急预案等工作制度。

抓好技术保障能力提升，拓展涉奥食品餐饮检测项目，承接地方市场监管部门对北京冬奥会期间重点食品专项抽检工作，完成161批次涉奥食品的检测任务；开展培训练兵，组织一线监管人员参加张家口市冬奥指挥部北京冬奥会（张家口赛区）食品安全突发事件应急预案等涉及北京冬奥会进口食品安全监管方面的集中演练；摸底调查张家口辖区内出口原料种植场52块，供港澳蔬菜种植基地6块，为北京冬奥会推荐餐饮原材料备选基地和备选服务商共计15家，做好北京冬奥会餐饮原材料备选基地和服务商的推荐工作；派驻食品监管人员落实赛事期间食品安全监管工作，指导张家口赛区进口食品通关、检验检疫和后续监管工作，完善相关工作方案；加强与北京、天津海关联系，做好与口岸海关在进口食品安全监管方面的衔接配合，开展协作交流，完成赛事期间食品安全监管各项准备工作；将进口供北京冬奥会食品储存场所安全卫生要求和相关进口食品监管工作方案等文件建立专门档案，积极保存北京冬奥会及测试进口食品保障过程中形成的影像资料。

【出口食品检验检疫】2021年，石家庄海关关区出口食品36,492批、货值11.5亿美元。全年实施出口食品化妆品监督抽检计划样品数287个，检验项次数1,499个，其中检出不合格样品2批，1批是出口芝麻检测铬超标，1批是花生黄曲霉毒素超标，通过进出口食品化妆品不合格信息管理系统进行了相关信息的报送。根据欧盟持续关注食品中环氧乙烷超标、输韩泡菜和腌制白菜检出部分成分超标等问题，及时对相关出口食品发布风险预警信息；通过企管部门组织对15家被国外通报的出口食品化妆品企业开展核查分析，落实预防性控制措施。

根据食品局关于调整出口动物源性食品安全风险监测计划的通知要求，对2020年度石家庄海关出口动物源性食品安全风险监测计划实施方案进行调整，按照样品分配情况，调整后风险监测计划监测样品数为336个，其中肉类产品采样数224个（包括鸡肉产品143个、鸭肉产品15个、羊肉产品21个、肠衣45个），监测项目主要为兽药、污染物、生物毒素；水产品计划采样数99个（包括养殖贝20个、野生贝6个、养殖虾13个、养殖鱼40个以及其他野生水产品20个等），监测项目主要为农兽药、污染物、生物毒素和水生动物疫病；蜂产品计划采样数13个，监测项目主要为农兽药、污染物。因前期已完成抽样样品20个，其中禽产品19个、羊产品1个，故实际完成监测样品数356个。已完成的356个监测样品除1个样品外，其他风险监测样品检测结果全部合格。不合格样品公司近两年未出口过相关产品，且监测取样的产品也不出口。虽然该公司目前无相关产品出口，但仍采取措施加强对该企业的监管，主要是监督企业严格按照技术规范处理检出疫病同批次产品、消毒养殖土池，从健康养殖要求禁用违规药物，控制养殖密度，将该企业养殖场列为下一年度重点监管对象；加强对企业养殖技术人员的培训，讲解新版进出口食品安全管理办法的要求，传播水产养殖疫病防控和消毒技术经验。

完成供港蔬菜专项检查计划采样数15个，实际完成数15个（生菜2个、胡萝卜2个、彩椒2个、大白菜3个、娃娃菜2个、绿甘蓝4个），每个样品检测项目243项，检验项次总数3,645个，检出项次18个（氰化物、镉、铬），未出现超标项目，所有检测结果均已按照要求全部录入食品化妆品安全监督抽检和风险监测管理系统并完成审核，100%完成供港蔬菜专项检查计划任务。

【帮扶指导企业】2021年，石家庄海关组织开展“走出去”企业食品进口监管工作专题书面调研，帮扶指导企业解决实际困难和问题；进一步优化口岸营商环境，优先安排进口肉类检测工作，确保进口肉类产品现场随到随验，合格立即放行；严格执行相关自贸协定关税减免政策，积极落实国家对进口肉类、乳品的相关减税降费措施，执行相关商品“两反一保”措施，维护贸易公平和国内产业利益；按照总署 2019 年第 29 号公告要求，对 20 批一线入区食品在综合保税区进行合格评定并实施分批放行，共向 71 家进出口食品企业开展政策宣贯。

【食品安全社会共治】2021 年，石家庄海关开展《中华人民共和国进出口食品安全管理办法》和《中华人民共和国进口食品境外生产企业注册管理规定》实施前的宣贯工作，对关区 316 名相关进出口食品安全监管工作人员进行专题培训。向石家庄海关辖区相关进出口企业开展宣贯，印制宣传画册 2,300 份，宣传海报 400 套。面向河北省公安厅、商务厅、市场监督管理局等河北省系统食品安全相关部门人员开展政策宣讲培训，培训 220 余人。在石家庄海关门户网站及时发布两部规章释义，通过“石家庄海关 12360”微信公众号发布《2022 年，进口食品标签新变化》和《〈进口食品境外生产企业注册管理规定〉释义解读全攻略》，面向社会开展宣传。围绕“尚俭崇信　守护阳光下的盘中餐”的主题开展 2021 年食品安全周活动，向进出口企业、消费者开展法律法规及政策、进出口食品安全知识宣讲，发放宣传材料 2,630 册，制作展板 21 块，开展线上线下宣传活动 61 次，参与人数 3,113 人次。向河北省食安委提供《河北食品安全研究报告（2021）》中有关进出口食品方面的内容，撰写《2021 年河北省进出口食品质量安全监管状况分析及对策研究》报告。配合河北省公安部门对 10 个批次、4 个品种的进口问题牛肉制品准入及检验检疫情况开展认定。

▲2021 年 7 月 2 日，石家庄海关组织开展 2021 年食品安全宣传周“食品安全口岸行”活动

【冷链食品新冠肺炎疫情防控】2021 年，石家庄海关制订进口冷链食品口岸环节新冠病毒核酸检测和预防性消毒工作操作指引、严防新冠病毒污染食品输入应急处置预案等制度，组织对隶属海关进行进口冷链食品新冠病毒核酸检测和预防性消毒最新版作业指导书、疫情防控最新要求等内容的培训。组织隶属海关开展核酸检测、预防性消毒、检出阳性应急处置等各环节演练，编制了石家庄海关进口冷链食品应急处置演练脚本，在关区范围内组织开展了 2 批次疫情防控应急处置演练，1 次综合现场演练。落实进口冷链食品安全监管人员封闭管理要求，按照石家庄海关关于做好关区进口冷链食品安全监管工作人员封闭管理的通知要求开展工作并强化

▲2021 年 3 月 25 日，石家庄海关组织开展进口食品新冠肺炎疫情防控应急处置演练

督导检查，对石家庄关区进口冷链食品安全监管岗位工作人员严格实施“14+7+7”封闭管理。参与总署组织的源头管控工作，牵头组织和参与境外输华水产企业的疫情防控情况与食品安全管理体系运行情况的视频检查 37 人次。

（撰稿人：万顺崇　师文杰　吕红英　朱金娈　李树昭　李晓龙）

商品检验

【概况】石家庄海关树牢总体国家安全观，认真贯彻落实习近平总书记关于安全生产和打击“洋垃圾”的重要指示精神，锲而不舍、一以贯之，旗帜鲜明讲政治，将禁止“洋垃圾”入境作为海关工作的重中之重，突出管控常态化机制建设，强化全链条监管，筑牢商品检验口岸防线；统筹推进常态化高风险非冷链商品新冠肺炎疫情防控，加强进出口商品检验安全风险评估、预警和安全风险应急处置，强化关区进出口危险品及其包装检验监管，组织开展危化品应急处置演练；实施许可制度的进口商品验证职能管理，落实国家实行许可制度的进口商品验证工作；组织法定检验商品数量、重量鉴定等工作。

【进口矿产品、原油、棉花检验】2021 年，石家庄海关严格执行总署关于调整进口铁矿检验监管方式的通知和总署关于调整部分进口矿产品监管方式的公告要求，对部分进口矿产品、原油等继续实施“先放后检”，进口铁矿、棉花品质依申请检验等改革措施。对上述货物靠岸即登轮施检、卸毕立即放行，包括货物靠岸即实施卫生检疫、外来夹杂物检疫、放射性检测、水尺计重；在卸货过程中实施外观检验、固体废物属性初筛、抽样送检；放行后实施实验室制样、检测、综合评定及签发证书。

施行“先放后检”模式后，企业和港方反响良好。对进口企业而言，货物流转加快，资金链周转的提速，大大节省了综合通关成本，使企业有更多的资金用以投入到环保、研发和市场拓展；对港口运营企业而言，货物运转效率的提升，直接提高了港区堆场的货物周转能力，降低了船舶压港时间，相对提高了库容量，提高了码头堆场利用率，有效保障了企业生产的持续性。

全年共计实施“先放后检”进口铁矿 3,101 批、重 24,466.42 万吨、货值 379.30 亿美元，其中依企业申请品质检验 2,746 批、重 22,443.35 万吨、货值 350.69 亿美元，平均验放时长为 3.77 天，为企业节省费用 12,645.73 万元；进口原油 117 批次、重 1,177.61 万吨、货值

56.32 亿美元，平均验放时长为 2.58 天，为企业节省费用 1,375 万元；进口棉花依申请检验 33 批次，为企业至少节省 6.6 万元。

【进口机动车检验】 2021 年，石家庄海关辖区只有曹妃甸口岸进口机动车，曹妃甸海关严格按照总署工作要求开展进口机动车检验监管工作。进口机动车包括汽车和摩托车，进口汽车均为平行进口车，车型有越野车、多功能乘用车等，品牌涉及勇达行、戴纳肯、德宝、思虎等；进口摩托车车型为复古踏板型，品牌为罗莉奥利。全年检验进口汽车 41 批、55 辆、货值 2,331 万元；检验进口摩托车 4 批、456 辆、货值 808 万元。

▲2021 年 12 月 8 日，曹妃甸海关关员对进口奔驰 GLS 450 越野车进行查验

【进口大宗散商品重量鉴定】 2021 年，石家庄海关共完成进口重量鉴定 3,950 批、重 23,307.34 万吨、货值 330.11 亿美元；未申请重量鉴定 786 批次、重 3,952.32 万吨。产品主要有铁矿、铜精矿、原油、煤炭、LNG 天然气、大豆、玉米等。发现短重 2,199 批、短重 34.59 万吨，出具鉴定证书 3,021 份，帮助企业挽回损失约 5,312.05 万美元，维护了企业利益，防范了重量鉴定领域的贸易欺诈。

【进口商品固体废物筛查】 2021 年，石家庄海关持续保持打击“洋垃圾”高压态势。对隶属海关开展了进口矿产品疑似固体废物初步筛查专项远程检查，撰写了相关进口矿产品疑似固体废物初步筛查专项远程检查情况的报告，并向隶属海关下发了检查的情况通报和商检处、监管处关于开展口岸隶属关初筛规范落实情况自查、督查的通知，要求隶属海关针对检查中发现的问题认真梳理和制定具体整改措施，坚决杜绝监管隐患，每季度抽查隶属海关落实情况，对不符合规范的督导立行立改。

【进口煤炭检验】 2021 年，石家庄海关强化煤炭检验监管，落实宏观调控要求，对氟超标的 8 批、30.1 万吨进口煤炭实施退运；根据总署商检司要求，开展了氟含量测定标准比对工作，按照总署相关函件的要求，承办有关进口煤炭氟含量对比实验和数据差异验证工作。

选定煤炭检测国家重点实验室、海关系统煤炭实验室检测联盟牵头单位——秦皇岛海关煤炭检测技术中心为本次比对实验的牵头实验室，制订科学合理、清晰完备的工作计划，比对实验样品分别由大连、石家庄、青岛、南京、黄埔等我国主要煤炭进口关区提供，根据煤炭进口来源地、关区和煤炭种类的不同，筛选出18种煤炭样品作为本次比对实验计划样品。由秦皇岛海关煤炭检测技术中心、曹妃甸海关实验室、鲅鱼圈海关实验室3家具备ISO 11724—2019检测能力的实验室开展ISO标准检测，由秦皇岛海关煤炭检测技术中心、青岛海关技术中心、日照海关综合技术中心、太仓海关技术中心、黄埔海关技术中心、天津海关化矿金属材料检测中心、唐山海关综合技术服务中心、京唐港海关技术中心、鹤岗煤炭和石墨烯检测实验室9家在历年参加海关系统煤炭检测能力验证活动煤中氟含量测定结果满意的实验室开展GB/T 4633—2014协同实验检测工作。比对结果显示煤炭氟含量检测采用ISO 11724—2019标准检测数值比采用GB/T 4633—2014略低，数值差异小于不确定度规定的15%范围，并且检测结果不受煤炭样品国别和种类影响。

【出口化肥检验】2021年，石家庄海关要求各隶属关要站在维护总体国家安全观的高度，提高认识，加强领导，以“真抓实干，马上就办”的态度狠抓落实，全力做好本辖区出口化肥检验工作，为国内化肥保供稳价作出贡献。

对总署《关于调整必须实施检验的进出口商品目录的公告》（海关总署公告2021年第81号）明确的29个10位海关商品编号下的出口化肥实施法定检验，产地海关进行属地检验，100%取样送检，根据实验室检测报告结果开展合格评定，评定合格的签发电子底账。口岸海关对报关的经检验合格的出口化肥按有关规定放行。为切实执行总署检验监管要求，关区出口化肥样品统一送石家庄海关技术中心检测。

积极宣传，引导企业发挥社会责任。按照《关于做好今后一段时间国内化肥保供稳价工作的通知》（发改经贸〔2021〕1351号）文件精神宣贯和解释，督促、引导化肥生产企业切实发挥社会责任，全力保障国内市场供应。组织落实出口化肥纳入法检工作，共检验出口化肥40批、重1.4万吨、货值892.45万美元。

【出口不合格商品调查】2021年，石家庄海关对欧盟通报的2起出口商品质量安全不合格情况进行了调查，其中1起商品因有害元素超标已被欧盟通报并销毁，1起为商品物理机械性能不符合欧盟标准，并将调查情况上报总署；受理出口退运货物调查83票，其中车辆及相关零部件60票、轻工产品7票、其他钢铁制品3票、机电产品7票、玻璃制品2票、化工产品4票，退运主要因为产品质量不符合标准或合同要求，未发现涉及安全、卫生、环保项目不合格；严打假冒伪劣产品4起，涉案商品为手提包、鞋，案值20.67万元，对4起出口假冒伪劣案件进行立案调查，并处罚款3.11万元。

【进出口危险品及其包装检验】2021年，石家庄海关深入贯彻落实党中央国务院关于安全生产决策部署，按照总署有关安排，进一步压紧压实责任，及时更新修订出口危险化学品检验操作规范等5个制度；强化完善全链条监管机制，制订石家庄海关进出口危险化学品和危险货物及其包装检验监管联控方案，建立进出口危化品事前、事中、事后监管体系，切实保障口岸和公共安全；制发石家庄海关关于明确进出口危险品检验监管“五级安全责任”的通知，明确石家庄海关党委、各职能处室、隶属关党委、查检科室、查检人员“五级责任”清单，将危化品安全监管责任明确到每一层级、传导到每一个末梢、压实到每一个岗位，实现关区进出口危险品检验监管各层级、全链条、闭环式管理。

打击防范危险品伪瞒报，筑牢安全防火墙。联合上海海关、乌鲁木齐海关对出口乳油类农药危险化学品伪瞒报、高危低报情事进行调查研究，提出合理化建议并呈报总署。联合风控部门拦截一批1,200吨未申报出口检验的危化品“六水硝酸镁”。

开展进出口危险品及其包装检验监管基础数据统计工作，动态更新关区“三单一库”（石家庄关区涉及《中国严格限制的有毒化学品名录（2020）》产品清单、石家庄关区涉及《重点监管的危险化学品名录》商品清单、石家庄海关进出口危险品及其包装企业清单、石家庄关区进出口危险品及其包装基础数据库），做到底数清、情况明、全覆盖，进一步提升安全生产保障能力水平。

▲2021年12月30日，正定海关关员对出口危险货物包装开展性能鉴定

加大对危险品生产经营企业政策宣贯力度，牢固树立企业“安全生产第一责任人”理念，督促企业加强安全生产风险隐患排查整治，通过“钉钉”平台直播的形式，对100余家危险品生产企业进行培训；加大政策研究力度，提高专业水平。承办了《创新安全监管理念提升进出口危险品及其包装安全风险管控能力研究》这一署级课题研究，组织撰写进出口危化品主要技术贸易简介，并在总署“12360服务”微信公众平台发布；加强对新开验危险化学品的业务指导。指导正定海关和曹妃甸海关对出口的二甲酚和间对甲酚、环丙甲醇和二甲基硅氧烷混合环体等开展查验工作，指导京唐港海关对进口粗苯按规定要求开展进口危化品查验工作。全年检验出口危化品 10,854 批次、5,303 万吨、11.28 亿美元；检验进口危险品 201 批次、1,781.49 万吨、93.47 亿美元；查获未申报危险品 1 批并做罚款处理。

【高风险非冷链商品新冠肺炎疫情防控】 2021 年，石家庄海关持续跟踪非冷链重点商品新冠肺炎疫情防控风险监测情况，成立了商检业务条线疫情防控安全防护领导小组，督促指导各隶属海关做好预防性消毒、高风险商品采样以及本业务条线的个人安全防护工作；起草制订了口岸环节监管业务操作手册中涉及商检业务条线新冠病毒采样和预防性消毒的内容；制订了石家庄海关进口高风险非冷链集装箱货物口岸环节疫情防控工作方案、石家庄海关严防新冠病毒污染进口高风险非冷链商品输入应急处置预案，并指导隶属海关制订相关应急处置预案，组织开展应急演练，通过视频方式对隶属海关口岸一线高风险非冷链集装箱现场检测采样和预防性消毒工作进行检查，对一线现场作业防护不规范情况指导督促整改。

【商品质量安全风险监测】 2021 年，石家庄海关开展京津冀区域进出口商品质量安全风险合作，按照京津冀协同发展任务分工，制订建立京津冀三地海关跨区域风险信息采集共享和预警机制工作计划，下发了相关通知，联合北京海关、天津海关开展京津冀区域进出口商品质量安全风险信息交流共享，采集质量安全风险要素形成典型案例。全年京津冀三关共享进出口商品质量安全风险信息 1,217 条，梳理典型案例 10 起；对欧盟通报的 2 起出口商品质量安全不合格情况进行调查，将相关调查结果反馈总署；开展因产品质量不符合标准或合同要求的出口货物退运调查 83 票，未发现涉及安全、卫生、环保项目不合格；录入并提交相关进出口质量安全不合格信息 1,923 条。

【法定检验商品以外的进出口商品抽查】 2021 年，石家庄海关组织开展法定检验商品以外进出口商品抽查检验 10 批次，检出不合格 6 批，不合格率为 60%。出口商品抽查检验商品主要有机电、轻纺两大类。机电类 1 批，抽查商品为节日灯串，检测合格。轻纺类 9 批，检出不合格 6 批，不合格率为 66.67%，其中儿童自行车 5 批，经检测均不合格，检出不合格项目 18 项次（安全类 8 项次、说明类 10 项次）；电动玩具 1 批，经检测不合格，检出不合格项目 10 项次（电性能 5 项次、物理机械性能 5 项次）；竹木玩具（儿童乐器）1 批，经检测合格；塑料食品接触产品（塑料餐具）2 批，经检测合格。

对检验不符合标准要求的抽查样品，经合格评定判定该商品不合格的，向出口企业签发进出口商品风险监测结果通知单，将检测结果告知生产企业，并约谈相关企业负责人。因企业无法进行技术处理的，按照《中华人民共和国进出口商品检验法》及其实施条例、《进出口商品抽查检验管理办法》相关规定，对所有涉及不合格批次的商品均作“不准出口”处置。

（撰稿人：王家伟　屈志鹏）

口岸监管

【概况】2021年，石家庄海关口岸监管工作以习近平新时代中国特色社会主义思想为指导，深入学习贯彻党的十九大及十九届历次全会精神，全面加强党的领导，增强“四个意识”、坚定“四个自信”、做到“两个维护”，深入推进“五关”建设（政治建关、改革强关、依法把关、科技兴关、从严治关），持续深化改革攻坚，夯实监管基础，坚决履行口岸监管职责。着力提升口岸监管制度创新和治理能力建设水平。严格落实口岸货物检查作业制度，坚决贯彻落实总体国家安全观，持续加强关区口岸监管环节反恐怖工作，严禁“洋垃圾”进境。不断加强物流管理系统监控，推进监管作业场所优化整合，做好监管作业场所达标建设和日常监督管理。坚持推广应用海关业务运行监控指挥平台，促进关区口岸监管业务规范开展。全面做好安全生产工作，切实履行监管主体责任。全力做好疫情防控工作。做好应对首都机场国际航班分流航班备降工作，指导各水运口岸继续落实好总署各项疫情防控要求，落实总署关于进出境运输工具、人员监管要求，及时指导现场进一步强化水运口岸运输工具登临检查工作，统筹协调“挑毛病”专家组开展工作，严防疫情传入。优化营商环境，服务构建新发展格局。做好北京冬奥会筹办工作，做好中欧班列监管服务，推进市场采购贸易通关一体化模式，支持石家庄市设立国际邮件互换局（交换站）。

【运输工具监管】2021年，石家庄海关落实总署关于进出境运输工具监管各项要求，依布控指令开展登临检查。加强进出境运输工具舱单管理系统的数据监控，密切关注进口超期3个月未申报舱单的处置。各口岸海关一线登临检查作业人员从严就高开展安全防护，严格落实防护监督制度，确保所有入境人员卫生检疫岗位工作人员纳入封闭管理。全年监管进出境船舶5,617艘次，进出境航空器30架次，依指令开展登临检查3,298次，接受进出口舱单申报41,371票。

【货物监管】2021年，石家庄海关严格落实口岸货物检查作业制度，落实疫情防控要求，做好安全防护，指导隶属海关做好口岸货物检查作业。对进口危化品、再生金属等重点敏感货物口岸查验，全年关区实施口岸事中查验 6,006 票，其中机检查验（含机检转人工）341 票，查验发现异常移交综合处置部门 145 票。落实口岸事中查验“双随机、一公开”和“选、查、处”分离制度，按照总署部署推动矿产品现场固体废物排查仪新型监管装备使用见效，规范查验移动单兵、音视频执法记录仪等查验装备佩戴使用，实时音视频检查和事后单证抽查。

▲2021 年 7 月 12 日，曹妃甸海关关员在对进出口矿产品实施口岸环节货物检查

【跨境电商】2021 年，石家庄海关按照“包容、审慎、创新、协同”的监管理念，全力保障跨境电商河北发展。深入推进跨境电商进口走私“断链刨根”专项整治行动。健全组织机构，成立“石家庄海关打击跨境电商进口走私‘断链刨根’专项整治行动领导小组”，研究制订关区行动方案；加强监管作业场所巡查，对关区 7 个业务现场相关场所开展专项检查，检查中发现 11 个问题全部整改完毕；强化网购保税货物实货监管，建立每月不少于 3 次的抽核制度，对入区跨境电商货物要求企业提供理货报告。B2B 直接出口模式在河北落地。针对跨境电商新业态发展特点，制订石家庄海关开展跨境电子商务企业对企业出口监管试点工作方案，发布石家庄海关跨境电商企业对企业出口监管（B2B）试点作业指南，明确关区跨境电商出口海外仓业务备案材料及流程。7 月 1 日，河北首票 B2B 直接出口模式货物在曹妃甸海关监管下顺利通关，标志着河北跨境电商迈入新发展阶段。全年完成出口海外仓企业备案 6 家，“1210”监管模式跨境电子商务零售进口二线出区清单 1,027,790 票，同比增长 494.44%；货值 9,252.58 万元，同比增长 319.47%；征收税款 889.53 万元，同比增长 325.71%。

【场所监管】2021 年，石家庄海关持续加强对海关监管作业场所日常监督管理，提升监管作业场所规范化管理水平。组织开展对监管作业场所和现场海关的监督检查，加大对监管作业场所实地巡查力度，持续对监管作业场所开展全面安全隐患排查工作，及时发现问题并责令现场海关整改。进一步深化“放管服”改革，结合关区实际，石家庄关区“海关监管货物仓储”行政审批权限自 10 月 1 日起下放至各隶属海关，全年办理监管作业场所注册 2 个、变更 7 个、注销 1 个。对关区指定监管场地规范管理，理顺职责分工，提高工作效率。出台关区明确指定监管场地有关工作通知，提出相关工作要求。

【智能审图】2021年，石家庄海关以提升关区监管能力和效率为目标，为关区专用查验装备和监管场景赋能，提供强大而稳定的智力支持。充分发挥集中审像中心H986集中审像优势，对曹妃甸海关H986设备智能审图应用。全年集中审像中心应用H986智能审图开展审图作业16票，其中11票未见异常直接放行，5票无法确定转人工查验。主要货物有再生铜原料、机车等。

【海关口岸监管环节反恐】2021年，石家庄海关紧密围绕中国共产党成立100周年、北京冬奥会等重要、敏感时间节点的政治保卫工作，做好海关口岸监管环节反恐维稳。举办关区口岸监管环节反恐怖工作专题培训班，在京唐港组织开展石家庄海关核辐射突发事件应急处置演练，提高一线关员反恐意识和能力。全年关区组织开展涉恐突发事件应急处置演练19次。持续开展核生化有害因子监测和打击整治枪爆违法犯罪有关工作。全年关区查发处置核辐射超标情事2起。

【口岸环节疫情防控】2021年，石家庄海关落实总署各项疫情防控要求，开展督导检查，做好疫情防控个人安全防护工作。全面梳理口岸新冠肺炎疫情防控工作人员个人防护指南，参与起草石家庄海关口岸新冠肺炎疫情防控工作人员个人防护工作手册，指导隶属海关严格落实好新冠肺炎疫情防控要求。牵头负责监督入境人员卫生检疫岗位工作人员封闭管理检查工作落实。制发监督检查清单，督促现场落实并及时更新完善清单内容。开展对现场封闭管理自查的督促检查，督促现场认真落实好封闭管理相关要求。针对卫生检疫岗位工作人员封闭管理要求的落实情况组织现场开展重点自查。设立关区“封闭管理问题清单汇总”台账，完善检查清单，推动口岸海关从严从细落实封闭管理各项要求。指导各隶属海关按照口岸事中查验指令，落实进口冷链食品和非冷链集装箱货物新冠病毒采样和预防性消毒处理监督工作。全年关区共命中高风险非冷链集装箱货物6票，全部严格按布控指令要求进行采样和预防性消毒监督，检测结果全部为阴性。强化职能监控，督促现场运输工具登临作业音视频执法记录仪的管理使用，利用指挥中心监控平台加强登临作业和现场个人防护视频检查，对发现的疑似问题，经专家确认后及时通报隶属海关开展整改，规范现场操作。成立石家庄海关口岸作业现场疫情防控措施落实情况视频监控检查“挑毛病”专家组，认真执行总署监控指挥中心下达的疫情防控“7×24小时”备勤任务，参加总署应急演练8次。全年各口岸现场累计受理纸质健康申明卡120,429份。其中，受理入境纸质健康申明卡68,714份，受理出境纸质健康申明卡51,715份。完成报送水运口岸入境船舶预报信息267期。

【安全生产工作】2021年，石家庄海

关学习贯彻习近平总书记关于安全生产重要论述，落实习近平总书记关于“管行业必须管安全、管业务必须管安全、管生产经营必须管安全”的安全生产监管责任要求，把贯彻落实习近平总书记关于安全生产重要论述作为学习重点，推动关区安全生产工作走深走实。组织党委中心组集中观看习近平总书记关于安全生产重要论述《生命重于泰山》电视专题片。将学习贯彻习近平总书记关于安全生产重要论述纳入各级党委班子学习和干部培训内容，利用“三会一课”等形式引导党员干部进一步加深对习近平总书记关于安全生产重要论述的理解，把确保人民生命安全放在第一位落到实处。将《生命重于泰山》发布到“钉钉”平台，组织关区各单位部门开展专题学习，计入个人年度学时。以高度讲政治的责任担当全力抓好安全生产工作。梳理并印发涉及7大类共44项石家庄海关安全生产专项整治三年行动突出问题隐患清单和33项石家庄海关安全生产专项整治三年行动制度措施清单。印发石家庄海关关于建立安全生产监督检查机制的通知，健全完善石家庄海关安全生产长效机制。明确职责任务，根据总署相关要求，成立了石家庄海关安全生产工作领导小组，下设办公室和9个专项工作组，严格落实关区安全生产各项工作任务。健全落实安全生产责任制。全面强化党委主体责任，推动关区安全生产工作建章立制，印发了石家庄海关安全生产领导小组工作机制和工作主体责任清单，为关区安全生产工作提供制度保障。明确安全生产各业务领域重点内容和主要依据，更新完善了各业务领域安全生产工作相关文件制度，并将其整理汇编成册。印制石家庄海关安全生产工作相关文件制度汇编并下发。开展关区进出口危险化学品监管措施落实情况跟踪督察，分步开展现场自查、职能部门检查、督审部门督察，协调相关职能部门组成实地督察组对部分隶属海关的危化品工作进行了现场督察。认真贯彻落实总署关于安全生产的工作部署。印发石家庄海关2021年安全生产工作要点，细化33项工作职责分工，各项安全生产工作均紧紧围绕三年行动实施方案和工作要点组织开展。6月1日至30日组织开展了关区“安全生产月”和“安全生产万里行”活动。以“安全生产月”为契机，观看专题片，组织学习竞赛，开展应急演练，部署专项检查和走访地方单位等多种形式深入系统宣传贯彻安全生产工作。开展关区安全风险隐患排查整治工作，采取各隶属海关自主排查整治，相关职能部门督导检查的方式，于6月18日至“七一”前开展了关区安全风险隐患排查整治工作，系统全面地对关区8大重点领域认真开展了排查整治。突出重点领域，压实责任链条，强化风险防控，彻底排查隐患，确保将发现的问题整改到位，为迎接中国共产党成立100周年营造安全稳定环境。面向全关区开展典型案例征集活动，深化关区“以案说法”安全生产典型案例教育；营造安全生产遵法、学法、守法、用法的浓厚氛围，提升全员安全生产法律意识。

【支持中欧班列发展】 2021 年，石家庄海关积极支持中欧班列枢纽站点建设，积极回应企业诉求，加强联系配合，做好中欧班列监管服务。完成泰通国际运输有限公司铁路运输类海关监管作业场所验收，开展中欧班列海关监管政策宣讲，指导企业使用转关模式开展中欧班列运输业务。全年监管及接受申报的中欧班列共开行 228 列，涉及 21,835 标箱、17.73 万吨、6.57 亿美元。冀中南智能港在已有俄罗斯莫斯科、俄罗斯斯博尔纳亚、乌兹别克斯坦塔什干三条出境线路实现常态化运行的基础上，目的地新增德国汉堡、杜伊斯堡，开行范围进一步向中东欧国家延伸。7 月新增京唐港始发经二连浩特、满洲里出境到达俄罗斯沃尔西诺的出境班列，均在石家庄海关一体化申报，口岸清关。

（撰稿人：杨飞飞　张田心　张亚鹏
姚月晔　贾智娴　郭发强
黄文丽）

统计分析及政策研究

【概况】2021 年，石家庄海关以习近平新时代中国特色社会主义思想为指引，以习近平总书记对统计工作的重要讲话和重要指示批示精神为引导，全面落实总署和石家庄海关工作部署，全面贯彻“数据+研究”工作理念，全力推进关区统计分析及政策研究工作，取得了丰硕成果。全年中国外贸出口先导指数填报率、及时率均达到 100%。业务统计数据和贸易统计数据均及时完成上报。全年组织完成河北省进出口专报以及专题型分析研究报告 17 篇，向总署上报监测分析文章 77 篇，其中，被总署相关刊物采用 9 篇。石家庄海关牵头的“创新安全监管理念　提升进出口危险品及其包装安全风险管控能力研究”署级课题研究任务首次成功立项，并如期完成。

【调查调研】2021 年，石家庄海关发挥统计调查“直通车”“信息源”作用，扎实做好统计调查调研工作。按月完成 12 个月中国外贸出口先导指数报送工作，石家庄关区样本企业 58 家，逐月及全年填报率、及时率均达到 100%；积极开展对出口先导指数调查数据的分析研究工作，全年共向总署统计司上报中国外贸出口先导指数石家庄关区样本企业调查情况报告 3 篇；完成 2020 年全年及 2021 年上半年跨境电商平台统计调查工作，指导隶属海关对关区共 16 家跨境电商企业进行清查，核实问卷信息上报；完成 5 年一次的进口货物使用去向调查工作，对石家庄关区 33 家样本企业开展清查，检查企业填报数据并上报总署；按时完成各类临时性调研任务。防护服出口情况调研、天然气法定计量单位调研、子目 901920 产品调研，加强统计基础工作调研等。

【制度方法及参数维护】2021 年，石家庄海关完成国内地区代码等各类统计参数维护工作，并参与总署统计制度方法修订。积极参与总署集中工作，完成海关统计相关调查实务手册部分章节的审校工作；完成秦皇岛综合保税区国内地区代码和海关统计经济区划代码增设工作；根据国家口岸管理办公室关于请核实国家对外开放口岸与其监管部门管理代码对应关系函的要求，协助办公室完成核对关区代码工作；完成海关统计月报地区口径核定工作，境内目的地、货源地代码调整工作；积极配合北京海关开展大兴国际机场综合保税区国内地区代码及海关统计经济区划代码设置工作；完成出口先导指数调查作业规范、海关统计商品目录2022年版征求意见工作。按照总署相关文件规定开展对社会公众数据咨询服务，耐心解答社会公众提出的数据咨询问题，并按文件规定提供数据服务10余次。

【业务统计数据】2021年，石家庄海关及时完成关区业务统计数据审核上报工作。每月3日之前审核上报业务统计（含检验检疫）数据3万余条，确保关区业务统计数据准确。就海关业务统计工作管理办法（初稿）征求相关职能处室、隶属海关意见建议，海关业务统计工作管理办法印发后，第一时间进行学习，按文件要求开展工作。

【业务统计分析】2021年，石家庄海关深入开展关区业务统计分析工作，向总署报送多篇业务统计分析报告。针对关区业务情况，选择工业品进出口、保税仓库发展等具有代表性的工作，撰写了6篇业务统计分析报告。每月对关区货运量、集装箱等重点指标变化进行月度监测分析，形成监测分析报告。编辑石家庄海关业务统计工作交流6期。梳理、分析业务统计数据审核过程中发现的问题，提出相关意见建议，编辑石家庄海关业务统计监督信息12期。根据总署通知要求，向统计司报送石家庄海关中欧班列业务运行相关情况。

【报关单数据审核】2021年，石家庄海关充分发挥数据审核职能管理作用，依托关区报关单数据审核工作机制，每月审核报关单数据超万票。不定期整理汇总数据审核经常使用的海关相关公告及执行规定，归纳汇总关区错误报关单实例，组织指导兼职统计人员认真学习。结合各业务现场报关单申报情况，在严格按照海关业务数据安全管理要求、关区疫情防控要求的前提下，统筹多种手段通过远程、线上沟通等方式有针对性地提升兼职统计人员数据审核能力和技巧，保障关区报关单数据质量，向关区通报报关单数据质量审核情况的报告。按月度定期在石家庄海关外网发布河北省外贸统计数据。按照总署文件要求，满足关区及地方政府部门对河北省企业级外贸数据需求，在严格按照海关业务数据安全管理要求下，组织开发河北省外贸企业进出口数据提取程序，现已正常使用。

【单证档案管理】2021年，石家庄海关加强关区报关单单证档案管理的检查指导，持续做好报关单单证档案管理及查询工作。根据进出口纸质报关单证档案相关管理办法，监督、检查、指导各隶属海关纸质报关单证档案管理工作，在关区开展报关单证理单及档案自查，按规定及时开展年度关区纸质报关单证档案销毁工作，保证报关单证档案管理安全。接受企业咨询、协助各职能部门调取报关单。

【数据安全宣贯】2021年，石家庄海关强化数据安全法律法规文件的学习宣贯，全面做好关区海关数据安全管理。强化海关业务数据安全管理，确保数据使用安全可控，组织关区继续认真学习加强海关业务数据安全专项行动动员部署视频会议文件专辑等文件，持续推动业务数据安全管理工作贯彻落实，坚决维护国家安全和发展利益。严格落实总署要求，进一步做好《中华人民共和国数据安全法》学习宣传贯彻工作，对前期组织学习宣传贯彻情况进行总结和提炼，并报送统计司，通过相关载体刊发。

【数据安全审核】2021年，石家庄海关参与海关业务数据分级，做好数据安全前置审核和对外发布安全核查工作。对全国海关向境内、境外提供调查项目共365项5,184个字段进行项目类型分类并初步定级。按照海关业务数据安全专项行动组海关业务数据安全管理工作机制要求，积极参与相关工作。对总署企管司海关属地查检业务管理系统项目建议书等4个署级系统进行数据安全合规情况前置审核工作。执行全国互联网海关业务数据提前发布情况安全核查任务，安全核查涉及满洲里海关、西宁海关、青岛海关等3个海关。作为全国海关统计数据质量控制中心创新中心小组成员，开展相关工作。

【署级课题研究】2021年，石家庄海关参与2项署级课题研究，并首次实现署级课题牵头立项。根据总署统计司关于开展2021年度署级课题研究工作的通知要求，石家庄海关参与了2项署级课题研究任务，分别为：首次作为牵头海关承担《创新安全监管理念　提升进出口危险品及其包装安全风险管控能力研究》和参与广州海关牵头的《我国部分区域外贸竞争力研究》。石家庄海关牵头的《创新安全监管理念　提升进出口危险品及其包装安全风险管控能力研究》首次成功立项，并如期完成，课题研究报告精简版在总署相关载体刊发，为全国9个署级课题之一。该课题由正定海关申报，石家庄海关牵头，上海、青岛、天津海关参与完成。关区课题组由正定海关、统计处、商检处、风控分局、石家庄海关技术中心等单位部门组成。

【关级课题转化】2021年，石家庄海关圆满完成关级课题研究及成果转化。全年石家庄海关自主立项关级课题2个——由关税处牵头，法综处、统计处、鹿泉海关等参与完成的《RCEP对河北省经济影响分析研究》；由正定海关牵头，督察内审处、唐山海关等参与完成的《隶属海关执法领域内部控制研究》。其中《RCEP对河北省经济影响分析研究》课题研究成果转化为《石家庄海关关于RCEP关税减让及海关通关便利措施实施准备工作的报告》，获省领导重要批示。

【统计分析研究】2021年，石家庄海关持续加强贸易统计分析研究，完成多篇监测分析报告，做好宏观经济研究。落实总署贸易分析研究机制，充分发挥海关进出口贸易统计监测分析职能，以及关区全球贸易监测分析小组作用。积极参与总署全球贸易监测分析，编报全球贸易监测日报8期，完成我国与希腊国家贸易分析短文复核1篇；承担总署重点分析研究任务，完成总署部署的重点商品进出口专项调研工作；承担总署重要商品进出口异动监测工作任务，按照总署任务分工，完成全国煤炭进出口情况月度监测分析报告3篇；参与完成总署《“十三五”期间中国对外贸易发展报告》京津冀篇编写工作。参与总署全球权威机构组织观点跟踪小组工作，翻译整理外文报告2篇。参与总署全国宏观经济研究工作，按照总署任务分工，完成全国钢材市场月度宏观分析报告12篇。全球贸易监测分析和全国宏观经济研究工作，为国家宏观经济调控、对外贸易发展和海关改革发展提供了决策参考。

【贸易监测分析】2021年，石家庄海关深入开展贸易监测分析，分析成果被上级机关采用多篇，更好地服务各级领导决策。密切关注国内外经贸重点热点问题，根据总署要情选题，结合河北省和关区自身特点，以及进出口月度数据变化，重点围绕疫情对河北省外贸的影响，有针对性地对重点商品、重点国别、重点区域开展监测分析，报送选报信息77篇，被办公室采用45篇，被省委省政府采用13篇，编制海关统计监测分析并向总署上报监测分析文章77篇，其中，被总署相关刊物采用9篇。贸易监测分析以及政策建议的提出，为服务各级领导决策作出了海关应有的贡献。

（撰稿人：王拴科　任晓爽　杜乐乐　狄　萌　贾权公）

企业管理和稽查

【概况】石家庄海关企业管理和稽查工作坚持以习近平新时代中国特色社会主义思想为指导，深入学习贯彻党的十九大及十九届历次全会精神，增强“四个意识”、坚定“四个自信”、做到“两个维护”，准确把握新发展阶段，深入贯彻新发展理念，服务构建新发展格局。全年工作坚持以“智慧企管”建设为抓手，以服务“双循环”发展为重点，深化“放管服”改革，发挥后续监管效能，扎实开展“现场监管与外勤执法权力寻租”专项整治工作，完善风险防控机制，推动企管工作高质量发展。扎实开展党史学习教育活动，坚持把“我为群众办实事”实践活动作为“学史力行”根本点，为企业办实事解难题。

【企业管理】2021年，石家庄海关落实“放管服”改革，持续优化企业管理。全年新备案报关单位5,669家，注销2,096家。持续优化企业备案，4月30日起，落实“报关企业注册登记”行政审批改为备案管理，报关单位全面实施备案制。全年共办理出口食品生产企业备案101家，注销42家，累计备案出口食品生产企业886家；完成对欧盟、日本、巴西、韩国、中国香港等国家（地区）出口食品生产企业对外推荐注册28家，助力河北省优质出口食品生产企业“走出去”，其中某海洋食品有限公司对欧盟推荐注册渔船工作为河北省首次。全年备案出口食品原料种植场56家、食品原料养殖场37家、进口食品进口商122家。

第一时间回应外贸企业诉求，在严格把关的基础上，助力企业纾困解难。新冠肺炎疫情期间创新工作方式，全年共有19家出口食品生产企业采用“云评审”不见面方式开展对外推荐工作，其中“石家庄海关‘云评审’开展远洋渔船对外推荐注册”事项，为企业节约成本近百万元，被评为石家庄海关“我为群众办实事”实践活动优秀案例。贯彻落实“放管服”改革、保外贸市场主体的同时，坚持放管结合并重，持续做好报关单位营业执照注销、吊销状态管理工作。全年核实1,350家在市场管理部门已注销、吊销企业，依法注销1,347家海关报关单位备案。

实地开展信用培育和政策宣讲。制定石家庄海关企业信用培育工作管理办法，对“一带一路”重点企业、中国—中东欧（沧州）中小企业合作区内企业、外贸综合服务企业、重点特色农产品生产企业（出口鲜梨和肠衣企业）等行业104家重点企业分片区开展AEO认证优先企业培育。助力中国—中东欧（沧州）中小企业合作区健康发展，组织园区16家企业召开信用政策宣讲会。举办企业信用管理宣讲会，共计培训350家企业。

高效开展企业认证工作。全年共接收10家企业高级认证申请，8家企业通过认证，其中外贸综合服务企业通过1家，农产品企业通过3家。3家高级认证企业通过重新复核，全年动态调整企业信用管理类别100家。对329家存量一般认证企业建立企业台账，组织开展企业认证政策新规对照解读宣讲。通过调研宣传，共有46家原一般认证企业有意愿申请成为高级认证企业，对已具备条件的3家企业开展优先认证。

依据新颁布的《中华人民共和国海关注册登记和备案企业信用管理办法》，对86家失信企业进行拉网式排查，为10家正常经营且符合信用修复条件的失信企业提供政策指导，肃宁县某皮草行提交信用修复申请，恢复正常信用等级，在关区形成首例信用修复示范。

深入开展“暖企助企”稳外贸系列护航行动。面向河北省进出口企业进行信用宣传，组织培训4次，面向400余家企业开展守信激励、失信惩戒信用管理政策宣讲，提升企业整体守法守信意识。

▲2021年8月2日，石家庄海关AEO认证人员开展实地认证工作

【保税监管】2021年，石家庄海关在保税监管领域制发石家庄海关跨境电商网购保税进口监管操作规范、石家庄海关保税监管场所业务操作指引、石家庄海关加工贸易集中审核联系配合办法等制度，规范审批、操作等各个环节，建立跨境电商全链条监管和加工贸易海关内部联系配合机制，建立保税业务月通报制度，下发通知规范海关特殊监管区域和保税监管场所安全巡查管理、涉危加工贸易企业管理，确保监管体系有效运行。加强风险分析处置能力，与风控分局开展风险研判，成立专班对现有的4个综合保税区业务情况进行摸底，对涉嫌虚假贸易的商品加载布控参数，加强进出综合保税区的管控。

加工贸易改革持续深化，全年共设立电子化手册878份，同比增长17.69%，手册结案及时率为100%；加工贸易进出口总值305.70亿元，同比增长24.9%；内销征税货值11.53亿元，同比增长98.11%。扎实推进加工贸易及保税系统遗留手（账）册清理，通过召开视频督导会、政策指导等方式落实工作方案，对174本遗留手（账）册全程跟进，完成了除11本涉案手（账）册外的全部清理工作。加强重点、敏感商品数据分析和处置，对关区水貂皮加工贸易企业及手册执行等基本情况进行摸底分析和联合研判，对3本手册开展实地核查。为关区254家加工贸易企业建立精准画像数据库，全面掌握企业的生产经营状况、潜在风险及监管重难点，提高保税监管风险防控能力。

保税监控场所及海关特殊监管区域监管效能增强，全年新审批设立保税仓库4家、注销2家。截至2021年年底，关区现存保税仓库22家，出口监管仓库4家，保税物流中心（A型）2家，保税物流中心（B型）3家，设有综合保税区4个。海关特殊监管区域账册设立及时率为100%，账册核销完成率为100%；保税监管场所保税监管账册（除跨境电商以外）设立及时率为100%；跨境电商网购保税业务保税监管账册设立（变更）及时率为99.08%。

进一步强化安全生产监管，从严落实各项制度，加强海关特殊监管区域和保税监管场所内企业资质档案台账管理，建立长效机制。严格执行涉危企业日检查、主管海关月巡查、直属海关每季度督导的三级检查机制，督导检查共发现问题6项，已全部整改到位。扎实开展安全生产月活动，印发海关特殊监管区域和保税监管场所“安全生产月”活动方案，组织各现场海关利用微信群、公众号等新媒体开展安全生产政策宣讲。按照石家庄海关安全生产专项整治三年行动实施方案要求，梳理关区出口水产品备案生产企业和出口水产品备案养殖场存在的突出问题隐患，形成问题清单，针对问题清单修订下发出口食品原料养殖场备案操作指引，切实加强对关区出口水产品备案生产企业和出口水产品备案养殖场的监督管理工作。全年按计划组织开展出口水产品生产加工企业和备案养殖场日常监管风险隐患排查以及定期管理类核查75家次（其中企业47家次、养殖场28家次）。

6月至11月，扎实开展打击跨境电商进口走私“断链刨根”专项整治行动，对535家跨境电商备案企业开展验核工作并完成后续处置工作，完成信息变更248家、注销25家；对33家企业开展信息核对核查，20家移入“异常企业名录”；行动期间验核新备案跨境电商企业211家；专项行动结束后，关区共有跨境电商备案企业473家。保税监管部门加强监管作业场所管理，成立2个联合检查组对5个场所作业设施情况进行检查，发现问题11项，全部整改完毕；强化网购保税货物实货监管，建立每月不少于3次的抽核制度并设立检查台账。开展打击跨境电商进口走私“断链刨根”专项稽查行动，对6家高风险跨境电商企业开展专项稽查，其中2家企业移交缉私处理，2家企业追补税，1家企业通报地方相关部门。组织对11家有库存企业下达核查指令，其中5家库存数量与账册底账不符，采取追补税等处置措施。

【企业稽查】2021年，石家庄海关共办结稽查作业225起，同比增长8.17%；办结主动披露作业22起，同比增长46.67%；其中查发问题作业132起。深入开展涉税领域的稽查，组织开展特许权使用费专项行动，召开8次集中政策宣讲，为28家企业提供特许权使用费应税和主动披露相关政策宣传，办结主动披露作业9起，稽查作业2起。探索开展涉检安全准入领域稽查，牵头成立全国海关检验检疫领域贸易调查专班，梳理相关法律法规28项，深入企业一线开展调研，多渠道摸清行业真实情况和走私违规主要风险，编制了进出口法检工业品现场稽查要点等4个标准化作业表单；查发6家企业存在出口危化品逃检等违法情事，涉案报关单273票，货重9,099吨、货值2,172.4万美元。深入推进稽查业务改革，印发石家庄海关关于推进海关稽查改革的实施方案，全面取消常规稽查，推行直接实施稽查，建立跨片区稽查和大数据贸易调查机制，推进稽查部门直接办理自主查发的“简易程序和快速办理案件”，自办快速办理案件8起。组建关区稽查专业人才库，推荐2人入选总署稽查专家型人才库，8人编入关区稽查专业人才库。深入贯彻习近平总书记生态文明思想，落实国家全面禁止进口固体废物政策，持续开展打击“洋垃圾”走私专项稽查行动；对关区7家固体废物加工企业全覆盖专项稽查；适应国家再生资源类商品进口政策调整，组织开展两轮进口再生金属专项稽查行动，对26家进口再生金属企业开展了专项稽查。

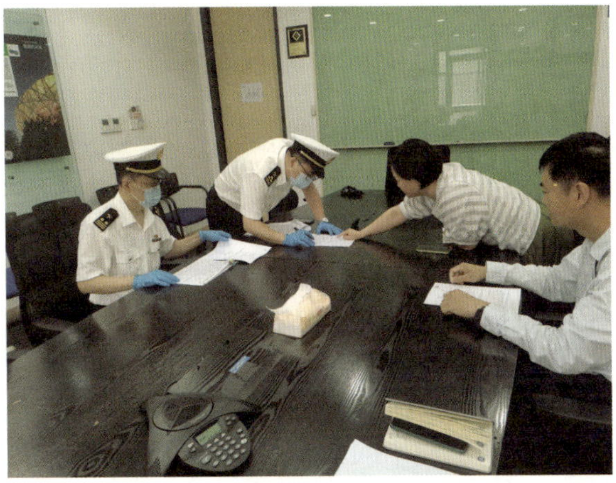

▲2021年7月21日，北戴河海关关员对某企业开展稽查作业

【企业核查】2021年，石家庄海关共办结核查作业1,715起，查发问题作业1,099起，涉及货值9,726.01万元，涉及税款1,884.38万元，通报企管部门231起，规范整改664起。保税核查工作成效明显，查发某电子账册企业保税货物短少、擅自将保税货物在境内销售情事，涉及货值9,274万元。开展第一批石家庄海关与市场监管部门联合抽查工作，制订联合抽查工作方案，组织保定海关、唐山海

关、张家口海关、衡水海关等4个隶属海关联合当地市场监管局开展联合抽查，涉及出口备案食品生产企业核查、出境竹木草制品生产加工企业监督管理核查2个核查事项共8家企业。参与总署核查领域“企业自查结果认可模式”改革试点工作，制订试点工作方案，组织保定海关、衡水海关、北戴河海关、秦皇岛海关、鹿泉海关5个隶属海关，选取5家高级认证企业开展试点工作，涉及出口备案食品生产企业核查、保税货物盘库核查等2个核查事项，落实“我为群众办实事”实践活动、便利高资信企业生产经营工作相关要求。开展7个业务领域核查工作，全年核查作业涉及保税监管业务作业205起、企业管理业务作业270起、关税业务作业18起、统计业务作业18起、动植物检疫监管业务作业551起、商品检验监管业务作业21起、进出口食品安全监管业务作业632起。

【审核监督】2021年，石家庄海关切实发挥审核监督作用。通过分级审核、集体审核等机制，保持关区重大稽（核）查执法事项的合规统一。紧密依托企管系统业务运行可视化平台，做好监控工作，全年通过平台共制发预警处置单194条，监控处置单34条（包括系统自动制发24条，人工制发10条），其中有效处置单5条。开展外勤单兵执法记录仪使用情况专项检查，共采集2020年度2,124个稽核查作业视频，抽查了220个重点作业视频，通过检查，共发现9大类问题，在关区内进行通报整改。开展关区稽（核）查作业执法检查，抽取2020年至2021年6月的300余份作业，包含打击“洋垃圾”走私专项稽查、进口再生金属专项稽查及主动披露等作业类型，共发现4大类59个问题，在关区通报整改。参加总署“网上电子审核”试点工作，加大对邢台、沧州两个试点海关的稽（核）查作业的审核力度，全年共审核稽（核）查作业83个。

【属地查检】2021年，石家庄海关依据总署对口司局职能调整承接属地查检职责，承担货物“出口申报前监管”“进口放行后检查”等工作任务，着力加强力量配置，认真抓好业务管理。

下发关于开展进出口货物属地检查资源分析工作的通知，制订关区进出口货物属地检查资源分析工作方案，成立工作专班开展资源摸底及资源统计，并按商品种类梳理各业务条线工作流程和环节。下发关于加强属地查检业务领域安全生产和疫情防控工作与自查的通知，梳理现有查检业务领域涉及安全生产和疫情防控工作相关制度，根据现有文件进一步修订完善查检作业环节涉及安全生产和疫情防控工作制度。组织开展关区进出口危险货物属地查检环节安全生产及进口冷链食品属地查检环节防疫工作自查。根据总署关于推进进出口货物属地查检工作的指导意见，结合关区业务工作实际，明确属地查检业务领域各相关部门的职能分工与职责边界。11 月 22 日，草拟石家庄海关关于推进进出口货物属地检查工作实施方案和属地查检领域部门间联系配合办法，并征求相关部门意见。

（撰稿人：马　强　王　琨　闫荣会　杜　浩　张文龙　岳　韬　润青婵）

查缉走私

【概况】2021 年，石家庄海关坚持以推动关区缉私工作高质量发展为导向，以强力推进“国门利剑 2021”联合专项行动为主线，着力补强短板弱项、着力优化机制制度、着力增强打私能力、着力消除风险隐患，始终保持高压严打态势，坚决筑牢国门安全屏障，以优异成绩庆祝中国共产党成立 100 周年。

【专项打击】2021 年，石家庄海关为贯彻落实习近平总书记重要指示批示精神，全面落实党中央、国务院决策部署，围绕“中央关注、社会关切、群众关心”的突出走私问题，锲而不舍、一以贯之保持高压严打态势，全力以赴完成好常态化疫情防控形势下打击走私各项工作，按照总署要求并结合关区监管实际，组织开展了打击走私“国门利剑 2021”联合专项行动。全年，共立案侦查刑事案件 23 起，案值 1.2 亿元，移送起诉刑事案件 16 起，案值 8,193.6 万元；立案调查走私行为及违规行政案件 276 起，案值 8.3 亿元；结案走私行为及违规行政案件 284 起，案值 8.2 亿元；立案涉检案件 21 起，案值 331.8 万元，结案 22 起，案值 459.6 万元；罚没执行 1,465.8 万元。

▲2021 年 10 月 17 日，石家庄海关关员破获走私药品案件

【全员打私】2021 年，石家庄海关认真落实总署党委关于进一步加强打私工作的意见和 6 个配套文件精神，牢固树立打私“一盘棋”意识，修订印发石家庄海关案件线索移交反馈工作办法，制定出台石家庄海关口岸监管异常情况处理机制工作指引，进一步畅通案件线索移交反馈渠道，规范口岸业务现场处置异常情况流程，缉私、监管、关税、风控、稽查、检验检疫等业务各环节定期互通信息情报、联合开展数据研判、联合处置异常情况、

及时反馈案件进展。

【智慧缉私】2021 年，石家庄海关不断探索合成作战机制建设，整合公安网、海关网、互联网等网络环境下的 15 个信息平台，运用合成作战理念统筹情报大数据资源及外脑资源，不断深化大数据作战应用。协调省市公安机关和海关科技部门，实现公安网全覆盖接入，提升公安网终端数量，进一步提升带宽、扩容地址、拓展场景，全面落实安全防护要求。充分发挥司法鉴定中心的作用，为 12 起刑事案件提供技术支持，检验鉴定手机硬盘等各类检材 40 余部，恢复提取电子数据约 300G，出具司法鉴定报告 12 份；更新鉴定设备 2 台，报废超期的鉴定设备 3 台，提高了检验鉴定的效率；对新增的 2 名鉴定人进行了培训、监督和授权；完成公安部统一组织的全国公安系统刑事技术实验室能力验证活动，获得“满意”成绩；完成 CANS 年度复审的网上远程评审工作。

【综合治理】2021 年，石家庄海关贯彻落实部际联席会议精神，会同省打私办筹备召开全省打私办主任会议及全省打击治理冻品走私工作会议，牵头制定河北省打击走私综合治理领导小组工作规则、河北省打击走私综合治理督查考核办法、2021 年河北省反走私综合治理工作要点等文件、制度，联合省公安厅等 7 家单位起草印发河北省关于加强新形势下打击冻肉走私工作的意见，推动抓好责任落实、加强信息共享、强化执法协作，提高综治工作常态化、规范化、实战化水平。秦皇岛海关缉私分局推动市打私办牵头组织非设关地码头反走私综合治理行动，进一步压实非设关地码头人防物防技防管控；唐山海关缉私分局与市检察院、市公安局、唐山海警局共同签署加强刑事案件信息互通提高案件质量工作办法，与打私办成员单位签订唐山市打击海上走私卷烟违法犯罪活动联合执法机制；廊坊海关缉私分局会同市、县两级市场监督管理部门组成联合核查组，积极排查来源不明冻肉线索。

（撰稿人：牛钰强）

第五篇

综合保障

政务管理

【概况】2021 年，石家庄海关深入贯彻全国海关和关区两级工作会议精神，提高政治站位，强化责任担当，政治把关、参谋助手、统筹协调、督促检查、服务保障能力持续提升。巩固精文简会措施成效，增强以文辅政能力，保障文电运转高效顺畅；压紧压实各级各条线督查责任，持续完善狠抓落实的闭环督查机制；高质量推进政务公开工作，推动基层政务公开标准化规范化建设；围绕重点工作、重大改革，拓展新闻宣传深度广度，妥善做好舆情应对；严格加强保密管理，规范做好信访工作；认真做好值班应急工作，做到反应迅速、处置高效。

【应急值守】2021 年，石家庄海关严格落实值班管理规定，做好日常值班交接班、值班记录、值班检查等工作，对重大情况、敏感情况、突发情况等第一时间报送值班信息，做到应报尽报、及时续报，全年无迟报、漏报、瞒报等违规情事发生。加强值班工作生活保障，配足方便食品、生活用品，满足值班人员工作生活需求，落实值班工作待遇，确保值班补贴按时发放到位。组织开展内部工作人员感染新冠肺炎应急处置演练，进一步规范相关应急处置程序，提升应急处置协调联动效能、快速反应及处置能力。承接总署交办的应急值班系统开发试用工作，指定专人及时配合系统上线前测试，做好各个系统模块试用，并按时反馈测试情况。将海关工作纳入社会治安综合治理和平安建设工作大局来统筹谋划推进，明确责任领导部门，制订平安建设任务分解表，将综合治理工作、维稳工作、信访工作与履行海关监管服务职能紧密结合，推动平安建设各项工作落实落地。全年向总署报送值班信息 69 期。

【政务信息】2021 年，石家庄海关创新信息编报方式方法，不断提高信息工作质效。建立政务信息工作台账，定期汇编习近平总书记重要讲话精神和中央重大决策部署要求，并与各部门单位信息联络员同步共享，进一步提高信息精准性。结合总署信息采编重点和关区业务特色，梳理全年重要时间节点，针对加强口岸疫情防控、支持雄安新区建设、服务保障北京冬奥会和冬残奥会筹办等重点选题，共制发信息约稿联系单43期，不断提高选报信息采编率。进一步优化任务指标设置，提高分析研究类信息考核比重，并将所有隶属海关纳入互联网信息报送单位，充实信息工作队伍。优化信息审批流程、建立信息错情台账，点对点培训重点部门单位，不断提升信息质量。年内编发每日快报250期、工作简报79期、石关情况交流18期，报送天津特派办联系单位工作情况交流3期，报送总署和河北省委省政府选报信息273期，其中被总署相关刊物采用99篇。

【会议管理】2021年，石家庄海关加强关区会议统筹管理，会议实行年度计划管理，履行签报报批手续，坚持厉行节约、反对浪费、规范简朴、务实高效的原则，严格控制会议数量、规模，严格控制人数和时间。会议实行分类管理，三类会议参会人员控制在150人以内，会期不超过2天；四类会议参会人员控制在50人以内，会期不超过1天。严格年度会议计划管理，于上一年年底前填报下一年度会议计划并经关领导审核后在关区范围内发布，未列入年度会议计划的会议原则上不得召开。全年实际召开会议数量较计划召开数量压减22%。充分运用电视电话、网络视频等现代信息技术手段改进会议形式，降低会议成本，提高会议效率。严格控制会议支出，会议费开支实行综合定额控制，实行经费包干制度，坚持开短会、讲短话，厉行节约，反对铺张浪费。

【公文处理】2021年，石家庄海关认真贯彻落实总署提高公文办理质效以及大力精简文件等工作要求，切实做好发文规范管理工作，着力避免发文差错和不规范现象，有效改进文风。着力抓好公文质量，严格落实石家庄海关机关发文办理规程，对公文错情、精简公文情况、发文办理时效等进行定期通报，督促相关部门单位及时改正健全完善公文质量保障机制，切实把好关发文件的政治关、程序关、体例格式关、内容关。加强发文必要性审核，推进机关各部门协同配合，落实基层减负工作要求，超额完成总署正式下发文件不增加、便函等非正式发文压减10%以上任务目标，精简公文工作成效得到持续巩固。

强化督导检查、优化协作配合、规范教育培训，着力提高关级收文办理质效。进一步细化了办公平台在收文登记环节对“办理时限”的标注，来文无明确办理时限要求的，标注在30日内办结；利用办公平台“收文管理”中的“催办列表”加强对一日后到期文件的催办，并通过电话、微信提醒主办部门单位的收发人员或其具体承办人关注收文办理时效；完善内网门户网站“公文时效”栏目，时时更新各部门单位的公文办理时效；加强收文办理督办，特别是急文和各隶属海关上报石家庄海关的请示。

【督查督办】2021年，石家庄海关坚持以政治建设为引领，不断强化督查工作的政治属性，突出重点精准督查，持续完善制度机制，推动重大决策部署落地生效。严格落实“第一议题”和形势分析及工作督查例会制度，“第一议题”传达学习习近平总书记重要讲话精神和重要指示批示精神15次，对12期例会部署的192项工作任务开展滚动式督办。全年编发36期学习专刊，第一时间梳理习近平总书记最新重要讲话精神并认真研学，结合工作实际研究提出贯彻落实意见。根据年度重大政治任务，确定常态化新冠肺炎疫情防控、严禁“洋垃圾”入境等13项纳入关领导挂牌督办的事项清单，明确责任关领导和责任部门，细化工作要点，推动不折不扣落实。加强督查督办规范性建设，修订石家庄海关督办检查工作规程，增加“习近平总书记重要指示批示精神，以及海关总署就贯彻落实习近平总书记重要指示批示精神作出的工作部署”并作为首要内容，突出督查督办政治属性。细化各类督办事项的时限要求，总结提炼“631提醒法”（提前6天通过系统催办，提前3天通过邮件提醒，提前1天通过电话督促），提高整体工作效能。统筹开展新冠肺炎疫情防控综合性督查，完善检查要点、创新检查模式，坚持“多合一”和“四不两直”（不发通知、不打招呼、不听汇报、不用陪同接待，直奔基层、直插现场），重视“督帮一体”，以查发问题隐患为重点，以帮助解决问题、堵塞漏洞为目标，在保证检查效果的同时坚持为基层减负。

【保密管理】2021年，石家庄海关严格落实保密管理要求，认真做好保密管理工作，年内未发生失泄密情事，办公室机要保密科张超同志获得“全国海关机要保密工作先进工作者”称号。印发石家庄海关保密委员会办公室关于切实做好疫情期间保密管理工作的通知，修订石家庄海关保密工作管理规定、石家庄海关保密委员会工作规则等7项规章制度。认真做好石家庄海关涉密信息系统风险评估迎检工作。组织实施海关政务办公子系统（石家庄海关）印章管理系统建设工作，实现印章信息化管理。严格落实保密管理相关规定，加强对涉密人员、涉密网络、涉密载体及信息公开保密审查等工作的日常管理，抓好保密宣传教育培训，部署开展保密自查自评及各类专项整治检查，重点对政务服务类App、互联网门户网站、互联网电子邮箱、微信公众号、微信工作群、微信小程序、QQ等互联网相关应用进行摸底排查，及时消除保密安全风险隐患，确保国家秘密绝对安全。

【档案管理】2021年，石家庄海关着力推进档案工作制度化、标准化，全面提高档案工作质量和服务水平。制修订了档案综合管理、基础业务建设、档案安全管理、海关数字档案室建设四大类、21项规章制度，规范了关区档案收集、整理、保护和利用工作。以防火、防盗、防尘等“九防”要求为重点，开展档案安全专项检查，对检查中发现的安全隐患进行了整改，为库房配备了防有害生物药品、保洁用品、除湿机、加湿器、监控设备、遮光阻燃窗帘、漏水报警器，改善了档案用房硬件环境。完成了2020年度文书档案归档工作，整理文件11,375件，接收会计档案363卷。补充编制了组织机构沿革、档案利用效果汇编、大事记、立卷说明、全宗介绍等材料。参加总署办公厅红色档案故事征文活动，2篇入选《追寻红色记忆　传承红色基因——海关档案故事100篇》一书。接受总署办公厅档案处4次视频飞行检查。继续推进1999年前永久文书档案向总署档案馆移交的工作。深入推进关区学习贯彻习近平总书记关于档案工作的重要批示精神，通过书面调研、视频检查等方式，摸底关区档案工作现状，督促各隶属海关配齐档案人员、强化硬件配置，并开展档案轮训。对电子档案开展在线、离线、近线备份；对原出入境检验检疫档案管理系统进行了初步修复。

▲2021年5月18日，石家庄海关办公室档案管理人员在档案整理用房整理文书档案

【政务公开】2021年，石家庄海关坚决落实总署政务公开工作要求，积极回应社会关切，扩展政务公开范围，规范依申请处理程序，丰富公开形式，不断推动关区信息公开工作取得实效。加强领导，健全完善工作机制，强化政务公开队伍建设，成立政务公开专门机构，建立了政务公开工作考核评估、定期通报、任务分解“三位一体”工作机制，制定并主动公开了《2021年石家庄海关政务公开工作要点》，印发了石家庄海关政务公开和网站建设相关评估指标，编制了《石家庄海关主动公开基本目录（2021年）》。完成门户网站“政府信息公开目录”栏目优化升级，进一步规范目录导航分类和内容，便于公众检索和查询，切实保障公民对海关政府信息的知情权。规范做好依申请公开工作。高标准高质量完成了“石家庄海关12360”服务热线以分中心形式并入河北省12345政务服务热线各项工作任务，实现了服务再升级，进一步拓宽海关为民办事渠道。全年受理热线咨询15,194个，答复满意率100%。加强石家庄海关门户网站建设，不断优化丰富信息公开栏目设置，提升政务服务质量，全年网站总访问量9,720,523次，受理门户网站业务咨询90条。

【信访工作】2021年，石家庄海关依法依规做好信访工作，不断提升信访工作能力和水平，持续推进关区信访规范化、法治化、专业化建设，有效维护了群众合法权益和关区工作和谐稳定。提高信访工作的政治站位，坚持和加强党对信访工作的全面领导，牢牢把握习近平总书记重要批示中蕴含的以人民为中心的发展思想，始终把人民放在心中最高位置，把为民解难的要求落实到具体工作中，坚决杜绝形式主义、官僚主义，特别是不作为、慢作为、敷衍塞责、推诿扯皮、弄虚作假等问题。增强法治意识，重视推进依法分类处理信访诉求。进一步加强对新修订的、海关信访工作制度、海关依法分类处置信访诉求清单的学习，提高运用法治思维和方式做好信访工作的能力和水平，引导信访群众按照法定途径和程序，理性反映诉求，切实维护自身合法权益。抓好制度落实，提高信访件办理质量。按照“属地管理、分级负责”的工作原则，建立一级抓一级、层层抓落实的信访工作责任体系。重心下移、关口前移，做到问题发生在哪里，就在哪里开展调查研究，问题发生在哪一级，就在哪一级得到妥善处理。确保隶属海关信访部门的属地管理责任不缺失，着力打造畅通便捷、规范高效、务实管用的信访办理机制。

【新闻宣传】2021 年，石家庄海关坚持正确舆论导向，突出宣传重点，把握时间节点，加强舆论引导，为各项工作开展营造良好舆论氛围。夯实主流媒体宣传，持续深入做好习近平新时代中国特色社会主义思想宣传，鲜活生动讲好支持经济社会改革发展故事，编发新闻宣传 227 期，被中央电视台《新闻联播》、《法治日报》、新华社等国家级新闻媒体和《河北日报》、河北卫视等省级新闻媒体刊发 900 余篇次，总署门户网站、“中国海关”强国号、《中国国门时报》刊发 184 篇次，其中参与摄制的《各地各部门多举措积极防控疫情》《强化春夏季疫情防控全力守护国门安全》《精准防控疫情严守国门安全》被中央电视台《新闻联播》《朝闻天下》《新闻直播间》等栏目报道 6 次，中欧班列监管工作被中央电视台《晚间新闻》栏目报道 1 次。发挥新媒体平台优势，紧扣时代脉搏，唱响海关主旋律，组织开展微视频、新闻图片、图文稿件等多形式宣传，“石家庄海关 12360”微信公众平台发布 290 篇，被总署“海关发布”微信、微博、抖音采用 116 篇，全面展示石家庄海关强化监管优化服务的实践成果。通过发布会传播海关权威声音，在河北省新闻办新闻发布厅举办发布会 4 场，及时向社会各界发布河北省外贸进出口情况和石家庄海关强监管优化服务促进河北外贸稳增长所做的工作。加强组织推动完善工作机制，修订石家庄海关新闻舆论工作管理办法、石家庄海关新媒体运用管理办法，加强新闻舆论工作统一管理，推进网络意识形态建设，营造风清气正的网络宣传空间。组织新闻摄影、国际传播能力等培训 2 次，提升关区业务能力水平。推进常态化监测积极防范舆情风险，密切关注网上网下舆情态势，每日通过网站、微博、微信等舆论信息平台进行舆情监测。积极做好舆情引导，组建20人关区网评员队伍，收集网络舆情线索，有序开展网评引导。

▲2021年7月27日，石家庄海关在河北省政府新闻办召开“2021年上半年河北省外贸进出口情况”新闻发布会

【外事管理】2021年，石家庄海关立足服务国家战略和外贸大局，积极践行“三智”理念，积极服务对外开放高质量发展。支持和促进中国—中东欧（沧州）中小企业合作区建设。深入学习习近平主席在中国—中东欧国家领导人峰会上的讲话精神，在实践中不断探索深化对“三智”合作的认识，结合工作实际，制订印发石家庄海关贯彻落实习近平主席在中国—中东欧国家领导人峰会上重要讲话精神的工作方案，出台了17条细化措施，涉及加强对“三智”理念的研究和实践、支持中国—中东欧（沧州）中小企业合作区建设、助力“一带一路”建设推动中欧班列发展、助力河北外贸企业与中东欧国家开展贸易4方面工作内容。成立“促进‘中国—中东欧（沧州）中小企业合作区’发展”专题调研组。加强“合作区”企业调研，召开关企座谈会，了解企业需求，建立问题台账，帮助解决企业困难。从支持企业扩大出口、提升通关效率、开展政策宣讲、企业信用培育等方面，大力支持区内企业发展，助力畅通国内国际双循环，更好服务河北省高水平对外开放，促进高质量发展。

（撰稿人：李　培　李　琳　吴　迪　张　超　郑　勇　郑惠华　刘亚楠　黄　杰　董利驰）

财务管理

【概况】2021年，石家庄海关深入贯彻全国海关工作会议精神，围绕中心工作，全面贯彻落实“过紧日子”要求，以预算管理为核心，稳步推进财务规范化管理进程；以风险防控为出发点，大力规范涉案财物管理；以制度建设为着眼点，全面夯实财务基础工作；以资金物资保障为重点，全力以赴做好疫情防控工作。

【税费财务管理】2021年，石家庄海关按照总署要求，税费工作正常有序开展，税款入库、保证金资金管理、非税收入收缴管理在严格依照相关规章制度前提下圆满完成年度工作任务。同时认真贯彻落实总署税收工作要求，相关部门积极配合，综合治税工作成效显著。

12月下旬，做好行邮税财关库银联网及税款核销相关方面的各项工作，保障关区行邮税征管系统的顺利切换，扩大海关税费电子支付应用范围，进一步便利纳税人，提高税款入库效率。

【预算管理】2021年，石家庄海关坚决落实“过紧日子”要求，通过建立预算执行动态监控机制、完善预算执行督促机制，进一步压实预算执行主体责任，细化预算执行的时间表、路线图，强化预算刚性约束，优化综合保障方式，有效提高预算执行结果。4月，批复关区2021年预算并完成预算公开工作。6月—8月，根据总署全面贯彻落实“过紧日子”常态化要求，认真测算关区2022—2024年支出需求，对预算项目的可行性和前瞻性进行分析和论证，广泛征求意见，按照保障一般、突出重点的原则，坚持向业务改革重点倾斜，坚持向基层一线倾斜，积极向总署申报各项海关经费预算。在收入预算安排上，全面统筹财力资源，加大力度盘活存量资金，积极争取地方财政支持，推动事业单位合法经营创收，保障“过紧日子”的基本需要。在支出预算安排上，从严从紧安排一般性支出，大力压减非刚性、非重点、非急需支出，集中财力优先保民生，重点保运转，精准保发展，努力整合资源保障关区正常运转。同时从严控制会议、差旅、培训及“三公”经费，进一步降低关区行政运行成本。对标《海关“十四五”发展规划》，精准保障关区中心工作及维持国门正常运转的刚性重点项目支出。落实总署关于做好缉私警察保障工作相关要求，按照从优待警原则，实现一体化保障。8月，汇总关区预算实际需求和困难，向总署申请追加2021年关区13个专项经费。

7月—12月，总署追加石家庄海关2020年疫情防控人员临时性工作补助经费、2021年疫情防控人员临时性工作补助经费、疫情防控专项、口岸应对重大疫情卫生检疫基础设施建设经费、进出境动植物检验检疫基础设施建设经费、人员经费、抚恤金、陆生动物检测费、清算期养老保险金预算等，有力保障了关区各项工作的顺利开展。组织关区各单位对落实"过紧日子"要求情况，从制度建设、预算执行、结转结余管理、预算绩效管理、资产资金管理五个方面开展评估工作，并将评估结果汇总上报总署财务司。

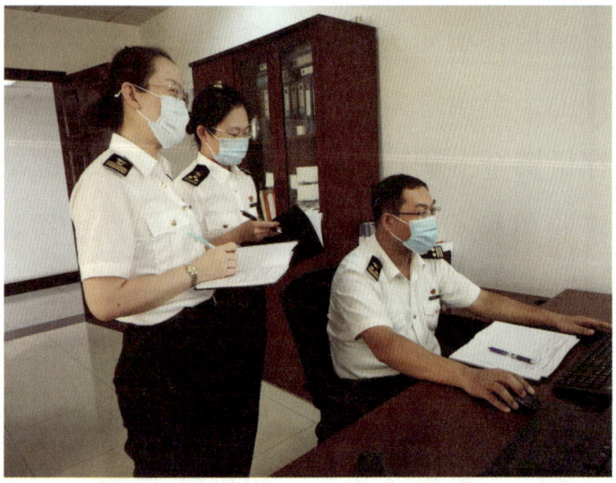

▲2021年5月18日，石家庄海关财务处研究关区预算工作

【国库集中支付管理】2021年，石家庄海关按照总署财务司要求对财政资金支付工作进行监管，充分利用海关预算执行审批支付管理系统等信息化手段，加强财务管理，规范预算执行、防范财政资金支付风险。2月，开展2020年国库集中支付年终结余资金核定表核对工作。将财政部下发的2020年国库集中支付年终结余资金核定数据与结余资金表进行数据比对，确保生成的结余资金数据比对无误，完成年终结转。3月，根据总署财务司通知编报2021年3月—5月项目支出用款计划，项目支出用款计划按照项目实施进度和均衡性原则编报。5月，根据财政部批复的2021年部门预算编报2021年6月—12月基本支出和项目支出用款计划。基本支出用款计划按照全年均衡性原则，项目支出用款计划按照项目执行进度和均衡性原则全额编报。11月，根据总署财务司通知编制追加预算用款计划。12月，根据财政部做好年初预算执行工作的要求和总署财务司通知编报2022年1月—5月基本支出用款计划。

【部门决算管理】2021年，石家庄海关通过狠抓收支管理，不断提升理念、夯实基础、完善机制、推进改革，全力服务改革发展大局，为石家庄海关业务顺利开展作出了积极努力，决算公开政府财务报告编制、决算数据分析等工作取得了较好的成效。2月20日，编制石家庄关区2020年度中央行政事业单位住房改革支出决算。3月10日，编制石家庄关区2020年度部门决算。7月27日，批复石家庄关区

2020年度部门决算并开展关区29个预算单位决算公开工作。5月14日，编制石家庄关区2020年度政府部门财务报告。全面贯彻总署关于进一步贯彻落实“过紧日子”要求的通知精神，坚持“保重点，保民生”原则，压减非刚性、非重点项目支出。根据总署财务司要求，石家庄海关对存量资金进行了全面梳理分析，结合实际情况研究制订了统筹加快盘活存量资金工作方案，并落实了时间点、路线图，切实加快执行进度，提高资金使用效益。9月10日，下发石家庄海关关于开展财务报销管理制度落实情况自查自纠工作的通知，组织关区28个预算单位开展财务报销管理制度落实情况自查工作。所有单位上报报告均能严格按照预算批复的资金用途使用预算资金，严格按照总署下达的控制数执行“三公”经费预算，支出事项合理必要，经费管理使用合规。差旅费等经费开支以及有关资产配置严格按照相关规定审批支出，不存在超范围、超标准开支和违规报销经费、配置资产等情况。

【涉案财物管理】2021年，石家庄海关加快库存涉案财物处置进度、加强与地方主管部门的沟通联系，切实提高涉案财物管理工作，推动涉案财物归口地方处置政策落地见效。

8月19日，与河北省林业和草原局签署关于野生动植物及其制品移交事项合作备忘录，明确关区罚没的涉案陆生野生动植物及其制品全部交由该局存放、保管。10月8日，与河北省生态环境厅、河北省财政厅联合印发《关于明确非法入境固体废物移交处理有关事宜的通知》，明确关区查获的“双无”固体废物移交所在地人民政府依法组织处理。

【企事业财务管理】2021年，石家庄海关认真贯彻落实中央重大决策部署，对关区企事业单位从事经营服务性业务进行全面清理整顿，不折不扣落实稳增长举措，将服务河北外贸经济，减轻企业负担做到实处。

全面排查，认真清理。加强组织领导，明确职能管理责任，持续督促关区企事业单位规范开展经营服务性业务。已明令取消的收费项目坚决不收，对实行政府定价的，严格执行规定标准；对实行市场调节价的，督促收费单位执行有关规定，不得违规加收其他费用。在经营场所公示所有收费项目、服务、收费标准等，并公布12360举报电话，主动接受社会监督，用实实在在的行动体现海关良好政风，切实减轻企业负担。

规范管理，强化监督。不断加强对关区经营服务性业务的日常监管。通过多种手段，利用各类财务指标分析数据，主动查找和防范风险隐患；按照机关统一部署，分别于1月、4月、6月三次对关区企事业单位经营情况展开自查，并于11月对重点单位进行实地检查，重点检查各类经营服务性项目、服务内容、收费标准是否合规及现场公示情况，了解是否从事同海关行政执法行为的业务，进一步规范关区涉企收费行为。

【机关财务管理】2021年，石家庄海关依法科学理财，规范财务管理，提高服务保障。认真贯彻总署关于做好海关财务工作指示，结合石家庄海关实际情况，以“做好服务”为首要任务，坚持依法理财，科学理财，保民生、办实事、促发展。严格落实中央八项规定精神及党政机关厉行节约反对浪费条例要求。严肃财经纪律，坚持厉行节约，从严控制一般性支出，压缩非必要支出。贯彻落实石家庄海关关区财务工作会议精神，推动建立“过紧日子”的长效机制。结合石家庄海关预算实际情况，对差旅、耗材、办公用品、会议费、培训费、公务接待费、离退休人员公用经费等实行包干管理。加强日常报销审核，严把“三公”经费、会议培训支出、重大事项集体审批支出，严把工程、项目支付，切实将“过紧日子”的各项要求落实到日常工作中。

加强对专项预算的跟踪监控，每月统计各项经费支出进度，关注重点项目，加强与执行部门的信息沟通，加快项目实施和合同履约，切实提高专项预算执行效率。突出重点，统筹兼顾。积极筹措资金把有限的财力用到疫情防控、基本民生、正常运转、重大改革任务等重点方面。

【基建管理】2021年，石家庄海关2个基建项目顺利通过竣工验收，有效改善了业务技术用房及停车位紧张的状况。

5月，石家庄海关正定技术业务用房项目顺利通过竣工验收。该项目建设功能主要为检验检疫实验室用房及国际旅行保健中心业务用房。该项目荣获2020年度石家庄“兴石杯”（市优）工程、2020年度河北省建设工程安济杯奖（省优质工程）等荣誉。

9月，石家庄海关立体停车库项目顺利通过竣工验收并交付使用，有效改善了石家庄海关西办公区停车位紧张的状况。

【装备管理】2021年，石家庄海关全面加强关区公务用车管理，持续做好关区疫情防控后勤保障，深入推进关区节能减排，进一步规范政府采购管理，多措并举做好装备保障工作，打稳疫情防控常态化下的持久战。

全面加强关区公务用车管理。8月，完成关区2021年度海关单位公务用车购置更新相关工作，向总署报备相关车辆处置材料。10月，组织开展关区范围内的公务用车使用管理工作检查，进一步规范公务用车管理。

持续做好关区疫情防控后勤保障工作。11月，制发关于进一步做好疫情防控物资保障管理有关工作的通知，细化物资统计要求，实行物资核查月报制度，进一步做好关区疫情防控物资保障管理相关工作。累计采购21个品目疫情防控物资，包括防护服、口罩、手套、隔离衣等31.53万件/套；向相关单位调拨物资63批次，涉及口罩、手套、防护服等16.01万件（套），有效保障各单位疫情防控工作顺利开展。

深入推进关区节能减排工作。下达全年关区用水、用电、公务车用油指标；组织开展半年关区能源资源消费统计和节能工作考核。在关区范围内组织开展“节能降碳，绿色发展”为主题的全国节能宣传周和“低碳生活，绿建未来”为主题的全国低碳日宣传活动。推进创建节约型机关创建工作，成立专项检查小组对部分隶属海关进行实地检查，并通报问题。

▲2021年9月22日，石家庄海关财务处检查旅保中心防疫物资储备库

进一步规范政府采购管理工作。1月，再次修订完善石家庄海关政府采购管理实施细则和石家庄海关政府采购领导小组工作规程两项制度。3月，开展政府采购备选库、资格库、名录库专项清理工作。4月，按照总署要求开展关区政府采购工作专项检查，石家庄海关政府采购领导小组组织成员单位对15个隶属海关单位进行检查，通报检查结果，形成专项检查报告并上报总署财务司。5月，组织关区各预算单位编制2021年政府采购计划。7月，通过中国政府采购网、石家庄海关门户网站等相关媒体向社会发布公告14项，按要求公开政府采购意向、招标及中标公告、合同公告。11月，做好运用政府采购政策支持乡村振兴工作。

【资产管理】2021年，石家庄海关全面整合房地产资源、优化资产构成，提升资产质量和使用管理效能。

推进闲置房地产整合利用工作。6月，督促关区各单位推进闲置房地产整合利用工作，汇总相关数据，报送总署财务司。12月，认真梳理、总结本年度关区闲置房地产整合利用工作情况。

加强办公用房管理工作。9月，开展办公用房信息统计报告工作，核实、登记办公用房基础信息，建立关区办公用房基础信息台账，提升办公用房管理的精细化、规范化水平。11月，调整使用石家庄海关机关办公用房，进一步提高办公用房利用率。为解决办公室拥挤问题，共调整12间办公室，通过整合利用超标、闲置办公室，新建5个党员学习兼处务会议室及5间集中工作办公室，完善了办公楼使用功能。对调整后东、西办公区办公用房使用情况进行公示。

开展信息化老旧设备清理工作。7月，

在关区范围内开展台式计算机、便携式计算机、打印机等设备的清理工作，对符合报废标准的老旧设备履行报废手续，以解决关区通用办公设备老旧和配置数量超标配备问题，减少设备维护成本，加快设备更新。

（撰稿人：王　飞　王伟平　王志勇
杨艳红　吴　瑕　谷一萍
陈盛捷　赵小兵　窦城保）

科技发展

【概况】2021 年，石家庄海关深入实施“科技兴关”战略，以智慧海关建设为发展目标，坚持“重引领、快支撑、严规范、强服务、提质效”的工作理念，着力加强海关科技创新水平，着力推进业务科技一体化，运用科技手段提升管理和执法效能，科技对事业发展的支撑作用愈发凸显。落实中央决策部署坚决有力，全力做好北京冬奥会科技保障工作，确保庆祝中国共产党成立 100 周年、党的十九届六中全会等重要时期网络安全稳定运行；加强科技创新应用，为口岸监管和疫情防控等工作提供技术支撑；完成人员新冠病毒核酸检测 84,162 人份，完成进口商品和环境新冠病毒核酸检测 954 份，守牢外防输入关口；提高科研质量，“揭榜挂帅”总署科研项目 1 项，荣获河北省科技进步奖二等奖 1 项；推动实验室资源优化整合，关区实验室由 68 个调整为 57 个；加强实验室安全管理，制定实验室安全管理规范及监督机制等 12 项制度，签订安全管理责任书 572 份，开展培训和应急演练 17 次，科技治理能力显著增强。

▲2021 年 8 月 13 日，石家庄海关召开科技专题会议

【北京冬奥会科技保障】2021 年，石家庄海关统筹调配关区科技力量，强化制度和组织保障，全力做好北京冬奥会科技保障工作。制订石家庄海关北京冬奥会海关科技保障工作方案等 4 个工作预案。成立了石家庄海关北京冬奥会科技保障工作组和食品与食源性兴奋剂检测工作领导小组，主管关领导任组长；同时成立了检测专家组、检测保障工作组、网络安全保障专项工作组和应急处置工作组等 4 个业务专项小组。组织开展新冠病毒采样与核酸检测技术专题培训 5 次，先后开展网络安全保障、新冠病毒检测等多个场景应急处

置演练，提升岗位实战水平以及突发事件应急处置能力。参与科技冬奥项目研究，研制多功能生物生化污染因子检测处置车和试剂盒。河北国际旅行卫生保健中心（石家庄海关口岸门诊部）和秦皇岛国际旅行卫生保健中心（秦皇岛海关口岸门诊部）配置检测设备5台（套），新冠病毒核酸检测和基因测序能力有效提高。张家口海关实验室新扩展食源性兴奋剂检测项目四大类34项。协调沈阳海关、济南海关2台移动P2+实验室支援石家庄机场海关和张家口海关，组建了核酸检测人员四级梯队，应对北京冬奥会期间备降航班核酸检测需要。建立了新冠病毒核酸检测实验室应急保障机制，设立人员、设备预备梯队，保障紧急状态下应急人员和设备1天内到位，确保河北国际旅行卫生保健中心（石家庄海关口岸门诊部）新冠病毒核酸检测实验室日检测能力增加一倍，由360人份/日提升到紧急状态下的720人份/日。

【科技人员跟班作业活动】2021年，石家庄海关把组织开展科技人员跟班作业活动当成落实党史学习教育“我为群众办实事”实践活动的重要举措，围绕口岸监管、疫情防控等重点领域，着力解决一线人员痛点、难点、堵点问题，提升基层科技应用体验。在跟班作业活动中努力挖掘问题根源，由“点”及“面”，“小切口”解决“大问题”。建立问题知识库，有效提高基层解决常见信息化应用问题的效率；为隶属海关调拨技术设备237台，解决一线海关科技装备落后的实际困难；开发了海关货物放行信息数据服务系统，向企业提供数据交换服务，以电子数据对碰替代凭纸质单据放行，帮助企业实现物流管控电子化，缩短了货主通关提货时间，降低了物流成本，强化科技赋能助推企业便利通关；指导中欧班列场所企业完成智能卡口管理系统与“单一窗口”对接，为企业纾忧解困；调拨视频监控服务器、网闸等核心设备，帮助京唐港海关完成视频专网建设，优化关区监控网络结构，解决了视频监控卡顿、信号传输速度慢等问题。建立跟班作业长效机制，结合关区实际制订了石家庄海关科技人员跟班作业长效机制，持续推进关区科技人员跟班作业活动走深走实，深入解决基层一线“急难愁盼”问题，打通科技应用“最后一公里”。

【科技创新应用】2021年，石家庄海关加大科技创新力度，深化科技成果应用，着力提高海关工作科技含量和整体效能。在石家庄机场海关上线运行“旅客通关管理子系统卫生处置应用”，搭建远程电子流调软硬件环境，完成模拟测试，实现远程电子化流调，缩短旅客通关时间，减少非必要接触、交叉感染风险，提高防控境外疫情输入风险的能力。全力支持河北自贸试验区建设，上线“全球中心仓信息化系统”，对接廊坊、正定综合保税区，实现综合保税货物按状态分类监管，降低企业物流成本，助力综合保税区业务转型升级，对与海关联网的企业实施顺势监管。开发河北省外贸企业进出口数据提取程序，实现了总署定期下发的反馈数据包、更正数据包文件入库，并按业务需求提取收发货人、贸易方式、金额等指定字段进行查询、统计、汇总，盘活数据资产，挖掘数据价值，为地方经济发展提供辅助决策支持。口岸海关引进使用移动检疫方舱，该方舱使用后具有独立的防护装备穿脱空间和新冠病毒采样区域，提升了疫情防控一线工作人员的安全防护水平。完成H2018新一代通关管理系统3.0版数据接收环境和数据传输通道建设，加强业务运行监控，升级H2018系统29次，确保系统运行稳定、企业通关顺畅。完成新一代查验管理系统集中审像、智能审图子系统更新，部署智能审图信息化平台，实现了标注图像上传智能化，提高了算法优化迭代效率。

【网络安全】2021年，石家庄海关始终把网络安全当作一项政治任务抓实抓细抓落实，不断推进制度体系建设，强化管理手段，完善技术措施，加强网络安全宣传教育，全年未发生三级及以上网络安全事件，关区网络与信息系统运行平稳。参加海关2021年度网络安全攻防实战演习，关键岗位“7×24小时”双人在岗值班，防御互联网高风险攻击，紧急处置网络安全风险，关区网络及信息系统未被攻破。完成庆祝中国共产党成立100周年关区网络安全保障，召开石家庄海关网络安全和信息化领导小组会议布置落实保障工作，制订工作方案及应急预案2套，对重要机房关键主机及设备巡检400余台次，对18个业务现场显示大屏及对外联网应用开展巡查，开展渗透性测试及漏洞扫描15次，梳理并消除安全漏洞8处，举行应急处置桌面推演2次，坚持“7×24小时”值班值守。宣传落实《中华人民共和国网络安全法》，持续推进网络安全等级保护工作，组织关区1,800余名关警员开展网络安全知识答题活动，组织2,131人签订网络安全承诺书，规范广大关警员业务网办公计算机操作，保护个人信息和隐私，提升了关区网络安全工作制度化、规范化水平。开展网络安全宣传周活动，发放《习近平关于网络强国论述摘编》70本，编制并印发石家庄海关网络安全工作手册，举办网络安全专题培训和知识答题，提升全员网络安全意识。持续做好业务数据安全专项

▲2021年10月13日，石家庄海关科技处关员向企业用户发放网络安全宣传手册，宣讲网络安全知识

行动，不断丰富数据安全防护技术手段。加强网络安全监督检查，在关区全面自查的基础上，对隶属海关进行现场检查，抽取两个涉北京冬奥会隶属海关进行远程视频检查，对北京冬奥会网络安全保障准备情况展开远程督导，不断优化关区网络安全工作指标，全年无高危漏洞。

【实验室建设】2021 年，石家庄海关高度重视关区实验室建设，积极优化实验室布局，加强实验室管理制度和体系建设，组织技术人员开展专题培训和演练等活动，不断提升关区实验室检测能力和技术水平。2 月 24 日，石家庄海关召开实验室工作电视电话会议，回顾了 2020 年关区实验室总体工作，分析关区实验室面临的新形势及存在的短板和弱项，就全面推进关区实验室建设发展进行部署。优化实验室规划布局，撤销 11 个专业实验室，关区实验室由 68 个调整为 57 个；申请并获总署批准筹建沧州海关医学检验实验室，实验室主要开展新冠病毒核酸检测工作。统筹做好关区新冠病毒核酸检测工作，按照“就近送检”的原则，对河北国际旅行卫生保健中心（石家庄海关口岸门诊部）和秦皇岛国际旅行卫生保健中心（秦皇岛海关口岸门诊部）新冠病毒核酸检测业务区域予以划分。组织开展新冠病毒核酸及抗体采样技术和进口商品新冠病毒实验室检测工作流程专题培训 3 次，提高实验室一线人员技术能力。

开展新冠病毒核酸检测实验室生物安全每日巡查活动，共发现问题 114 项，立行立改，及时消除安全隐患。组织关区固体废物属性鉴定和动植物检疫实验室修订完善实验室体系文件，开展专题培训 5 次，实操演练 1 次，不断提升实验室检测能力；开展废塑料类商品固体废物属性鉴定科研项目研究，完成进口矿产品固体废物初筛 10 批次，提高国门安全防控能力。制订了石家庄海关新冠病毒核酸检测样本转运方案（第一版）；曹妃甸海关、京唐港海关取得了“可感染人类的高致病性病原微生物菌（毒）种或样本准运证书”。针对关区实验室现存的 31 种易制毒、易制爆化学品，编订了化学品安全说明书（MSDS），提高实验室危化品管理水平。组织关区实验室检测人员、实验室负责人、隶属海关关领导、实验室管理部门签订石家庄海关实验室安全管理责任书 572 份，层层压实责任。

完善关区三级实验室检测质量安全管理体系，调整各级指挥部成员和责任人名单。编制印发石家庄海关实验室安全管理规范及监督机制，指出了关区实验室安全风险点 74 项，制定安全风险管理规范措施，建立了日常监督管理机制，开展石家庄海关实验室安全管理规范专题培训 2 次，实验室安全制度执行和管理水平得到有效提高。每季度对各实验室开展监督检查，共发现各类问题 43 项，全部立行立改。对河北国际旅行卫生保健中心（石家庄海关口岸门诊部）和秦皇岛国际旅行卫生保健中心（秦皇岛海关口岸门诊部）开展了14次现场监督检查，共发现问题46项，均已整改完毕。加强实验室仪器设备绩效管理，开展2020年实验室仪器设备绩效考核，提高设备使用效率。组织关区实验室开展老旧大型仪器设备报废工作，共报废24台套。开展实验室管理系统e-lab2.0的切换工作，完成各隶属海关业务部门、实验室人员共375人的授权工作，系统运行平稳。

【科研管理】2021年，石家庄海关基于国门生物安全及优势产业发展需求，不断拓宽科研项目申立渠道，持续提升科技成果质量，切实加大科技支撑力度；以“论文撰写全域化、科技资源科普化”为着力点，推动科技创新和科普普及工作取得新进展。积极协调河北省科技厅，将有关进境生物安全与疫情防控研究方面的需求纳入2021年度科技计划项目申报指南；同时开通河北省自然科学基金项目申报渠道。组织开展了2021年度省部级科研项目申报工作，共推荐申报项目15项，获批立项10项，其中署级科研项目主持2项、参与2项；河北省科技计划项目主持3项、参与3项。组织开展了2021年度关区科技成果评定和省级科技奖励申报工作，共征集10项成果，评定石家庄海关优秀科研成果8项，其中一级成果1项、二级成果3项、三级成果4项；向总署科技司推荐4项，《重要动物疫病分子生物学检测关键技术创新与应用》和《关键食品中多种质量风险因子的高通量快速检测技术研究与应用》获署级三级成果；向河北省科技厅推荐2项，《卫浴噪声多元评价及精准测试关键技术研究与应用》获河北省科技进步奖二等奖。参加全国海关第二科技协作区组织开展的2021年度论文征集和评选活动，共报送参评论文38篇，获奖26篇，其中一等奖8篇、二等奖9篇、三等奖9篇；获奖论文数量位居第二科技协作区9个海关单位的第二名。拍摄具有技术性、趣味性的科学实验视频《驴火保卫战》，参加河北省第二届科学实验展演汇演并荣获二等奖；以《让中国蜜 甜遍全球心》为主题，选派科技人员参加河北省科普讲解大赛，荣获三等奖1人次。组织关区9个隶属海关通过“实验室开放日”“国门生物安全展览”等方式举办2021年科技活动周；保定海关和黄骅港海关在2021年全国科技活动周及重大示范活动中成绩突出、表现优异，双双荣获科技部科技人才与科学普及司颁发的荣誉证书。组织秦皇岛海关技术中心申报2022年度科普重点专项活动“中国葡萄酒当惊世界殊”。举办科普讲座2期，关区共300余人参加。

【信息化支撑】2021年，石家庄海关整合信息化基础设施，优化网络环境，不断提高信息化支撑水平。完成关区骨干网由传统数字电路到光纤传输改造，实现各隶属海关双运营商多路由接入，关区骨干网全光纤覆盖，保障关区骨干网设备及线路安全稳定运行，提高了关区网络建设水平和网络基础设施对业务、政务系统的承载能力。完成“海关移动应用子系统（石家庄海关）拓展项目”推广上线，实现移动办公和移动事务的快速便捷处理。做好署级政务办公应用系统的优化升级和上线推广，完成关区业务网邮件系统切换，迁移邮箱2,095个。完成国产化云桌面平台部署，构建紫光云桌面平台，安装国产化客户端360台，利用麒麟云打印等技术手段解决国产操作系统打印机适配问题。海关12360服务热线并入地方12345热线，地方12345平台通过海关12360中继线共享专门呼叫号可以呼入12360平台，实现语音话务的互通。加强关级信息化应用项目管理，规范关级信息化应用项目审核及上线管理，定期维护系统项目库信息，审核上线系统3个。加强日常运维，保障关区视频监控、政务业务平台等重要信息系统安全稳定运行，全年完成各类会议保障和点名测试474次，接听热线电话1,644个，完成终端运维1,908次，日常监控处理异常情况1,435次，处理机房设备异常情况110次，规范机房进出管理登记1,562人/次。

（撰稿人：刘春华　刘　鹏　李文杰
张　健　张峻峰　耿　剑）

督察内审

【概况】2021年，石家庄海关贯彻落实习近平总书记关于审计工作的重要指示批示精神，准确把握进入新发展阶段、贯彻新发展理念、构建新发展格局对海关督审工作提出的新任务新要求，应用系统观念，全面履行督察审计监督职责，提升监督质效，加强督察审计监督与其他监督贯通融合，充分发挥督察审计在推动重大决策部署落实、服务海关改革发展中的保障作用。持续深化督察审计，开展6项署级和关级督察项目，督察过程中走访6个现场海关的监管场所、业务大厅11个，开展视频督察2次，问卷督察1次，发现各类问题12项。开展4项经济责任审计项目，1项专项审计，1项海关实验室建设专项审计调研。不断推进内控机制建设，海关内部控制与监督子系统（以下简称HLS2017内控平台）关区“处置异常数据有效数”“补税次数”等关键指标数值同比分别增长57.41%和100.69%，“补证件数”16件，结束该加分项多年为0的现象。有效完善执法评估体系，完成进出口食品安全监管署级重点课题1项，中欧班列运行质量和效率、食品安全监管2项关区自选专题评估，参与全国风险防控、海关重点领域和关键环节改革等署级专题评估。

【署级督察】2021年5月，石家庄海关根据总署督审司关于开展2021年重大政策措施落实情况跟踪督察的通知和关领导批示要求，开展严格进境高风险货物风险监测和预防性消毒措施落实情况督察，共发现问题1项，已督促现场海关完成整改。9月，根据总署督审司关于开展进出口危险化学品监管措施落实情况督察的通知要求，开展关区进出口危化品监管措施落实情况督察，组织各隶属海关对关区安全生产管理、进出口危化品管理、涉危监管场所及涉危企业等领域开展了全面自查，结合经济责任审计项目对北戴河海关进行实地督察，组成督察组对正定海关进行实地督察，发现问题2个，已督促相关现场完成整改。

【关级督察】2021年4月至11月，石家庄海关根据总署督审司“从清单中选取不低于30%的项目开展督察”的原则要求，结合石家庄海关实际以及督察开展情况，主要开展2021年度关级督察项目。在督察过程中，创新工作方法，在组织各相关职能部门和隶属海关自查之后，结合经济责任审计项目，对黄骅港海关、衡水海关、秦皇岛海关、北戴河海关、鹿泉海关、正定海关开展实地督察，发现稽查作业操作不规范等各类问题9个，已督促各相关单位完成督察整改。

【经济责任审计】2021年，石家庄海关组织开展审前自查自纠，以审促控。组织相关隶属海关开展全面审前自查工作，发现问题75个，其中执法领域43个，非执法领域32个。明确审计重点，将财务管理、招标采购、信息化建设、基建工程、整合优化闲置资产、加强实验室建设项目、疫情防控卫生检疫物资购置等重点环节增加为自查自纠重点。有序开展现场审计，审计组综合运用多种方式进行审计，延伸审计16次，发现问题共计85个。跟踪督导问题整改，并推动审计成果转化，提升监督效能。

【专项审计】2021年，石家庄海关组织关区开展推动重大决策部署贯彻落实情况、强化监管优化服务情况、贯彻执行中央八项规定及其实施细则精神情况三方面55项重点内容自查。成立关区专项审计自查工作领导小组，制订自查方案，多次下发通知，确定牵头部门，梳理专项审计自查任务细化表，明确自查时限，发现问题16个，并完成整改。发挥内控、执法评估数据分析优势，成立专项审计数据分析小组，通过“云擎”和HLS2017内控平台，对7个类目中出口医疗物资检验监管、特定时段内滞纳金减免情况等23个核查要点进行了数据分析，发现业务风险并提出工作建议，督促相关单位完成整改。结合经济责任审计项目，关区专项审计组对黄骅港海关和衡水海关开展抽查验核工作，对55项重点内容逐一核查，发现问题12个，提出建议1个，并对发现的问题立行立改。

【专项审计调研】2021年，石家庄海关为了解掌握实验室建设在规划布局、能力建设、协作合作、业务发展等方面的运行状况，重点围绕规划布局、能力建设、效益效率、收费管理、内部管理5个方面对石家庄海关实验室开展专项审计调研工作，全面摸底关区优化实验室布局、提升实验室检验检疫能力、规范实验室资金资产使用等方面的做法，为关区和总署加强实验室建设提供决策依据。

【内控机制建设】2021年，石家庄海关组织开展应用培训，组织关区内控专题培训2次、送教上门4次、商检处合作培训1次，各隶属海关自行组织内部培训10次，累计受训830人次，培养兼职教师7名。完善关区内控沟通机制，促进各隶属海关之间分享工作方法与技巧，推动关区绩效成绩整体稳步提升。修订石家庄海关内控机制建设新海廉应用绩效考核办法，推动工作规范化。对关区内控工作现状、存在的问题以及今后工作展望情况进行系统分析，撰写论文《石家庄海关隶属海关内控机制建设研究》，为关领导工作决策和下一步工作开展提供参考依据。

【内控平台】2021 年，石家庄海关建立任务清单推进 HLS2017 内控平台应用成效。制订以“处置异常有效数”“内控节点成效”等关键绩效指标为核心，以“补税批次”“完善规章制度”为突破点的任务清单，分解细化各单位任务指标落实标准，分别于 4 月、8 月、9 月对各单位任务清单完成情况进行通报，动态掌握工作进度。结合年初工作计划和“现场监管与外勤执法权力寻租”专项整治专题会议相关要求，先后下发 2 次通知，要求隶属海关开展自查自纠，排查移出 72 个警示信息，发现 591 个疑似风险数据，并对所有风险数据制发监控核查联系单，已反馈相关情况。

【进出口食品安全监管情况专题评估】2021 年，石家庄海关作为第一协办单位组织推进海关进出口食品安全监管情况专题评估有序开展。制订专题评估工作方案，组织开展集中工作 2 次，通过“云擎”大数据建模创建许可证倒挂率、中药材非准入等相关指标 10 余个，在全国 42 个海关、1, 111 家进口企业、715 家出口企业开展问卷调查，赴宁波、杭州等开展实地调研，撰写完成《海关进出口食品安全监管情况专题评估报告》《海关进出口食品安全监管情况调查问卷分析报告》，对进出口食品安全监管力度、监管能力进行分析评估，查找出监管中存在的安全风险和监管盲区并提出意见建议，得到署领导批示。

【中欧班列和进出口食品安全监管专题评估】2021 年，石家庄海关采取“数据+指标+调研+分析”方式有序开展关区自选专题评估工作。制订石家庄海关中欧班列运行质量和效率专题评估方案，以政策措施落实成效为评估重点，通过建模创建相关指标 5 个，对鹿泉海关、秦皇岛海关、廊坊海关、沧州海关、衡水海关 5 个隶属海关所辖的 40 家企业开展问卷调查、8 家企业开展座谈，对关区中欧班列运行质量和效率进行客观评估，并对助力中欧班列持续高效发展提出建议，撰写形成《新发展格局下石家庄海关中欧班列运行质量和效率专题评估报告》、报省信息《调研显示我省中欧班列运行质量仍待提升》。对关区进出口食品安全监管情况开展多角度、多层次的分析评估。在 5 个隶属海关、8 家进口企业和 24 家出口企业中开展问卷调研，收集意见建议 7 条，用“云擎”调取数据开展深入分析，对关区进出口食品监管中存在的监管风险和问题提出优化意见建议，撰写形成《石家庄海关进出口食品安全监管情况专题评估报告》。

【署级专题评估课题】2021 年，石家庄海关参加署级全国风险防控评估工作，并完成阶段性报告。在前期调研基础上，完成 6 类风险布控指令流程梳理工作，汇总 132 项风险防控指令下达、执行、反馈、优化过程中存在的问题难点，用可量化指标描述风控工作整体运行情况，反映整体工作成效和不足。按照总署工作部署，积极参与双稳、国门防控、长三角经济带、多查合一等围绕海关重点领域和关键环节改革的相关署级课题。推进执法评估“云擎”信息化平台建设，固化完成进出口规模、“两段准入”、价格水平、汇总征税等第 1 批 22 个指标模型，并在执法评估“云擎”站点进行共享。

（撰稿人：安　杰　赵聪利　侯婷婷
韩彦兆　樊书新）

第六篇

隶属海关

石家庄机场海关

【概况】石家庄机场海关是隶属于石家庄海关，按授权负责石家庄机场口岸范围内海关各类管理工作的正处级隶属海关，始建于2019年1月8日。主要负责党的基层建设和干部队伍建设；办理具体海关业务，反馈执法作业结果；完成石家庄海关交办的其他工作。石家庄机场海关内设正科级机构10个。

2021年，石家庄机场海关深化政治建关，学懂弄通做实习近平新时代中国特色社会主义思想，坚决落实习近平总书记重要指示批示精神，大力加强政治机关建设，坚定不移走好“两个维护”第一方阵；毫不放松抓好常态化口岸疫情防控，持续强化口岸卫生检疫，坚持“人、物、环境同防”，坚决实现“打胜仗、零感染”；坚持安全发展，加强口岸实际监管，提高税收征管工作质量，严格做好重要敏感产品检验监管，保持打击走私高压态势，坚定不移履行好严格监管职责；坚持系统观念，强化科技创新应用，加强法治建设，坚定不移推进全面协调发展。

2021年，石家庄机场海关共监管检疫进出境航空器28架次，监管检疫进出境人员660人次。共办理报关单5份，其中进口报关单2份，出口报关单3份；进出口货值171.65万美元，其中进口货值130.28万美元，出口货值41.37万美元；“一个窗口”受理卫生许可证业务48份（包括首次申请26份、延期18份、变更4份）。监管货运航班26架次，货运量210吨，查验22票。完成27家单位卫生许可证现场考核工作；开展卫生监督234次，出具限期整改通知书2份，卫生监督意见书17份；开展食品饮用水快速检测169批次共计172项，检出不合格7批次；开展食品实验室检测121批次共计574项，不合格0批次；开展口岸公共场所微小气候监测9次，监测不合格1批次；开展公共用具抽样14批次42项，不合格0批次；开展口岸医学媒介监测工作31次，共捕获鼠0只，蚊66只，蜚蠊1只。

【从严治党】2021年，石家庄机场海关把学习贯彻习近平新时代中国特色社会主义思想作为首要政治任务，严格落实“第一议题”制度，传达学习习近平总书记重要讲话精神和重要指示批示精神18次。严格贯彻落实党委理论学习中心组学习制度，形成“党委带头学、支部跟进学、全员深入学”学习机制，带动各级党组织持续深入学习。围绕全面从严治党、党风廉政建设和反腐败工作，党委会议专题研究19次，制订制度办法3项，推动完成全面从严治党重点工作任务52项。建立制度化建设、清单化管理、常态化检查党建工作机制，全年共听取9个支部负责人现场汇报履责情况，运用第一种形态14次，层层压实责任。持续深化“强基提质工程”，成立封闭管理人员临时党支部2个，深化支部品牌创建，旅检通道获评第20届全国青年文明号，2个支部获评石家庄海关“四强支部”，促进支部建设规范化上水平。

【党建工作】2021年，石家庄机场海关建立制度化建设、清单化管理、常态化检查的党建工作机制，深入推进“强基提质工程”和“四强”支部建设，制订党建工作清单，严格落实“三会一课”、主题党日、谈心谈话等基本组织生活制度，开展党建工作检查5次；规范党费收缴，强化理论武装。深化党建品牌创建，坚持抓两头带中间，开展经验交流2次。持续加强基层组织建设，共发展6名预备党员、4名入党积极分子，3个支部调整委员分工；认真开展组织生活会和民主评议党员。2021年，旅检二科党支部顺利通过总署党建示范品牌复核，2个支部被评为关区“四强”支部和先进基层党组织，1人被评为省直优秀共产党员，1人被评为河北省优秀共青团员，1人被评为关区优秀共产党员。

【党史学习教育】2021年，石家庄机场海关高标准部署谋划，成立领导小组和工作专班，制订任务、学习、实践3个清单，完善7个方面42项任务，制订4个阶段重点工作方案，召开推进会15次；党委委员撰写思想感悟4篇、专题党课8篇，开展实地检查4次，指导支部党建和党史学习教育工作15次。丰富学习教育形式，建立“三个三”（突出三学联动推进走深走实、打造三个平台丰富学习形式、抓好三个主体营造浓厚氛围）学习机制，擦亮党史故事、微课堂、传承伟大精神、感悟红色基地等4个特色品牌，讲述“我钦佩的党史故事”54个，发布微课堂11期，研究13种伟大精神，走进3个红色教育基地，开展党委中心组带头讲、先进典型专题讲、青年党员研讨讲、线上平台云宣讲等37场学习专场，举办2期读书班，参加线上自测和培训等35期，全体党员撰写心得体会百余篇。开展学习贯彻习近平总书记“七一”重要讲话精神主题宣讲22次，集中观看7场中央宣讲团报告，组织观看《镌刻在国门上的忠诚——红色海关英模事迹》等4场红色视频资料，相关学习教育活动先后4次被“中国海关”强国号等媒体报道。

【疫情防控】2021年，石家庄机场海

关及时制订、完善石家庄机场海关内部疫情防控工作方案、石家庄机场海关工作人员感染新冠肺炎内部应急处置工作预案、石家庄机场海关疫情内部防控工作机制等工作制度，严格落实“五有”（有疫情防控指南、有防控管理制度和责任人、有适量防护物资储备、有属地医疗卫生力量指导支持、有隔离场所和转运安排准备等措施）要求，每日发布疫情监测信息，组织开展健康讲座，要求全体干部职工落实“三件套”防疫要求。严格落实“应检尽检”，自8月起，每周进行全员核酸检测。做到新冠病毒疫苗“应种尽种”，加快推进加强免疫接种。坚持干部职工身体健康监测“日报告、零报告”制度，将第三方服务人员纳入管理范围，做好出行管理。建立全体干部职工出差出行台账、干部职工居家观察台账，并及时维护更新。

【封闭管理】2021年，机场海关研究制订了石家庄机场海关入境人员卫生检疫岗位工作人员封闭管理工作方案，按照方案开展封闭管理工作。2021年度，石家庄机场海关对共计2批次70人次（含支援其他口岸海关入境人员卫生检疫工作共计12人次）进行了封闭管理，严格落实入境人员卫生检疫岗位工作人员“四必须”“五件套”“六个不”封闭管理工作要求。成立封闭管理监督检查组，在封闭管理期间对集中封闭管理情况以及居家健康监测情况进行监督检查。

【旅检业务】2021年，机场海关持续提升进境航班卫生检疫能力。完善工作机制，制订并持续更新石家庄机场海关新冠肺炎疫情防控期间入境航班保障工作方案、石家庄机场海关国际货运航班卫生检疫监管工作方案、石家庄机场海关突发公共卫生事件应急预案、石家庄机场海关入境人员卫生检疫岗位工作人员封闭管理工作方案等20余项制度。强化科技应用，推动旅客通关管理子系统卫生处置应用系统的使用，实现石家庄航空口岸入境航班保障工作全流程电子化“一码通关”模式；改造区域设置，配备条码打印机、高拍仪、扫码器等设备，创新实施“远程视频为主，现场处置为辅”模式，计划运用“一机双屏”（一台计算机两个显示屏）开展健康申明卡核验工作中。认真开展培训演练，运用“每日一课”“青年关员上讲堂”、专家讲座、业务座谈、视频教学等多种方式，组织开展培训22次，参训人员300余人次；组织新聘用人员赴河北国际旅行卫生保健中心（石家庄海关口岸门诊部）进行采样实操训练并取得证书；针对入境航班保障和可能出现的职业暴露、一线室外工作人员高温中暑、样本溢洒等多种突发情况，全年共组织开展桌面推演2次、应急处置演练3次、全流程实战演练4次、全流程电子系统演练2次，共计490人次参加。11月、12月，圆满完成海外任务包机出、入境保障工作，监管检疫进出境航空器4架次。

▲2021 年 11 月 22 日，石家庄机场海关关员在机坪开展入境航班卫生检疫实战演练

【卫生监督】2021 年，石家庄机场海关有效开展口岸卫生监督。以口岸食品生产经营、公共场所、固液体废弃物处置单位为重点单位开展监管，督促企业严格落实属地化疫情防控措施及总署、石家庄海关疫情防控要求，指导企业制订本单位疫情防控工作方案。现场指导餐饮单位对就餐区域进行改造，要求实施分散就餐、错峰就餐；指导企业开展从业人员健康监测，按属地疫情防控要求做好个人防护及核酸检测相关工作。对口岸冷链食品开展专项督导检查，摸排涉及冷链食品的食品经营单位 37 家。对使用进口冷链食品经营单位开展重点检查，重点检查“一单三证”（报关单、检验检疫证明、核酸检测证明、业经消毒证明）索取情况，督促其严格落实进口冷链食品“三专、三证、四不”（专用通道进货、专区存放、专区售卖进口冷链食品管理；检验检疫证明、核酸检测证明、业经消毒证明；对于检疫合格证明、核酸检测证明、消毒证明、追溯信息不全的，不得上市销售）管理要求。严把环境卫生控制关，指导机场集团完善航站楼疫情防控手册，安装空气质量和微小气候在线监测系统，随时了解航站楼环境质量。监督指导口岸运营单位规范做好固液体废弃物处置工作，完善收集、消毒、移运交接记录。最大限度阻击疫情风险通过口岸传播。

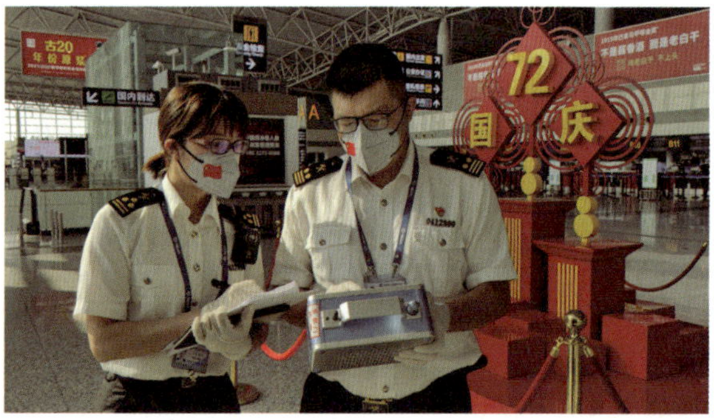

▲2021 年 9 月 29 日，石家庄机场海关关员在石家庄正定国际机场开展口岸公用卫生检查

【口岸监管】2021 年，石家庄机场海关积极开展“清风行动”和“国门利剑 2021”“蓝天 2021”专项行动。严格落实上级部署，细化工作方案，聚焦“洋垃圾”走私、象牙等濒危物种及其制品走私、防疫物资和疫苗非法出境、“水客”走私等重点，紧盯走私新特点新形势，总结前期查发工作经验，强化货运、旅检、快件等业务领域风险研判、监测预警，及时学习海关通报案例和先进做法，定期开展培训研讨，加强与石家庄海关职能部

门、地方相关部门沟通协作，持续深化“全员打私”，保持严管严打态势。结合石家庄关区北京冬奥会口岸监管安保工作形势和石家庄机场海关反恐工作实际，组织开展了2021年口岸监管环节涉恐突发事件应急处置桌面推演，进一步提升航空口岸监管环节涉恐突发事件应急处置能力。

【T1航站楼改造】2021年，机场海关成立卫生检疫、动植物检疫、行李物品监管、视频监控四个专项工作组，按照总署2020年第4号公告要求，多次实地指导开展场地改造工作。重点就区域设置、海关设施设备及标牌展示、业务及办公用房、水电网络等方面制订相关方案。与机场集团建设部建立定期沟通机制，进一步明确疫情防控、智慧旅检和口岸核心能力建设等方面要求，就旅检通道设置、办公业务用房等方面进行协调沟通，确保改造科学规范推进。

【法治海关建设】2021年，石家庄机场海关不断加强普法宣传。以口岸疫情防控与促外贸稳增长等法律政策点为突破口，教育引导自觉遵法守法；同步加强重点执法人员在执法领域内的法治宣传教育活动，尤其是民法典、国家安全法、行政处罚法等重要法律的学习，进一步规范文明执法，提升依法把关能力。4月26日，开展知识产权宣传周活动，积极走访企业加强政策宣传，深入调研，了解企业经营状况及维权中遇到的困难和问题，鼓励企业将自有知识产权向海关总署备案，扩大知识产权海关保护的社会影响。7月2日，邀请石家庄机场海关法律顾问河北万垚律师事务所律师、法律专家苏长雪同志以及各业务科室骨干人员，为全体关员提供法律咨询和帮助，讲解《中华人民共和国民法典》《中华人民共和国国境卫生检疫法》《中华人民共和国网络安全法》等。开展“8·8”海关法治宣传日活动，走进监管场所、候机楼大厅，开展普法宣传，积极践行重点讲解口岸疫情防控、促外贸稳增长、知识产权保护相关的规定和政策，教育引导民众增强法治观念和知识产权保护理念。

【行政许可】2021年，石家庄机场海关规范行政许可，规范“一个窗口”行政审批流程，精简审批材料，公示办事指南，提高行政效率。优化“口岸卫生许可证核发”核批流程，积极推广网上业务办理，压缩审批时限，精简审批材料，公示审批程序、受理条件和不办理标准，公开办理进度，推进信息共享应用，强化事中事后监管。2021年，已通过“一个窗口”受理卫生许可证业务48份（包括首次申请26份、延期18份、变更4份），窗口服务实现零投诉。

【药品口岸建设】2021年，石家庄机场海关服务发展临空临港经济，积极助推石家庄空港口岸申报石家庄药品进口口岸。6月，河北省药品监督管理局、石家庄市市场监督管理局、河北省药品医疗器械检验研究院赴石家庄机场海关就药品进口口岸申报验收准备工作进行沟通，明确石家庄药品进口口岸申报必须为国家开放的一类口岸即石家庄空港口岸。石家庄机场海关积极与三方机构展开工作对接，配合建立合适的沟通协调机制，持续做好药品进口口岸申报验收准备工作的相关配合，帮助补充口岸相关材料。

（撰稿人：王孜明　刘　丽　刘静怡
张　皓　张　毅　张会现
岳虔伊　孟晨悦　龚文超）

鹿泉海关

【概况】鹿泉海关是受石家庄海关直接领导，按授权负责石家庄市（除石家庄机场口岸、正定县、石家庄综合保税区、辛集保税物流中心B型、危化品海关监管、海关稽查职责之外）范围内海关各类管理工作的正处级隶属海关。现有在编人员63人，内设正科级机构9个。2021年，鹿泉海关在石家庄海关党委正确领导下，以习近平新时代中国特色社会主义思想为指引，深入学习贯彻党的十九大和十九届二中、三中、四中、五中、六中全会精神，全面落实上级安排部署，深入推进“五关”建设，统筹推进疫情防控和促外贸稳增长工作，有效发挥职能作用，强化监管、优化服务，为地方外贸经济发展贡献海关力量。全年实现税收入库50.12亿元，同比增长0.48%；受理报关单14,370票，累计监管货值67.14亿美元，监管货运量3,415.53万吨。共受理检验检疫出入境货物申报6,379批次，签发各类检验检疫证单6,486份。签发各类原产地证书24,187份，新增原产地企业备案1,200家。海关报关单位备案1,272家，变更970家，注销657家。完成核查作业198起。

【政治机关建设】2021年，鹿泉海关加强政治机关意识，深入学习贯彻习近平新时代中国特色社会主义思想和党的十九届六中全会精神，不断增强理论武装。发挥党委领导核心作用，组织召开党委会议48次，从讲政治高度推动上级各项部署要求落实到位。制订2021年鹿泉海关重点任务分工方案，明确73项重点工作，及时向石家庄海关党委请示报告重大事项，坚决做到令行禁止、政令畅通。坚决落实习近平总书记重要指示批示精神和党中央重大决策部署，坚持“第一议题”制度和“第一时间”要求，通过每月例会、党委理论学习中心组会议及时跟进学习习近平总书记最新重要讲话精神和党中央重要会议精神，认真落实打击“洋垃圾”、濒危物种及其制品走私工作要求，全面做好疫情防控、压缩通关时间等工作。

【基层组织建设】2021年，鹿泉海关积极发挥党委理论学习中心组示范引领作用，组织党委中心组（扩大）学习28次，及时学习传达习近平总书记重要指示批示精神，贯彻落实党中央决策部署。持续夯实基层党组织建设，制订2021年度鹿泉海关全面从严治党工作重点任务分工方案，明确36项具体工作措施。9个党支部积极培育党建品牌，提高党建质量。用好“学习强国”、“钉钉”、智慧党建等学习教育平台，落实“三会一课”、主题党日等组织生活制度，各支部累计开展活动200余次。1个支部获评石家庄关区党建培育品牌，2个支部获评“四强”支部，新发展党员1名。

【党史学习教育】2021年，鹿泉海关围绕党史学习教育开展专题研讨5次、党员大轮训2次、支部书记分段讲党史3次、邀请社区老党员讲党史1次、到红色教育基地进行现场教育2次、党委书记结合形势教育讲党史2次共六轮15次专题辅导。组织党员赴晋察冀边区革命纪念馆开展红色教育、录制“海关小姐姐讲党史”微视频、举办纪念中国共产党成立100周年主题党日、参加河北省直工委“微课堂”等，进一步丰富学习教育形式。全体党员结合工作实际撰写心得体会100余篇，参加全国海关党史知识竞赛、海关e课堂专题培训和海关系统党史学习教育网上专题培训班。开展“我为群众办实事”实践活动，班子成员实地走访1个政府部门和8家监管企业，征求意见建议38条，针对9项重点民生项目，制定29条具体措施，实施挂号销账管理并全部完成。“办实事解难题助力河北鲜梨出口为乡村铺就‘甘甜’致富路”被评为总署“‘我为群众办实事’百佳项目”。

【疫情防控】2021年，鹿泉海关严格落实疫情防控责任，第一时间学习贯彻总署、石家庄海关及属地疫情防控要求。每月定期召开例会研究部署疫情防控工作，不定期召开关长办公会督导疫情防控落实情况。认真落实预约通关、加班查验等便民惠企政策，提供预约服务、延时服务、按需服务等，保障外贸企业正常办理海关业务。对各大医院进口用于新冠病毒检测治疗的医疗设备优先查验，确保设备第一时间放行。认真落实安全防护管理主体责任，严防职业暴露感染。积极参加地方疫情防控工作会议和有关进口冷链食品疫情防控工作。加强内部疫情防控，严格落实各项常态化疫情防控措施，组织开展内部工作人员感染新冠肺炎应急处置相关演练3次。做好全员核酸检测，全体干部职工除禁忌症外均已完成疫苗接种，积极推进加强针接种。落实干部职工健康监测“日报告、零报告”制度，做好出行管理。

【干部队伍建设】2021年，鹿泉海关落实中央八项规定精神，严防“四风”反弹回潮。开展海关系统“现场监管与外勤执法权力寻租”专项整治工作，注重完善工作机制、堵塞管理漏洞，建立工作机制3个、完善作业流程5项。对于巡察发现的问题，加强综合分析，举一反三，切实做到堵塞漏洞，40项整改任务均已完成。

严格日常管理制度、会议制度、请销假制度等。深化纪法教育和警示教育，各党支部书记讲廉政党课9次，督促全体党员严守党规党纪。组织全员认真学习海关工作人员廉洁从政法律制度汇编等文件，对照2021年海关系统通报的45起违纪违法典型案例，坚持“用身边事教育身边人”，深化以案明纪、以案为鉴。与党委派驻纪检组开展会商、风险联合研判4次，采纳工作建议4条。坚持严管与厚爱并重，践行监督执纪“四种形态”特别是第一种形态，对苗头性、倾向性问题开展提醒谈话4次6人，督促干部职工严格遵守着装、考勤、外勤执法等工作纪律规定，未发生酒驾醉驾情事。加强窗口作风建设，用好海关政府服务“好差评”系统，主动评价率和好评率均达100%。强化干部队伍管理，深入贯彻新时代党的组织路线，坚持在业务一线识别、使用干部，5名年轻关员进行岗位交流，2名新提任副科级领导干部跨科室交流，提任科级领导干部1名，开展职级晋升工作两批6人次。认真落实石家庄海关教育培训工作部署，全员实现年度学时、学分达标。深化准军事化纪律部队建设，开展“内务规范强化月”活动，全年内务规范突击检查12次。

【贸易便利化】2021年，鹿泉海关推进全国通关一体化改革，推广“单一窗口”应用，实现检验检验业务申报率、报关率、原产地证申报率100%全覆盖。实时推广海关优化营商环境相关业务改革政策，压缩整体通关时间，精简监管证件和随附单证，推进检验检疫证书电子化，优化进口通关模式。2021年12月进口通关平均时长38.39小时，出口通关平均时长0.25小时，超额完成比2017年出口115.36小时、进口22.3小时压缩一半的目标任务。推进原产地贸易便利化，为RCEP实施做好准备。对内加强业务培训，派出业务骨干参加石家庄关区RCEP专项课题研究，参与总署项目开发；对外加强宣传，采用视频会议形式举办海关业务宣讲，辖区近200家进出口企业参与。对辖区内企业特别是含有进口成分产品和对日出口有意向的企业进行一对一服务和政策指导，保障辖区出口日本的RCEP原产地证书签证申请顺利完成自助打印。

【税收工作】2021年，鹿泉海关加强海关税管政策宣传，将国家降低关税、进口环节增值税等惠企政策落实到位。深化综合治税，做到提前布局、定制服务、应收尽收，全面推广应用自报自缴、电子支付、汇总征税、关税保证保险等新型纳税方式，实现纳税无纸化，便利企业纳税。针对主要税源商品需要二次结算的情况，建立了二次结算电子台账，对申报及结算及时催报、及时督促、补征税款及时入库。全年实现税收入库50.12亿元，同比增长0.48%。加强海关减免税政策宣传，高度关注政策变化情况，确保准确把握政策实质，提升减免税业务水平。全年制发征免税确认通知书68份，审批总货值

1,626.24 万美元，实际减免税款 1,151.51 万元。办理减免税单位、项目备案 15 份，税款担保 37 份。

【加工贸易集中审核】2021 年，鹿泉海关优化加工贸易集中审核业务办理流程，持续对关税配额、水产品、貂皮等重点敏感行业企业进行风险分析与防范，摸清业务状况，采取切实可行措施防范风险。经对白砂糖派发口岸布控指令查验命中 2 票异常。规范监管秩序，先后向缉私部门移交加工贸易 11 起违规案件线索，立案 2 起。规范执法操作，设立加工贸易手（账）册共 878 本，变更手（账）册 2,078 本，核销手（账）册 867 本。全年在海关业务可视化平台中核实移出 20 条监控联系单。实际派发风险核查联系单达 110 余次。

【服务效能】2021 年，鹿泉海关严格执行总署关于出口防护物资快速通关相关要求，向企业宣传进出口防疫物资最新政策。设立绿色通道，实行“7×24 小时”预约通关，全流程“一对一”指导。办理出境防控物资 123 批，总价值 23,466.39 万元，主要包括非医用手套、连花清瘟胶囊等。积极推进“报关企业注册登记”和“出口食品生产企业备案核准”由行政许可改为备案管理，对符合备案要求的当日办结，推进全程网上办理，实现“零跑腿”。优化核查工作机制，在人员少、时间紧、任务重的情况下完成核查作业 190 起。受理报关单位注册备案工作 2,578 家，其中注册 1,135 家，变更 821 家，注销 622 家。新增出口食品生产企业备案 10 家，进口食品化妆品收货人备案 15 家。与商务部门联合对 4 家手（账）册“三无企业”进行实地勘察。大力推进信用管理和信用培育工作，帮扶 1 家企业顺利通过海关 AEO 高级认证。严格按照文件规定复核资料，发现问题及时反馈，做到工作完整规范，办理辖区内留学人员购买国产免税车手续 191 票，复核石家庄关区内该业务 300 票，退回整改 74 票。支持保税物流中心（A 型）发展，安排专人定期完成视频监控、场所巡查、安全情况排查和数据报送，并对保税物流中心业务开展进行政策指导，全年进出口货运量 0.0675 万吨，进出口总值 0.0187 亿美元。

▲2021 年 12 月 15 日，鹿泉海关关员监管出境中欧班列

【业务管理】2021 年，鹿泉海关落实上级政策措施，提升海关监管效能，推进报关零延时、查验零等待。实施节假日预约查验总计 110 人次，监管进出境中欧班列 212 列，20,804 个标箱，总货值 39.64

亿元，同比分别增长 100.02%、105.61% 和 132.49%。货源主要来自河北及周边省份，主要货物有长城汽车、长安汽车、自行车、加工机械、玩具、箱包鞋帽等。推进农产品进出口，规范工作流程，创新监管模式，提高验放效率。查检出境鲜梨 2,921 批次，货值 11,048.60 万美元；出境食品化妆品 2,230 批次，货值 11,123.65 万美元；进境皮张 1,756 批次，2,770 标箱。加快出口农产品企业注册资质办理，完成 22 家出口动植物产品企业和果园审核。检验进出口工业品 596 批，货值 14.80 亿元。进口工业品主要为医疗器械、旧机电、棉花等；出口工业品主要商品为种子清洗生产线、围栏装饰线、高岭土等。严格落实涉疫情防控用特殊物品监管要求，完成辖区 6 家生产销售出口特殊物品企业备案现场检查工作。全年开展出境特殊物品监管 510 批，货值 1.34 亿美元，其中新冠病毒抗体试剂盒出口共计 336 批，货值 1.41 亿美元。

【国门安全】2021 年，鹿泉海关开展安全隐患大排查，每月通过现场巡查和视频检查相结合方式对监管场所和保税仓库进行监管，督促企业落实主体责任。严格进出境货物查验，规范工作流程，严守国门安全。合理依据岗位专业“双随机”安排查验人员，提高查验不合格检出率，全年查发涉及包装、标识 6 批次出口不合格，7 批次出口鲜梨发现一般检疫性有害生物，查发 3 批次进口不合格，全部按要求进行后续处置，10 个集装箱涉嫌违法移交后续处置。开展国门生物安全监测工作，在水果集散地、出口果蔬种植基地等高风险区域设置 64 个监测点，其中检疫性实蝇监测点 49 个、梨火疫病菌监测点 15 个。开展出境水果、饲料和进出口食品安全风险监控工作。出境水果类安全风险物质监控完成 64 个样品检测，获得 317 个检测结果，监测结果合格率均为 100%。结合查管系统布控情况，对辖区进境牛皮、羊皮和细杂皮开展疫病监测，无不合格检出情况。按照 ECIQ 和新查管系统指令，食品化妆品类共抽取 4 个进口样品和 32 个出境样品，分别取得 47 个和 170 个检测数据，检测结果全部合格。

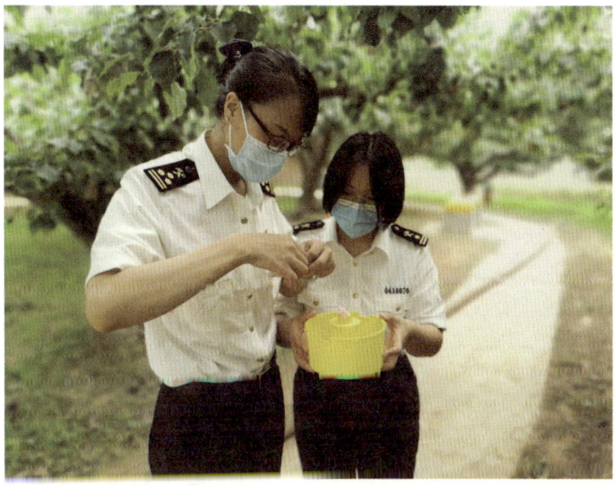

▲2021 年 9 月 27 日，鹿泉海关关员在果园进行有害生物监测

【全员打私】2021 年，鹿泉海关开展“国门利剑 2021”和“蓝天 2021”专项行动，严把报关、查检、核查关口，严厉打击“洋垃圾”、象牙等濒危物种及其制品走私。全年辖区未发生走私违法犯罪情事。严格“一简一快”（一简：简易程序案件；一快：快速办理案件）案件、对外出具无行政处罚证明等办理程序，采取多种形式开展“知识产权宣传周”等法制宣传活动。办理“一简一快”案件92起，其中企业注册信息超期变更案件85起，申报不实案件6起，擅自卸离运输工具1起。对涉及香奈儿等多家国际知名品牌某公司侵犯知识产权案件进行立案、扣留、调查、审理、作出处罚决定，提出处置没收侵权货物意见并将涉案货物移交财务部门处置。

【内部控制】2021年，鹿泉海关发挥专项督察作用，对禁止“洋垃圾”入境措施落实情况等4项重点工作进行督察，确保各项重大决策部署落实落地。深入推广应用HLS2017平台应用，对事件管理平台增加授权14人，并根据人事调整更新授权范围，维护数据安全。利用HLS2017平台中的监控分析栏目对相关业务领域进行核查并制发联系单37份，均已处置完毕，有效防范业务风险。

【科技及保障】2021年，鹿泉海关实时监控终端设备安全运行状况，确保中国共产党成立100周年、十九届六中全会等重要敏感时期网络安全运行。做好海关业务数据安全管理，利用360天擎系统对内网客户端进行扫描，确保业务网计算机操作系统安全。加强政务信息和新闻宣传工作，组织开展微信泄密专项整顿行动，全员签订保密承诺书。加强办公场所安全管理，法定节假日前开展安全大检查，及时消除安全隐患。

（撰稿人：王悦明）

正定海关

【概况】正定海关是隶属于石家庄海关领导的出入境监督管理机关，始建于2019年1月10日，为正处级，按授权负责正定县、石家庄综合保税区、辛集保税物流中心（B型）范围内海关各类管理工作，同时负责石家庄市危险品海关监管工作，石家庄片区（正定海关、机场海关、鹿泉海关）稽查业务及正定县、石家庄综合保税区、辛集保税物流中心（B型）核查业务。主要负责党的基层建设和干部队伍建设；办理具体海关业务，反馈执法作业结果；完成石家庄海关交办的其他工作。

2021年，坚持以政治建关统领发展，始终牢记“海关是政治机关”的属性定位，第一时间学习贯彻习近平总书记重要指示批示精神和党中央决策部署，高标准、严要求开展党史学习教育，坚定不移走好“两个维护”第一方阵；以改革强关增强动力，主动对接服务属地外贸发展，持续深化“放管服”改革，不断提升通关效率和服务水平；以依法把关筑牢基石，全面贯彻落实总体国家安全观，强化进出口检验监管，加强风险分析研判，切实提高海关监管效能，守好国门安全；以科技兴关强化支撑，利用科技手段和技术优势，推进“互联网+海关”建设，加强网络安全管理，提升科技应用能力；以从严治关凝心聚力，严格落实“一岗双责”，加强基层党组织规范化建设，狠抓党风廉政建设和准军事化日常管理，推进清廉海关建设。

【全面从严治党】2021年，正定海关加强政治理论学习，把学懂弄通悟透习近平新时代中国特色社会主义思想作为首要政治任务，建立“党委带头学、党总支组织学、各支部自主学”的学习模式，坚持“第一议题”制度和“第一时间”要求，全年开展党委中心组（扩大）学习28次，党总支组织9个支部开展“三会一课”集中学习30次，各支部在完成“规定动作”的基础上，通过讲授党课、撰写心得、组织参观等方式，不断增强“四个意识”、坚定“四个自信”、做到“两个维护”。

扎实开展党史学习教育，组织“重温百年党史，凝聚奋进力量”系列活动，拍摄《海关小姐姐讲党史》小视频，以“三个走进”为抓手开展“我为群众办实事”实践活动，征集意见建议34条，形成党委重点民生项目清单8项、具体措施28条，全部按时保质保量完成。

持续推进中央、总署党委巡视整改及石家庄海关危化品进出口监管工作专项巡察整改，并对巡视、巡察发现的问题实施动态管理、台账推进、对账销号，石家庄海关危化品进出口监管工作专项巡察反馈的10条意见全部整改完毕。

紧紧围绕党风廉政建设和反腐败工作，开设党风廉政教育课堂5期，讲授廉政党课9次，组织党员干部赴西柏坡廉政教育基地参观学习1次；运用监督执纪“四种形态”，特别是第一种形态，开展提醒谈话2次；扎实开展“现场监管与外勤执法权力寻租”专项整治，组织78人如实填报个人申报表、开展谈话、撰写心得体会，梳理廉政风险清单61条，确定重点岗位2个，走访重点企业8家，排查风险问题7条，顺利通过总署、石家庄海关检查组实地检查，进一步增强了党员干部的责任意识和廉政守纪意识，推动全面从严治党、从严治关向纵深发展。

【干部队伍建设】2021年，正定海关坚持正确选人用人导向和人岗相适原则，全年累计调整干部16人次，因工作需要调整岗位7人。制订专项集中工作实施方案，做好6名集中工作干部的教育管理和服务保障。开展领导干部个人有关事项报告和海关工作人员违规投资企业及在企业兼（任）职情况自查，均未发现违规情形。

强化准军事化纪律部队建设，建立健全内务督查常态化机制，加大日常检查和不定期抽查力度，每月进行2次内务检查，对发现的问题全关通报并立行立改。开展“内务规范强化月”活动，认真学习海关内务规范，集中开展队列训练，锻造“政治坚定、业务精通、令行禁止、担当奉献”的准军事化纪律部队。

【压紧压实安全监管责任】2021年，正定海关落实国家总体安全观，全力抓好安全生产工作。研究制定安全生产领导小组工作机制及安全生产工作主体责任清单，加强对重点区域安全生产检查和管理，开展集中整治和风险隐患排查，与石家庄综保区管委会和辛集市人民政府分别签署《综合保税区管理和安全生产工作合作备忘录》《辛集物流保税中心（B型）管理和安全生产工作合作备忘录》，夯实安全生产基础。

【实际监管效能】2021年，正定海关严把进出口危险品检验关，压紧压实进出口危险化学品和危险货物检验监管责任，开展危险品安全风险排查和包装末端抽查，建立自查制度和不合格企业约谈制度，对发现的问题认真整改，约谈出现不合格企业8家。全年共16人通过2021年进出口危险品及包装检验监管培训，现有取得资质人员31人，占总人数56.4%。全年共完成出入境危险货物及其包装检验

10,533 批，出境危险货物包装使用鉴定 6,005 批、213.02 万件，出境危险货物包装性能检验 1,384 批、379.03 万件，查发不合格 50 批，均依规处置。

加强后续监管，加大稽（核）查力度，积极探索涉检领域稽查，对 4 家进境皮张加工企业开展专项稽查，对发现的违规情事按规定报送相关部门。加强数据分析研判，认真开展“国门利剑 2021”“蓝天 2021”等专项行动，对 1 家固体废物进出口企业、8 家进口再生金属企业开展专项稽查，对其中存在违规情事的 4 家企业均按程序移交缉私处理。主动对医药、纺织、加工贸易等行业数据进行分析比对，重点关注特许权使用、公式定价、转移定价等特殊业态，积极查找风险点，经自主分析研判对 11 家企业开展专项稽查，并向风控中心提交 11 条风险处置类稽查建议。充分利用主动披露，释放政策红利，共有 5 家企业提交主动披露报告，为企业减免滞纳金 200 多万元。全年共完成稽查作业 29 家，开展核查作业 33 家。

提升税收征管质量，开展年度税收摸底调研，了解重点税源企业、商品进口变动情况。深入推广“两步申报”、跟进“两段准入”、研究“两轮驱动”，做好 2018 系统应用工作。推进属地纳税人管理工作，建立属地企业管理底账和“双特”价格台账。处理缉私补税案件 2 起。完成首票减免税货物异地监管业务，为河北常山生化药业股份有限公司减免税款 18.36 万元。

▲2021 年 12 月 30 日，正定海关关员开展冬季危险品安全风险排查

【优化营商环境】2021 年，正定海关持续深化业务改革，创新跨境电商 B2B 出口监管模式，7 月 22 日，石家庄首票“跨境电商 B2B 出口”（监管代码“9710”）货物顺利放行；8 月 3 日，石家庄首个“9810”跨境电商出口海外仓模式的企业备案完成；8 月 4 日，河北省首票“9810”跨境电商出口海外仓业务在正定海关顺利完成通关。持续压缩整体通关时间，2021 年进出口通关时效均优于关区平均水平。加强 RCEP 政策宣贯及原产地管理系统应用工作，持续推进“两证合一”备案、“无纸化申报”“自助打印”及“智能审核”等便利化措施。全年共签发各类原产地证书 1,964 份，签证金额 2.06 亿美元，各类优惠原产地证书共为企业优惠关税 927.02 万美元。

推动石家庄综合保税区高质量发展，做好自贸区改革创新经验复制推广，助推跨境电商企业（河北思路之窗电子商务有限公司）开业运营，开展“断链刨根”专项整治，加强跨境业务日常管理，全年跨境电商实现清单95票，货值3.54万元，征收税款1,838.25元。助力区内珠宝加工企业完成首单保税珠宝商品加工复出口业务，积极探索高端制造业保税模式，推进一般纳税人制度、仓储货物按状态分类监管政策实施，与石家庄综合保税区税务局签署《石家庄综合保税区增值税一般纳税人资格试点企业信息共享和联合监管机制》。支持“一带一路”建设，发挥政策优势指导企业高效集约开行中欧班列。石家庄综合保税区全年共受理进出口报关单3,675票，货运量13.77万吨，货值5.75亿美元，征收税款11,445.4万元。

推动辛集保税物流中心（B型）升级发展，严格进境生皮等非食用动物产品的检疫查验，强化对非洲猪瘟全链条防控，指导定点生皮存放场所增加进境牛皮存储业务，进口牛皮30余万张。提前介入指导，帮助完成进境肉类指定查验场地的申建工作，于4月通过海关总署正式验收。辛集保税物流中心（B型）全年共受理进出口报关单4,056票，货运量7.14万吨，货值1.81亿美元，征收税款3,800万元。

促进地方外向型经济发展，为辖区首批出口肠衣签发兽医卫生证书，确保顺利通关。完成报送石家庄国际邮件互换局（交换站）总署征求意见的初审和回复工作。开展技术性贸易措施调查和输欧食品专项调查，精准帮扶辖区企业实现TRACES注册，打开欧盟市场，撰写宣传信息《石家庄海关助力自贸区正定片区生物医药产业建设案例》，作为2020年技术贸易措施经典案例被总署采用。

▲2021年3月30日，正定海关深入企业一线开展RCEP政策宣贯

【法治建设】2021年，正定海关通过发放宣传册、深入企业实地调研、召开座谈会等多种形式开展全民国家安全教育日、知识产权宣传周、海关法治宣传日等系列活动，及时跟进学习《中华人民共和国行政处罚法》《海关办理行政处罚案件程序规定》等，提高执法能力水平；做好“一简一快”案件立案处罚和涉嫌违规案件线索移交，查处“一简一快”案件7起、涉检案件3起，累计处罚金额6.90万元。开展“龙腾行动2021”活动，对优势企业开展调研和帮扶，完成1起知识产权案件处罚工作。销毁知识产权涉案货物2批。

【科技支撑】2021年，正定海关坚持“三智”理念，大力推进科技兴关。全面完成三级视频监控平台整合改造，将机关大楼、石家庄综合保税区、辛集保税物流中心（B 型）视频系统纳入统一平台管理，直达石家庄海关二级平台，并将新开通的综合保税区海关监管场所及跨境电商保税监管场所视频监控系统编报、入网，实现视频监控平台的安全规范高效管理。

加强网络和数据安全管理，制订技术保障应急预案，定期开展应急及防火设备使用演练，制定机房管理办法等，定期开展病毒查杀及补丁升级，严格网络及信息化设备审批管理，确保网络和业务数据安全。联合石家庄海关数据中心开发应用小程序解决“双随机”难题，自 8 月底起共随机选派 108 次。以分类状态监管改革为抓手，通过企业仓储管理系统与海关系统联网，实现海关对保税商品和非保税货物库存数量、库位等信息的动态实时查询。

高度重视政策研究工作，圆满完成石家庄海关牵头承担的首个署级课题《创新安全监管理念 提升进出口危险货物及其包装安全风险管控研究》，获署领导批示，课题研究报告精简版在总署相关刊物刊发；组织完成关级课题《石家庄关区隶属海关执法领域内部控制研究》，全年共发表政策研究文章 4 篇。

【督察内控】2021 年，正定海关加强对 HLS2017 平台应用，结合业务实际进行监控分析，针对警示提示及时排查风险隐患和管理漏洞，规范业务运行，全年共制发监控核查联系单 62 份，处置异常数据量 63 条，补证 5 件，补征税款 4 次；撰写应用信息 3 篇，被总署采编 2 篇。

做好督查审计工作，对石家庄海关确定的严防重大动植物疫情疫病传入传出和外来物种入侵措施落实情况、强化企业管理和稽（核）查工作措施落实情况、优化口岸营商环境，促进跨境贸易便利化工作措施落实情况、打击“洋垃圾”和象牙等濒危物种进境情况等 4 个关级督察项目开展自查，配合石家庄海关做好稽（核）查、进出口危化品督察，认真开展专项审计自查，如实反映情况，客观揭示问题，狠抓整改落实。

【新冠肺炎疫情防控】2021 年，正定海关有效应对突发疫情，对 1 月 2 日藁城区小果庄突发新冠肺炎疫情，科学处置，安排 5 人留守办公驻地，坚守岗位 56 天；对 11 月 5 日辛集市小辛庄突发新冠肺炎疫情，按要求落实辛集市政府防控要求。新冠肺炎疫情期间做好人员思想安抚、疫情上报、个人安全防护等，配合地方政府做好集中隔离和居家隔离，确保无人感染新冠病毒，取得了抗击新冠肺炎疫情的胜利。

严格落实“外防输入、内防反弹”各项措施。高度重视疫情防控工作，完善领导机制，成立指挥部和工作组，先后 10 余次组织召开党委会、形势分析及业务督察例会、关长办公会认真学习落实海关总署石家庄海关及地方疫情防控相关文件和制度，并据此动态调整防控措施。组织学习“安全防护装备穿戴与脱卸”课程，编写安全防护工作手册等。制订预案和应急演练脚本，开展进口食品检出新冠病毒核酸阳性应急处置演练。扎实推进疫苗接种，建立疫苗接种台账，做到“应接尽接”。从 8 月 3 日开展每周一次核酸检测，全年共计检测 2,018 人次。

【工会工作】2021 年，正定海关加强基层工会建设，开设工会独立财务账户，制定工会相关工作职责和管理制度 8 个，积极创建“职工之家”，建立健身室、母婴室、职工书屋等，丰富职工文化生活。开展“暖心工程”，为 51 名会员办理“职工意外类综合保险”和“互助一日捐”相关手续，确保职工依法享有各项救助权益。组织“创新逐梦、书香女性”读书分享会和“三八”健步走活动，激发女关员巾帼建功热情，坚持“诚心服务、真心相助”的工作原则，切实为职工办实事、办好事，增强全员凝聚力和战斗力。

（撰稿人：郝皎洁）

秦皇岛海关

【概况】2021 年，秦皇岛海关内设科级机构 22 个，事业单位 2 个。石家庄海关核定秦皇岛海关行政编制 153 名；事业单位秦皇岛海关煤炭检测中心编制 49 名；秦皇岛国际旅行卫生保健中心（秦皇岛海关口岸门诊部）编制 14 名。

2021 年，秦皇岛海关负责除昌黎县、青龙县、卢龙县、北戴河区、北戴河新区、北戴河机场、秦皇岛综合保税区及海关稽查职责之外的秦皇岛市范围内的海关各类管理工作。

辖区内主要进口货物种类为铜精矿、黄大豆、大麦、无烟煤、冷轧卷材等，主要出口货物种类为电子元件、汽车零配件、玻璃、大豆蛋白、家具、麦芽糊精等。

2021 年，秦皇岛海关监管辖区货物进出口总值 63.50 亿美元，进出口货运量 583.52 万吨，税收入库 30.85 亿元，审核报关单 30,760 份，监管运输工具 1,393 艘，进出口集装箱 87,123 箱次，进出境人员累计 17,141 人次。

【政治建设】2021 年，秦皇岛海关坚持以习近平新时代中国特色社会主义思想为指导，深入贯彻党的十九大和十九届二中、三中、四中、五中、六中全会精神，增强“四个意识”、坚定“四个自信”，做到“两个维护”，注重发挥党支部的战斗堡垒作用和党员的先锋模范作用，扎实开展党史学习教育，不断提升机关党建高质量发展。

健全工作机制，强化责任落实。年初组织召开机关党委专题会议制订全关党建工作计划，每季度定期召开机关党委工作例会，及时了解掌握全关党建工作情况并进行督导，并组织机关党委委员开展集中学习；完善机关党委委员“点对点”联系党支部制度、党建工作督查和汇报制度，每名机关党委委员点对点帮扶 4～5 个支部，具体指导支部落实组织生活制度及日常支部工作的开展；定期对各党支部党建工作及党支部工作手册、“智慧党建”平台使用情况进行实地督导和检查，并将检查情况进行通报，要求各支部抓好基本管理和基础建设，健全完善党员发展、支部会议记录等日常工作档案。

扎实开展党史学习教育，高质量高标准确保实效。建立规范化学习机制，集中学习见成效。为28个党支部和149名党员以及入党积极分子和青年理论学习小组成员配发党史学习教育指定书目，制订党史学习教育计划安排表并下发至各支部，明确重点学习内容、学习形式、开展范围及完成时限。开展多形式主题活动，确保学习全覆盖。面向全体党员，分两批组织全体党员到花厂峪抗日纪念馆开展“学党史、悟思想”主题党日，寻访红色印记，感悟革命精神；组织全体党员开展线上党史知识竞赛，检验学习效果，达到以赛促学的目的；面向离退休党员，召开“我看建党百年新成就”专题座谈会，老同志老党员们共同回忆中国共产党百年丰功伟绩，畅想辉煌未来；面向团员青年，开展“学党史、强信念、跟党走”主题团日活动，让红色基因、革命薪火代代相传；开展走访慰问老党员活动，为老党员颁发“光荣在党50年”纪念章，送去关心和关爱；为2名新党员举行入党宣誓仪式，组织党员代表重温入党誓词，深刻感受入党时的荣誉感和使命感，更加坚定跟党走的信心和决心。

坚持强基固本，推进基层党组织规范化建设。把巩固深化合格支部建设作为推进“四强”支部建设的基础，不断深化基层党建“强基提质工程”，各党支部严格对照石家庄海关印发的合格党支部建设“四个清单”，组织开展自查，补短板、强弱项。2021年，进出境运输工具监管一科党支部、查验一科党支部、物流监控一科党支部、人事政工科党支部、煤检中心党支部等5个支部被评为石家庄海关“四强”支部。

持续规范权力运行制约监督，倾力打造清廉海关。全面推动内控机制建设，发挥内控自查、督审监督作用，筑牢基层海关“第一道防线”。以深化HLS2017平台应用为抓手，发挥好新海廉内控主平台作用，防范执法风险向廉政风险转化；严格按要求完成离任经济责任审计工作；聚焦疫情防控等重大决策部署落实情况和重点领域及时开展跟踪督察及审计调研工作。坚持高标准严要求，强化干部管理监督。规范运用监督执纪“四种形态”特别是第一种形态，坚持问题导向、抓早抓小，共开展提醒谈话8人次；持之以恒正风肃纪，强化经常性教育，持续紧盯违反中央八项规定精神和“四风”问题不放松；做好常态化节前教育提醒工作，对廉政、酒驾、醉驾等问题进行重点强调，防控节日廉政风险，坚决杜绝酒驾、醉驾事件的发生。

【队伍管理】 做好选人用人工作，坚持好干部标准，形成良好的用人导向和正向激励机制。全年向石家庄海关推荐3名副处级领导干部，推荐2名同志晋级三级高级主办、推荐3名同志晋级四级高级主办；按照干部管理权限，提拔任用7名副科级领导干部，晋升一级主办职级8人、三级主办6人、四级主办8人。

加强准军事化纪律部队建设，以内务规范的小切口强化准军作风的养成，开展常规准军事化集训，严格落实“内务规范强化月”常态化督察制度，严肃通报检查问题，培树内务示范标杆。

加强教育培训专业性和针对性，坚持勤督导、全覆盖、早达标，组织全员提前完成年度学时学分培训任务；围绕党史学习教育、疫情防控等重点工作，组织开展形式多样、内容丰富、侧重专业的培训，不断提高关员的整体素质和综合业务能力。

加强文化建设，借建关120周年之际，深挖厚重历史文化精神，推进文化上墙，组织开展编撰历史文化册，提升干部职工文化素养，增强历史使命感和集体荣誉感。

【业务改革与发展】2021年，秦皇岛海关不断深化“放管服”改革，大力推进汇总征税、关税保证保险、财务公司担保等多元化税收担保模式，解决进出口企业税款难题。积极推行报关企业注册登记“审批转备案”、数据传输人“无纸化备案”等涉企行政审批事项改革举措，取消海关多项证明材料提交，降低企业制度性交易成本。继续推进“两步申报”“两段准入”改革，持续提高应用比率，加强宣传引导，鼓励更多企业参与到改革中来，及时研究处置企业反馈的问题，保障改革成效。全面推进“多证合一”改革，及时清理36家“僵尸企业”；继续做好加工贸易集中审核改革工作，全年新增加工贸易企业4家，手册设立124本。

【新冠肺炎疫情防控】2021年，秦皇岛海关严格按照总署、石家庄海关最新版口岸疫情防控工作方案、操作指引，落实落细疫情防控要求，对入境人员卫生检疫岗位工作人员封闭管理、一线人员和实验室工作人员职业暴露感染等12个防控工作方案、应急处置预案等进行全面修订，形成科学有效防控工作方案和应急处置预案体系，确保规范执法。坚定不移贯彻“外防输入、内防反弹”总体策略，严格执行总署最新版技术方案、操作指南及相关规定，切实落实“三查三排一转运”“7个100%”检疫措施，精准做好入境人员、船舶卫生检疫工作。

严格按照总署、石家庄海关及属地联防联控要求，落实实施一线卫生检疫作业人员封闭管理“14+7+7”模式。进一步健全“培训考核、监督管理、自查督查”三位一体安全防护体系，完善安全防护监督制度，定期开展个人安全防护知识培训、个人防护服穿脱一对一考核及个人防护作业情况视频监控检查。

坚持“人、物、环境同防”，认真组织开展进口冷链食品及高风险非冷链集装箱货物口岸环节新冠病毒检测和预防性消毒工作，按照系统布控，对4批次高风险非冷链集装箱货物进行新冠病毒抽样检测和预防性消毒。

不折不扣执行新冠肺炎疫情内部防控

措施。落实“四早”要求，坚持实行健康监测“日报告、零报告”制度，每周一组织全体干部职工进行一次核酸检测。严格出差出行管理，翔实做好出行人员登记台账。加强门禁管理、会议管理以及就餐管理，切实做好办公区、电梯轿厢、卫生间、空调系统、食堂等重点区域的通风消毒和环境清理工作。严格应急值守，保持值班电话24小时联络畅通，确保一旦发生突发事件按规定程序处置、上报。扎实做好新冠病毒疫苗接种工作。

严格执行实验室操作规范，尤其在生物安全防护方面，按标准实施顶格防护，严格执行检测作业要求，规范样本管理，确保实验室生物安全。加强秦皇岛国际旅行卫生保健中心（秦皇岛海关口岸门诊部）新冠病毒核酸检测实验室体系建设，进一步提升实验室检测能力，全年新冠病毒核酸检测人数27, 391人次。

严格做好口岸作业产生医疗废弃物规范处置管理。压实港口运营者主体责任，要求港口运营企业与有医疗废弃物处理资质公司签订协议对口岸检疫作业产生的医疗废弃物进行处置，按照医疗废弃物管理要求及时清运，做好相关移交和处置记录，确保闭环管理，严控感染或污染风险。

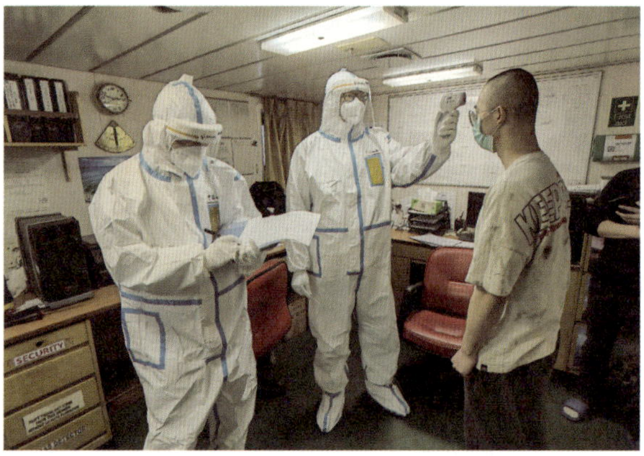

▲2021年2月12日，秦皇岛海关关员在秦皇岛港码头准备为进境船舶办理入境检疫手续

（撰稿人：张　宁）

北戴河海关

【概况】2021 年，北戴河海关内设正科级机构 15 个，管理秦皇岛海关技术中心和秦皇岛海关后勤管理中心 2 个事业单位。3 月 16 日，根据石家庄海关关于北戴河海关内设正科级机构更名及职责调整的通知，石家庄海关党委研究决定，将北戴河海关内设正科级机构出口加工区监管一科更名为综合保税区监管一科，出口加工区监管二科更名为综合保税区监管二科。

2021 年，北戴河海关依照权限负责秦皇岛市辖的昌黎县、青龙县、卢龙县、北戴河区、北戴河新区、北戴河机场、秦皇岛综合保税区范围内的海关各类管理工作，同时负责北戴河海关辖区的核查业务以及秦皇岛片区（秦皇岛、张家口、承德地区）的稽查业务。单位核定行政编制 153 人（其中 1 人机动），实有行政编制 127 人；核定事业编制 49 人，实有事业编制 36 人。现有在职党员 130 人（含 2 名预备党员）。

2021 年，北戴河海关坚持强化理论学习，以党建引领政治建关。坚持把党史学习教育作为一项重大政治任务来抓，坚定不移用习近平新时代中国特色社会主义思想武装头脑、指导工作，有序推进党史学习教育；深入挖掘红色资源，发掘身边感人红色故事，组织主题党日活动祭奠革命先烈，学习英雄事迹，重温入党誓词；加强党建引领，推进“强基提质工程”，向总关报送 2 个党支部“书记项目”，带动全关党建工作质量整体提升；深入开展“现场监管与外勤执法权力寻租”专项整治工作，推动全面从严治党暨党风廉政建设工作落实，持续深化准军事化纪律部队建设，让铁的纪律和良好作风成为日常习惯和自觉遵循；扎实开展“我为群众办实事”实践活动，关领导带队走访秦皇岛市 5 个相关部门和辖区 11 家企业，收集意见建议 20 余条，不断强化为民服务的意识、增强为民服务的自觉、提升为民服务的能力。

2021 年，北戴河海关强化责任担当，严守国门安全。加强内部防控、出差管理，做好安全防护培训及监督检查，做好新冠病毒疫苗全程接种及加强免疫工作，抓实抓细新冠肺炎疫情常态化防控工作；

主动优化营商环境，推进“放管服”改革，持续加强口岸建设，积极推进综保区封关运行，指导综保区管委拓展新兴业态，合力推进跨境电商网购保税进口业务，促进地方外贸稳步发展；统筹推进全年打私业务，加强综合治税，加强稽核查和企业管理，严格进出口检疫监管，切实守卫国门安全。

2021 年，北戴河海关放行进出口报关单 24,902 票；征收税款 1.72 亿元；受理进出口报检 3,021 票，出具各类检验检疫证书 2,034 份；出具各类原产地证书 11,411 份，签证金额 7.3 亿美元，为企业减免进口关税约 3,070 万美元；申报总署科技基地，开展“3·15 消费者权益日”“海关法治宣传日”“蜂产品和葡萄酒安全周”“世界艾滋病宣传日”“宪法宣传周”等一系列科普活动，获批总署科研项目 2 项，河北省重点研发计划项目 1 项，完成“国家质量基础的共性技术研究与应用”（NQI）重点专项项目验收 1 项，完成总署科技项目、应急技术保障专项、原质检总局科级计划项目验收各 1 项，申请发明专利 3 项，其他在研课题全部按照计划完成时序考核任务。发表科研论文 14 篇，其中核心期刊收录 10 篇。

【政治建设】 2021 年，北戴河海关打牢“两个维护”思想基础，发挥中心组引领作用，把学习贯彻习近平总书记重要讲话及重要指示批示精神作为党委会、中心组学习、形势分析与工作督查例会等重要会议“第一议题”，第一时间跟进学习。全年党委理论中心组学习 16 次，开展专题学习研讨 8 次，印发支部学习重点 12 期。将党史学习教育贯穿全年，组织观看中国共产党成立 100 周年庆祝大会，围绕习近平总书记“七一”重要讲话精神开展专题研讨 3 次，开展专题活动、主题故事汇活动、体验式党日活动 10 次。抓好党的十九届五中全会精神学习轮训，轮训 151 人次。深入学习宣传贯彻党的十九届六中全会精神，第一时间召开党委会学习传达，第一时间召开专题会研究部署，制发学习通知，制订具体安排，发布重点工作提示，建立周报制度，党委书记带头做宣讲，各支部迅速开展学习研讨，全关掀起学习宣贯全会精神的热潮。持续深化“不忘初心、牢记使命”主题教育，开展“党旗在基层一线高高飘扬”活动，关党委走访政府部门 5 个、进出口企业 12 家，与党员干部进行座谈 2 次，梳理意见建议 16 条、提出解决措施 20 条。

【从严治党】 2021 年，北戴河海关履行“第一责任人”职责，主持召开专题会议研究本关全面从严治党、党风廉政建设和反腐败工作 12 次，听取党委委员落实主体责任专题汇报 1 次，开展集体谈话 1 次，开展谈心谈话及征求意见 50 余人次，开展提醒谈话 1 人次。党委委员严格履行“一岗双责”，开展批评教育谈话 18 人次，督导分管科室严格落实全面从严治党、党风廉政建设和反腐败工作。打通落实责任

"最后一公里"，持续深入学习并严格贯彻石家庄海关贯彻落实八项规定精神，切实纠治"四风"的细化措施，在每个事项和每次活动前进行对照，坚决遵循。推动将石家庄海关落实党风廉政建设主体责任清单中隶属单位党组织的各项工作任务以及党组织负责人的7项领导责任切实落实到位。党委及班子成员定期对落实全面从严治党主体责任落实情况开展自查，与石家庄海关第三派驻纪检组建立会商通报机制，每季度将自查情况汇总上报石家庄海关。

深入纠治"四风"问题，加强纪律作风建设，开展廉政教育40余次。严格落实中央八项规定，制定经费支出审批、财务管理等制度5项，对公有住房、公车使用情况进行公示；进一步规范管理公务接待、办公用房，明确精文简会标准，发布通知进一步严肃会风会纪，实行会议报备制度，严格会议请假制度，严明会场纪律，强化会议签到和检查通报，树牢纪律规矩意识。严格干部管理监督。定期开展廉政形式分析，每半年进行本部门党风廉政建设情况报告，坚持开展领导干部任前廉政谈话。加强对监督执纪"四种形态"特别是第一种形态的学习运用，开展提醒谈话1人次，批评教育18人次，书面检查2人次，通报点名7人次。

抓好政务服务"好差评"系统建设，完成"好差评"工作1项，企业给予非常满意的评价。设立10名特约监督员，进行电话回访，听取意见建议，发挥好特约监督员作用。狠抓纪律日常养成，对标石家庄海关作风纪律专项整治六大任务，将准军建设纳入考评考核，坚持重大节假日提醒和廉政教育，坚决杜绝酒驾醉驾行为发生。大力整肃关容风纪，每月开展一次内务督察，对检查情况实行通报到科到人，对8个科室、7位同志进行通报点名。

【队伍管理】2021年，北戴河海关结合党史学习教育，大力开展模范机关创建工作，深化创建方案，认真组织推动全面从严治党、思想政治建设、组织建设、纪律建设，及时对9个党支部书记进行改选，7个党支部委员进行增补。深化"强基提质工程"，党委委员与执法一线科室建立联系点，经常性蹲点调研，帮助协调解决实际困难和难题，切实推动队伍建设和业务工作。深入开展"四强"支部建设，获评石家庄海关"四强"支部3个；持续推进党建品牌创建培育，提升支部党建工作水平。组织党务工作人员参加网上培训班，邀请秦皇岛市委党校2名教授，为49名党务工作者进行培训。18个党支部召开党史教育学习专题组织生活会，撰写心得体会170余份，对照党史学习教育目标要求检视问题，以支部为单位列出事项合计211项。机关党委委员列席11个党支部专题组织生活会，占全体支部的数量的61%。积极参评关区"两优一先"评选表彰，2个党支部被评为关区先进基层党支部，2名同志被评为关区优秀共产党员。

▲2021 年 4 月 21 日，北戴河海关在花厂峪抗日纪念馆开展主题党日活动

【新冠肺炎疫情防控】2021 年，北戴河海关认真贯彻落实党中央、国务院关于做好常态化疫情防控各项工作部署，根据总署、石家庄海关对于新冠肺炎疫情防控常态化要求，持续完善疫情常态化防控机制，积极融入属地疫情防控“一盘棋”，制订北戴河海关内部工作人员感染新冠肺炎应急处置预案、北戴河海关内部工作人员感染新冠肺炎应急处置演练脚本及北戴河海关新冠肺炎疫情防控安全防护监督管理制度等内部防控系列制度方案。成立疫情防控安全防护领导小组，组建北戴河海关内部防控安全防护专家组，形成“培训考核、监督管理、自查督查”三位一体安全防护体系；组织开展疫情防控应急演练 2 次，开展个人防护用品穿脱等安全防护相关知识培训 17 次，个人防护用品穿脱阶段性实操考核 3 期，参加培训人员 226 人次，考核人员 48 人次；以各部门内部自查、全关统一检查、内控跟进督察相结合的方式，对全关安全防护工作进行专项检查，建立问题及整改情况台账，并开展“回头看”，整改一项、销号一项。提高政治站位，坚持关区“一盘棋”，先后派出 7 人参加 9 个批次的对口支援秦皇岛海关口岸入境检疫、医学排查、核酸采样等工作。结合不同时期工作需要先后制订接种工作方案、加强免疫接种工作方案及不良反应应急处置预案，对符合条件人员积极推动接种，动态跟踪、汇总、上报相关信息，对禁忌症人员收集证明材料并做好存档工作。坚持落实戴口罩、测温、登记、核验健康码和行程码等内部防控措施；严格落实食堂错时就餐、分散就餐制度；认真做好公共区域以及公务用车消毒工作；对外来人员全面登记来访信息，认真做好风险排查；建立防控物资储备仓库和出入库台账，健全疫情防控资产验收、保管、领用、报损制度，确保防控物资储备充足、流向可查。加强出差出行管理。坚持“零报告、日报告”制度，身体健康情况报告制度覆盖全体工作人员及共同居住人员，做到日常无遗漏。严格落实因公出差和因私出行动态管理要求，建立外出情况登记台账，认真执行公务出差、因私出行逐级审批报备和核酸检测制度。严格执行“应检尽检、愿检尽检”工作要求。

【严守国门安全】2021 年，北戴河海关严格做好动植物疫情检测和年度国门生物安全风险监控工作，制定进口种牛隔离场新冠肺炎疫情防控管理制度，密切关注国内外非洲猪瘟、口蹄疫、禽流感等重大动植物疫情动态，按要求完成出口动物源性食品安全风险监测计划。全年顺利完成2批次10,631头进境种牛隔离检疫监管，监督企业对因外伤感染治疗无效死亡和检疫出疫病阳性的动物依法实施扑杀和检疫无害化处理。认真开展辖区外来有害生物监测工作，不断加强危化品检验及危险货物包装使用鉴定检验监管。全年完成72批次进出境水产品、淀粉、粉丝、葡萄酒等现场查验、取样送检等工作，实施综合评定并出具各类证书证稿1,474批次。

认真开展打击走私“国门利剑2021”行动，制订北戴河海关打击走私“国门利剑2021”行动方案，持续打击“洋垃圾”、象牙等濒危物种及其制品、涉枪涉毒走私活动，落实总署针对跨境电商进口走私“断链刨根”专项行动要求，进一步加强海关监管，促进跨境电商新业态规范健康持续发展。加强与秦皇岛海关缉私分局联系配合，全年开展核查作业108次，办结稽查作业39家，查发问题作业20家。

▲2021年5月2日，北戴河海关关员开展进境种牛隔离检疫监管工作

【安全生产】2021年，北戴河海关深入学习贯彻习近平总书记关于安全生产的重要指示精神，坚持用安全发展理念武装头脑，将安全生产作为工作的重中之重，成立以主要负责人为组长的安全生产工作领导小组，下设办公室，负责组织推动领导小组交办的各项工作任务；成立7个专项工作组，依据各自职责分工，组织开展本业务领域安全生产专项工作；结合北戴河海关实际情况，对应成立由11位高级主办组成的7个核查组，分别对7个专项工作组的安全生产开展情况进行核查和督导。印发北戴河海关2021年安全生产工作要点责任分工，将安全生产要点和责任明确细化，结合安全生产工作实际采取科室自查、专项工作组专门检查、核查组督导核查和安全生产工作领导小组抽查相结合，实现风险隐患排查无空档、无死角。自3月起，各科室、中心每月开展一次安全生产工作自查，专项整治工作组按照各自业务领域每季度至少开展一次专项检查，核查组每季度至少开展一次专项核查和督导，安全生产工作领导小组对各专项工作组、各部门安全生产工作开展情况随时进行抽查，对监督检查中发现的问题隐患坚持边查边改，立查立改，持续推进安全生产各项制度措施落实落细。

理论学习中心组专题学习习近平总书记关于安全生产重要论述，将宣传贯彻习近平总书记关于安全生产重要论述纳入党委宣传工作重点。对内加强教育培训，组织观看《生命重于泰山》电视专题片，结合“三会一课”、主题党日等活动，定期组织学习培训，及时传达总署、石家庄海关安全生产文件精神，引导全体关员强化“人民至上、生命至上”理念，更好统筹发展和安全，切实把安全责任扛在肩上、落在行动上，以实际行动和实际效果做到“两个维护”。对外加大安全生产宣传力度，通过“6·16”安全宣传咨询日、大厅电子显示屏持续滚动播放安全生产警示内容等方式，开展经常性、系统性宣传贯彻和主题宣讲活动，强化警示教育，增强公众安全意识，营造安全生产必须警钟长鸣、常抓不懈、丝毫放松不得的社会氛围。同时全面开展办公场所安全、进出口食品安全、进出境动植物检疫安全、特殊监管区域和保税监管场所安全等重点领域监管排查，及时整改消除安全隐患。

不断加强一线执法人员能力建设，加强业务培训和岗位练兵，7人通过进出口危险货物及其包装检验监管培训考核。对照进出境动植物检疫监管领域工作检查表所涉及动物检疫10项检查内容，逐条认真进行自查。强化网络与数据安全管理，建立网络安全应急联系机制，制订北戴河海关2021年度Ⅳ级网络安全事件应急演练脚本，并按照脚本进行安全演练。强化实验室安全管理，成立由技术中心负责人牵头的实验室安全管理委员会，强化试剂尤其是易制毒、易制爆试剂和危险化学品存放、使用的管理，并与废物处理公司签订合同，定期由专业公司对实验室产生的废液、废物进行无害化处理。

【综合保税区管理】2021年，北戴河海关顺利保障秦皇岛综合保税区（以下简称“秦皇岛综保区”）封关运行。1月6日，总署批复秦皇岛综保区验收通过；3月31日，完成秦皇岛综保区封关运行。多次召开关长办公会，研究部署秦皇岛综保区封关运行工作，邀请石家庄海关法综处联合开展政策宣讲，与开发区管委共同研讨综合保税区发展建设的好做法好经验，配合开展招商引资工作和重点企业政策宣讲，指导企业充分运用好综合保税区优惠政策。4月22日，秦皇岛综保区跨境电商零售网购保税进口业务实单测试成功，标志着秦皇岛市网购保税进口（监管代码“1210”）模式正式运行，跨境电商零售进口监管政策正式落地实施。11月5日，秦皇岛综保区获批增值税一般纳税人资格试点，此后，区内企业可根据实际需求，自愿向综合保税区所在地海关和税务部门申请成为试点企业。

强化秦皇岛综保区卡口及区内监管，形成卡口重点检查、区内定时巡查、视频实时监控的巡查机制。主动联系综合保税区管委、开发区应急管理局，初步建立三方联系配合机制，形成海关、管委、开发区应急管理局联系配合机制，严防新冠肺炎疫情通过进口冷链食品输入风险，针对国内新冠肺炎疫情反复、多点散发的复杂情况，严格执行入区人员两码核验，重点核验入区冷链货物口岸核酸检测证明和消杀记录，严防新冠肺炎疫情随进出区保税货物渠道输入风险，形成共抓共管，联系配合的安全生产防控局面。

主动优化营商环境，成立北戴河海关优化营商环境领导小组，持续推进“放管服”改革，及时提供政策咨询，完成企业登记备案的受理与审核，一对一帮扶指导企业的进境粮食加工厂等设施建设。落实“两段准入”改革，自8月起，综合保税区内实行“6×24小时”在岗值班制度，对入区货物随到随检，协调解决秦皇岛综保区境外入区货物的二线出区进口查验问题。

全面推行“单一窗口”“互联网+海关”，实施无纸化备案管理，简化注销程序，鼓励企业积极使用“提前申报”等便利化通关措施，尽可能减少新冠肺炎疫情对整体通关时间的影响。秦皇岛综保区进出口整体通关时间分别压缩至18.18小时和1.33小时。

【财务管理】2021年，北戴河海关先后修订北戴河海关采购实施细则、北戴河海关政府采购领导小组、北戴河海关经费支出审批管理办法、北戴河海关公务用车使用管理办法等制度并严格执行，财务报销更加合理、规范，有据可依。按照要求及时编制2022年部门预算，并完成上报，按照要求完成2021年部门预算调整工作。做好日常财务报销和会计核算工作，严格审核和检查会计原始凭证，保证基础会计数据的准确记录和会计资料的真实完整，严格单据审批手续，堵塞漏洞。完成全关个人所得税年终汇算清缴工作，每月按照新的税收政策计算个人所得税，使国家的个税政策惠及每位职工。根据职工上一年度月平均工资总额调整公积金基数，对全体职工医疗保险基数进行调整，确保职工个人收益及时到账。

及时完成税款、保证金、滞报金的收取及退还等工作，确保税款及时入库，确保保证金退还不超时限，及时准确核算税款、费收、保证金业务，每月及时和国库对账并上报税收数，及时上报税收会计月报。2021年，北戴河海关实现税款净入库合计1.68亿元。其中关税0.03亿元，进口环节税1.65亿元。

积极推进房屋产权证办理工作，积极推进未办理产权证的公有住房产权证办理工作，积极推进闲置房地产整合利用工作，积极谋划闲置房产的盘活方式，将多处闲置房产盘活。严格按照专项经费的性质进行支出，没有借机挤占、挪用新冠肺炎疫情防控专项经费的情况，合理安排支出。

【督察内控】2021年，北戴河海关通过建立用户登录月度通报制度、对登录和应用情况实行“积分制”管理，压紧压实主体责任。新海廉平台授权人员人均使用天数 255.10 天，处置联系单数 24 条，处置异常数据量 180 条，处置异常数据有效数 158 条，纠正业务差错 104 次，补证件数 6 件，总署采编信息 2 篇，开展培训 2 次，有效提升新海廉平台的应用效能。

（撰稿人：王思骢　杨洪涛　李　波　宋英俊　张　滨　张　璐　张建江）

唐山海关

【概况】2021 年，在石家庄海关党委的正确领导下，唐山海关以习近平新时代中国特色社会主义思想和党的十九大以及十九届二中、三中、四中、五中、六中全会精神为指引，深入落实总署总关两级会议精神，各项工作保持良好态势。

唐山海关共设立 11 个科室和一个事业单位（综合技术服务中心），负责唐山市（除京唐港区、乐亭县、曹妃甸港区、曹妃甸区）范围内的海关各类管理工作。有干部职工 107 人，退休人员 46 人。共有硕士研究生学历 22 人、大学学历 93 人。现有 13 个党支部（含退休党员支部），共有党员 112 人，其中在职党员 94 人。

唐山海关定位为属地海关，主要的业务有审单、税收征管、属地纳税人管理等海关综合业务处置，以及原产地出口货物为主的查检作业、原产地证书签发、动植物检验检疫、商品检验、危化品及其包装检验等；进口税收商品主要以口岸进口铁矿砂、煤炭、大豆等为主。

2021 年，共接受企业申报报关单 568 票，通关作业无纸化率 100%；累计征收税款 2 亿元，进出口贸易总值 8.27 亿元。签发原产地证 10,090 份，金额 11.03 亿美元。办理减免税证明 31 份，审批货值 2.19 亿元，减免税款 1,797.4 万元。办理企业备案 289 笔，变更 325 笔，注销 106 笔。开展“一个窗口”审批事项 37 项，办理留学生回国购车 25 人次。开展核查作业 192 次，常规稽查 7 家，专项稽查 33 家。2021 年年底企业备案总数 3,462 家，其中高级认证企业 11 家，注册登记和备案一般认证企业 23 家，失信企业 17 家。

【从严治党】2021 年唐山海关认真落实全面从严治党部署，层层压紧压实主体责任，全面推进政治建设、思想建设、组织建设、作风建设、纪律建设，把制度建设贯穿其中，深入推进反腐败斗争，不断提高党的建设质量。

以党委中心组理论学习为龙头，将学习习近平新时代中国特色社会主义思想、习近平总书记最新重要讲话精神和党的十九届六中全会精神作为“第一议题”组织专题学习，关党委带头及时跟进学、联系实际学。开展强化政治机关意识教育工作，党委书记带头讲加强政治机关建设专题党课，不断提高党员干部政治意识。组织中心组集中学习27次。党委班子成员坚持以普通党员身份过双重组织生活，坚持以“四强”支部为抓手，积极开展模范机关创建工作，组织党务知识培训，对表现突出的3个基层党支部和16名党员进行了表彰。组织为期3天的入党积极分子、发展对象集中培训，承办关区入党发展对象培训班。接收在新冠肺炎疫情防控和平时工作中表现突出的5名年轻关员为预备党员。

学习宣传贯彻十九届六中全会精神，突出对习近平新时代中国特色社会主义思想的系统学习和全面把握，组织专题交流研讨，准确领会把握思想精髓和核心要义，切实在学懂弄通做实上下功夫，组织专题学习交流12次，各党支部开展互动式、讨论式学习宣讲12次。通过邀请专家辅导、编印学习资料、购买学习用书、参加集中学习班、开展党员培训、组织集体交流、撰写学习体会等形式，提升学习效果，已组织中心组学习6次，扩大到党员代表85人次，带动12个党支部学习25次。

成立党史学习教育工作领导小组，制定工作计划，安排党史学习工作30项。组织开展清明祭扫、“听故事·思党史”等活动，邀请老同志讲历史，参加党史故事宣讲比赛获二等奖。扎实开展“三个走进”，共征求意见建议37条，制定工作措施45项，梳理形成10项重点民生项目清单。

【队伍建设】2021年，唐山海关注重提升全员素质，优化人力资源配置，大力加强准军事化海关纪律部队建设，关心关爱干部，抓好干部队伍建设，提升队伍凝聚力与战斗力。

组织学习总署及石家庄海关全员培训工作方案，明确全年培训任务及学时要求，教育培训质效稳步提升。开展干部岗位交流，共交流科级干部10人次。强化纪律作风整治，邀请派驻纪检组参加共同研究部署全面从严治党工作，以“周提醒、月教育、季分析”加强反腐倡廉，组织廉政警示教育10次。狠抓酒驾醉驾，重点强化8小时以外管理。开展“内务规范强化月”活动，开展现场突击检查21次、视频监控检查50次。

提升队伍凝聚力，积极争取地方财政补助资金，注重真心关爱，积极改善关警员工作生活条件。关心干部身体健康，组织全体干部职工和退休人员体检；重要节日前慰问困难党员、退休老干部。做好志愿服务活动，开展帮扶慰问已达15年；精准扶贫，继续帮扶张家口市怀安县王龙庄村困难村民。

【贸易便利化】2021年，唐山海关支持构建新发展格局，优化口岸营商环境，提升贸易便利化水平，主动帮扶企业，助力外贸保稳提质，推动外向型经济发展。

无纸化报关单、电子支付方式缴纳税

款税单、“单一窗口”主要业务申报率、进口许可证件通关作业无纸化率、“自报自缴”模式报关单、汇总征税方式申报报关单占比均达100%。全力推广“两步申报”改革，申报比81.95%，位列关区第1名；巩固压缩整体通关时间，进口报关单586票，出口报关单6票，进口通关时间10.92小时，出口通关时间1.75小时；深化综合治税，扩大属地纳税人底账适用范围，开展重点税源企业摸底调研。成立技术性贸易措施应对工作组，实行专家轮值牵头的模式做好各项技术性贸易措施工作，贸易措施工作得分186分，位列关区第3名。做好企业注册备案及资质清理工作，完成各类备案84家，办理进出口货物收发货人注册登记252家。

做好精准帮扶工作。帮助企业应对国外贸易技术措施，完成辖区2家出口水产企业的韩国官方检查；为12家企业出具15份无违规证明，助力企业融资上市；指导2家企业申报知识产权海关保护备案，培塑优势企业1家，指导企业申请减免税，共减免税款1,792.3万元；帮助企业利用RCEP原产地规则及关税减让成果，签发产地证3,995份，审核通过191家企业备案（变更），为94家企业141个产品预审。

规范开展备案审核，提高外贸出口主体质量。严格按照审核标准开展现场审核，针对审核发现的不符合项，及时督促企业整改。共审核27家出口竹木草企业，4家出口木包装企业，1家进口粮食定点加工厂和1家进口粮食仓储库，发现存在的不符合项48个，向石家庄海关进行了全面反馈，并监督企业进行了整改。办理进出口货物收发货人注册登记252家，企业信息变更284家，企业注销102家。完成辖区出口食品生产企业首次备案8家，变更备案8家，注销备案8家，完成进口肉类收货人备案1家，完成进口食品进口商备案69家，完成种植场备案1家，新增出口禽肉养殖场备案5家。

▲2021年5月18日，唐山海关关员对出口食品生产企业开展定期管理核查

【新冠肺炎疫情防控】2021年，唐山海关坚决贯彻习近平总书记重要指示批示精神，坚决服从党中央决策部署，贯彻落实总署和石家庄海关党委疫情防控工作的统一部署，强化政治担当，全力做好疫情防控工作。

严格落实专题培训要求，组织一线执法人员疫情防控培训3次，开展内部工作人员感染新冠肺炎应急处置相关演练3次。在人员紧张的情况下，选派业务骨干次支援口岸海关疫情防控工作累计19人次，按时发放临时补贴并安排轮换调休。做好全员核酸检测，已完成28批次、4,777人次；做好新冠病毒疫苗接种工作。坚持干部职工身体健康监测“日报告、零报告”制度，做好出行管理。建立全体干部职工出差出行台账，对于出差出行人员定期向石家庄海关和唐山市防控办报送。开辟绿色通道，保障抗疫物资出境。宣传并鼓励企业采取“提前申报”“两步申报”等方式提前办理通关手续，对新冠病毒疫苗出境开辟绿色通道，以确保疫情防控物资通关顺畅，为疫情防控物资的出口提供快速通关保障。

【国门安全】2021年，唐山海关落实把好国门基本职责，同步强化监管优化服务，防范化解重大风险，维护国门安全，积极服务扩大对外开放，推动辖区对外贸易高质量发展。

做好危化品监管。加强危化品及包装安全监管，加强“事前”资质核查和“事中”严格查验，开展危化品监管风险集中排查工作，制定排查方案，对进出口危险化学品企业的营业执照、排污许可证、安全生产许可证、出口许可证、工业品生产许可证等相关资质进行验证，对危化品包装及储存等环节进行排查，对相关企业的管理制度、操作程序、执行政策文件、各环节应急处置预案情况进行全面排查，与企业就关键生产环节的控制措施进行摸底调查，并对包装车间、库房等进行现场检查，核查留样管理及台账登记情况，指出安全隐患，明确整改措施。组织专题会议集体学习中央关于安全生产的指示要求、学习总署和石家庄海关下发的文件精神，定期对辖区企业的生产、储存、化验环节进行走访检查，做到心中有数，并建立企业安全生产档案。与唐山应急管理局开展相关交流工作，建立日常情况通报和联络机制，并与唐山市应急管理局、古冶区应急管理局模拟某危化品企业煤气泄漏导致工人受伤事故进行了应急演练。

开展外来有害生物及重大动植物疫情疫病监测。制发国门安全风险检测计划，安排专人负责外来有害生物监测工作。共计布点6个，悬挂诱扑器34个，按时开展监测工作。完成全年监测工作，未发现重大疫情风险；隔离检疫进境种牛2批，检出二类传染病阳性病例3例（牛副结核病），已进行无害化处理；完成水生动物、动物源性食品及饲料的安全风险物质监测和水生动物疫病监测工作任务，抽取68个样品，检测340个项目，除1个活章鱼样品重金属镉超标，其余全部为合格。

做好稽（核）查工作。开展打击跨境电商进口走私“断链刨根”行动、出口贴片电阻等专项稽查活动，全年开办稽查作业40家，办结43家。对辖区内7家进口再生金属行业开展专项稽查，移交快办案件1家；优化核查工作机制，共完成核查作业147家，核查完成数量全关区第一。

做好食品安全工作。制订2021年进出

口食用农产品及饲料安全风险监控工作计划，全年辖区无食品进口业务，全部为出口检验，查验货物20批次。开展进出口食品化妆品监督监测计划，共抽样77批次，未发现异常。开展供港蔬菜安全检测，抽取样品5个，收到检测数据1,215个。配合地方开展“食药安全　诚信河北”行动。持续跟进东南亚7国食品安全法律法规更新情况，对收集到的新法律法规及有关要求组织开展研究工作。

做好重点领域风险防控工作。全力抓好“洋垃圾”、濒危物种、野生动物等重点领域风险防控，同步防控新冠肺炎、非洲猪瘟、禽流感等疫情叠加输入，扎实做好专项风险防控工作。按照规范开展查验150批次，未发现异常。

扎实推进“现场监管与外勤执法权力寻租”专项整治工作。畅通举报渠道，将整治重点通知到361家监管企业。完善风险清单，对21家辖区企业开展实地调研。做好纪法学习和警示教育，组织开展违规事项个人申报。落实专项整治实地检查整改要求，明确整改措施179条，已整改完成。

做好安全生产工作。认真学习新的《中华人民共和国安全生产法》，更新完善“两个清单”1条，组织开展自查11次。制订宣传贯彻任务分工与进度安排表，全面开展《中华人民共和国安全生产法》宣传贯彻工作。5次对进境种牛隔离检疫场等海关监管作业场所（场地）进行了安全生产隐患专项排查，督促企业完善隔离场设备设施、消防设施和视频监控设施等，确保达到安全生产的标准，2次对辖区进口冷链食品进行摸排。

▲2021年2月24日，唐山海关关员对出口危化品包装进行检验

【打私工作】2021年，唐山海关坚决贯彻落实习近平总书记重要指示批示精神，坚决贯彻落实总署党委决策部署，紧紧围绕中央关注、社会关切、群众关心的突出走私问题，强化专项打击、深化综合整治，打击走私工作取得新成效。

全年刑事立案7起，案值4,510.8万元，抓获犯罪嫌疑人13名，移送审查起诉案件4起；行政立案8起，案值342.64万元。完成协查28起。

深入开展“国门利剑2021”“蓝天2021”等联合专项行动，以打开路、重拳出击，保持对突出走私问题的凌厉攻势。查获“洋垃圾”（亚麻短纤）36.38吨；破获重大走私淫秽制品案，查扣走私淫秽色情出版物4,331本；查获一类精神管制药品安非拉酮660粒，三唑仑104粒；查获境外雪茄1,536支，案值约45万元；与河北海警局联合侦办李某等人涉嫌走私进口香烟案，抓获犯罪嫌疑人5名，共同查扣涉案走私香烟近18万条，此案为缉私局查获唐山地区最大香烟走私案。

【科技工作】2021年，唐山海关加强网络安全管理，强化海关业务数据安全，提升科技工作水平，为海关业务和日常办公提供有力的技术支撑和坚实的技术保障。

开展“护网行动”，确保中国共产党成立100周年、十九届六中全会等重要敏感时期网络安全运行。认真做好网络攻防演练，对海关内网及互联网运行状况进行全面实时监控，组织参加攻防演练人员签署保密承诺书，排查未经许可、违反合同或协议搭建系统并标有海关标示或存有海关内部信息的非海关系统和非海关授权系统；加强互联网准入管理，每天晚八点至次日早八点切断互联网连接，禁止互联网访问。

利用360天擎系统对内网客户端进行扫描，确保客户端补丁升级、病毒防控功能正常确保业务网计算机操作系统安全；严格移动单兵卡配备管理，对单兵卡配备情况进行摸底，编制单兵设备情况统计表，为相关业务科室12台单兵设备办理单兵流量卡；做好机房改造装修工作。

开展实验室安全检查及整改，完成实验室质量控制、期间核查、人员监督等计划，申请标准变更1项。提升实验室能力，动植食实验室参加14项能力验证/测量审核，均获得满意结果。工业品实验室参加能力验证测量审核26个，51个参数获得满意结果。对实验人员进行安全防护知识培训，提高人员安全风险意识，降低实验室安全风险。

【综合保障】2021年，唐山海关围绕中心工作，加强各项基础建设，做好服务保障和内部工作，为各项业务工作提供了坚强的基础支撑。

强化信息宣传，做好关区互联网信息编辑、报送工作，共报送政务信息227条，互联网信息工作排名关区第2名。做好公文收发工作，在石家庄海关关于公文错情的通报中，未发生错情。做好政务公开工作，提升办理答复规范性。完成机要室搬迁工作。做好督办工作，共完成督办台账345项，制发督查单14个，完成石家庄海关督查单2个。开展规章制度废、改、立工作，进一步提高工作质效。

做好财务工作。严格“三公”经费管理，严格按年度计划和支出标准列支“三公”经费，严禁超预算和标准支出。

做好统计工作。按时高效完成总署全年统计工作，每月按时完成业务数据报送，完成9次统计专项调查；完成各月份业务数据统计；督促企业完成月度出口先导指数数据报送；加强报关单质量监测，核查日报系统及CSD系统监控异常报关单18票；细致开展年度报关单证销毁工作，销毁减免税、加工贸易、免税品等档案

298 册；主动开展政策研究工作，撰写研究论文两篇。

【督察内控】 2021 年，唐山海关按照“纵向加强，横向互补，内外同防，全面覆盖”的内控工作思路，紧密结合内控节点体系，做好重点工作自查自纠与各项督导检查，提升内控工作水平。

做好专项审计自查自纠工作，经自查提出需进一步规范的细节问题 2 大项、5 小点，向石家庄海关反映问题 2 项。抽查 2019—2020 年部分常规稽查和固体废物以外的专项稽查档案，未发现问题。做好专项督察项目的自查自纠工作。重点围绕严防重大动植物疫情疫病传入传出落实情况等开展自查，已完成。做好监督检查工作。组建新冠肺炎疫情防控专兼职安全防护监督员队伍。做好安全生产、财务等领域监督检查。

【法治建设】 2021 年，唐山海关持续推进法治建设，构建立体知识产权维权体系，激发市场主体创新活力，打造特色法治文化阵地，为唐山海关事业发展提供法治保障。

全年完成行政处罚 3 起，其中 2 起案件共罚款 10,940 元，1 起案件处以警告；接收移交线索 8 条。持续开展“龙腾行动 2021”知识产权海关保护行动，开展“知识产权宣传周”活动、知识产权执法能力网上培训，制订 2021 年知识产权保护专项行动方案；认真组织开展“海关口岸生物安全日”宣传教育活动，夯实和筑牢了国家安全的群众基础；持续学习宣传和贯彻实施宪法、民法典，大力弘扬社会主义核心价值观，大力弘扬社会主义法治精神；持续推动行政执法“三项制度”落实，确保“三项制度”有效落地、形成常态。发放相关法律宣传材料 500 余份，组织法律学习 6 次，参训人员 150 余人次。

（撰稿人：邵　璐　赵延宗　郭璐妍）

曹妃甸海关

【概况】曹妃甸海关是受石家庄海关直接领导，负责唐山港曹妃甸港区范围内海关各类管理工作的正处级隶属海关，于2018年12月14日批复成立，2019年1月9日正式挂牌。内设正科级机构20个，核定人员编制130人，实有行政编制127人，事业编制8人；现有在职党员99人。

机关办公地点为河北省唐山市曹妃甸工业区联检大楼，另有现场办公点分别为政务服务中心通关报关大厅、通用办公点、弘毅办公点、十八加办公点、综合保税区办公点。辖区覆盖曹妃甸区全境，现有38个监管外贸泊位、17个监管作业场所、5个集中作业场地、10个保税监管场所，1个出口监管仓库、10个保税仓库和1家免税店，进出口货物以矿石、煤炭、原油、液化天然气、木材、钢材等大宗散货为主，拥有河北自贸试验区曹妃甸片区和曹妃甸综合保税区两张名片，新兴业务主要包括进口冻肉、水果、葡萄酒、汽车、摩托车、跨境电商商品、种牛、种鸡等。

2021年，曹妃甸海关认真落实党中央、国务院决策部署，立足两级海关工作会议要求和地方整体发展思路，以“四前”“四提升”为抓手，统筹发展和安全，强化监管优化服务，扎实推进“五关”建设，各项工作稳中有进、稳中向好。全年税收入库242.52亿元、代征船舶吨税1.76亿元、进出口报关单8,183票；监管进出境船舶3,005艘次、货运量1.5亿吨，其中进口铁矿8,893.98万吨、煤炭1,229.14万吨、原油1,264.21万吨、天然气525万吨、木材117.63万方；监管集装箱4,087标箱、货运量5.3万吨；备案企业843家、新增备案企业190家；规范办理“一简一快”案件13起。

【政治建关】2021年，曹妃甸海关始终将政治建设摆在首位，坚定不移贯彻习近平总书记重要指示批示精神，落实“第一议题”制度，全年召开34次党委会、12次形势分析及工作督查例会、29次关长办公会，做到对“国之大者”心中有数。

强化理论武装。发挥党委、党委理论学习中心组示范带动作用，举办专题学习班，党委书记作专题宣讲动员，党委委员交流心得体会，基层支部以“三会一课”、主题党日为载体，广泛开展书记宣讲、“周读原文”等互动式、讨论式学习研讨活动。全年组织党委理论学习中心组学习27次，学习习近平总书记重要指示批示精神97篇。

推进问题整改。对照危化品监管专项巡察反馈意见指出的5方面10个问题形成23项具体整改措施，其中6项立行立改、8项阶段性整改已完成、8项立行立改并持续推进、1项持续推进且取得阶段性成效。对照中央对总署党委巡视反馈意见分解的6方面24项整改措施以及总署党委对石家庄海关党委巡视反馈意见分解的3方面50项整改措施，除5项需长期整改外，69项整改措施已基本完成，并取得阶段性成效。

【专项教育活动】2021年，曹妃甸海关把握关区先行先试单位定位，迅速成立专项教育活动领导小组、工作专班，制订学习计划，量化学习频次，设置专题展板，面向全员发放学习材料汇编、熟知熟记手册等资料，推动专项教育活动持续升温。党委书记切实履行第一责任人职责，班子成员强化对分管部门和条线的指导，做到“动真碰硬”。全年召开专题专项推进会4次、政治要求梳理专题会3轮次，梳理政治要求158项、工作执行不到位产生的政治危害116项、政策叠加带来的风险3项。

【新冠肺炎疫情防控】2021年，曹妃甸海关严格落实“三查三排一转运”“7个100%”要求，完善风险预警动态评估机制，全年发布预警评估月报12期、动态专项预警评估报告4期。坚持“多病共防”“人、物、环境同防”，采取有力措施严防埃博拉、鼠疫、黄热病等重大传染病，严防疫情叠加风险。起草曹妃甸口岸移动式检疫方舱使用管理流程，推进8个口岸移动式检疫方舱投入使用。

严格封闭人员管理。强化风险管控，不折不扣落实卫生检疫岗位工作人员“四必须”“五件套”“六个不”封闭管理要求，切实将主体责任落到实处。创新管理方式，设置外勤组、隔离组、调休组等3类“明白卡”，形成一本清清楚楚的“明白账”。积极协调核酸样品转运，获取可感染人类的高致病性病原微生物菌（毒）种或样本准运证书，11月17日起向秦皇岛保健中心转运样本。

细化内部疫情防控。按照“五有”要求，细化办公场所、会议培训、食堂就餐等常态化防控措施，严格出行审批、登记管理。推进“应种尽种”“应检尽检”；完成“应检尽检”核酸检测69次、7,017人次，抗体检测7次、391人次，全员核酸检测38次、6,630人次。

持续推进培训演练。健全疫情防控工作方案体系，制订曹妃甸海关封闭管理人员培训方案，强化应急演练和培训，以演促练、以练代训，提升一线关员应急处置水平。全年自行组织培训35次、350余人次，笔试及实操考核4次、100余人次，组织突发公共卫生、职业暴露等演练11次。

健全监督检查机制。落实“岗前检查、工作巡查、全程督查”“双人作业、互相监督”等监督制度，规范防护设备使用，从严就高做好个人安全防护。制订常态化监督检查工作方案，发挥安全防护监督专班、“挑毛病”专家组和4个监督检查小组作用，强化分级监督，增强“人防”“物防”规范性。建立考核评比机制，完善“制定措施、督促落实、反馈情况、堵塞漏洞、整改完善”全链条闭环，加大检查力度，确保整改取得实效。

【口岸监管】 2021年，曹妃甸海关加强对再生铜原料、再生钢铁等新业务分析，加大对非主流矿关注力度，严控安全准入风险。密切异常舱单跟踪监控，应用好“影子商品库”，发挥矿产品现场固体废物排查仪作用，严格落实100%固体废物初筛要求，依托实验室技术手段，强化对走私固体废物不法行为的打击力度。全年提请关注排除固体废物风险报关单40票、舱单200票，其中36批取样送检至内部实验室，6批送检至青岛海关技术中心实验室。

围绕重要、敏感时间节点，部署强化口岸监管环节反恐怖、“扫黄打非”工作，防止涉恐涉爆物品和散发性宗教宣传品等违禁品入境。开展打击跨境电商进口走私“断链刨根”专项整治行动，销毁负面清单、核辐射污染、过期等商品6批次。加强铁矿、煤炭、原油、木材等大宗商品检验监管，依法退运氟含量不合格俄罗斯进口煤炭23.12万吨，截获检疫性害虫64种次，开具检疫处理通知书33次。

强化税收形势、税收政策深度调研和分析研究，推广关税保证保险、汇总征税、银行保函等多元税收担保方式，推进征管方式改革和“两步申报”“两段准入”改革举措，促进企业纳税便利。以风险管理为导向，加强对重点敏感商品和主要税源商品的审价、归类及原产地管理，建立石家庄海关首个特殊关系台账。

▲2021年6月15日，曹妃甸海关关员查验进口原木

【安全生产】 2021年，曹妃甸海关紧抓安全生产工作毫不动摇。动态更新问题隐患和制度措施“两个清单”，与地方安全管理部门建立安全生产协作机制。组建安全生产工作督导专班，同步启动“安全生产万里行”“安全生产月”活动，组织开展“学—宣—查—改”活动，推动各项要求落实落地。加强进出口危险货物及其包装全方位、立体式监督管理，牢牢守住安全底线，全年监管出口危险化学品1,032批次、重量6.39万吨，查验出口危险货物包装使用鉴定833批次、72.7万件，查验不合格5批次、2,660件。建立实验室安全生产责任制度，层层签订实验室安全管理责任书，为易燃易爆气瓶购置气瓶柜，设立危险废液保存室，安装应急洗眼、喷淋装置，全方位保障检测安全和实验人员安全。

建立健全内控评价机制，召开风险防范专题工作会议，倒逼关员干部主动检视风险、精准识别风险、有效防范风险。与第五派驻纪检组协作探索“123工作法”（一个机制、两个方案、三个动作），防止执法风险、管理风险向廉政风险转化。充分利用HLS2017平台开展全覆盖式监控分析，制发处置联系单128份，补征税款116次，在年度使用绩效考核排名中位居前列。

【服务发展】2021年，曹妃甸海关持续优化口岸营商环境，深化“单一窗口”建设，落实精简进出口环节监管证件和随附单证、减税降费等政策，巩固压缩整体通关时间成效。2021年12月，“0412”“0414”进口整体通关时间分别是32.44小时、11.4小时，出口通关时间分别是0.32小时、0.61小时。落实改革任务，推进进口原油“先放后检”、进口铁矿石“品质检验鉴定依申请实施”等监管改革，做好RCEP政策宣讲，提升贸易便利化水平。

激发地方发展新动能。充分释放“自由贸易区+跨境电商综试区+综合保税区”叠加政策红利，提出“跨境电商担保事务履约保证保险”和“智慧口岸物流平台”两项创新举措并备案；以企业需求为导向，支持跨境电商及国内电动叉车保税维修业务、钢坯原木外发加工业务快速发展，二手车出口许可证管理“一批一证”，实现通关便利。7月1日，河北省首票跨境电子商务企业对企业直接出口（“9710”）货物在曹妃甸顺利通关，跨境电商B2B落户河北。全年监管出口二手汽车4辆、进口整车129辆、进口摩托车456辆，外发加工钢坯8.69万吨、原木2,038方。

助力特色商品进出口。做好木材、种牛等农产品进口，保障快速便捷通关，监管进境种牛4,406头、原木117.63万方，出口干坚果及罐头类739.9吨、活河豚37.3吨、水产品896.51吨。发挥粮食、水果、汽车口岸资质功能，助力汽车、水果、小麦、玉米进口及饲料加工业务，满足国内市场需求。指导5家进口粮食指定加工厂通过验收，监管进口粮食6,345.89吨。规范钢铁原料进口管理，支持河北钢铁全产业链构建和绿色发展，向企业宣贯钢材出口退税新政，制订“个性化”监管方案，全年监管进口再生钢铁原料7.78万吨、再生铜原料227吨。

▲2021年5月17日，曹妃甸海关关员查验进口矿石

【基层党建】2021年，曹妃甸海关深化“强基提质工程”，建成5个标准化党员活动室，打造“党员之家”；推动党支部标准化建设，发挥党建品牌示范带动作用，启动8个“书记项目”，新增、优化3个党建新品牌，实现21个支部个性化品牌全覆盖。3个党支部获评“四强”支部、3个党支部获评先进基层党组织，2人获评优秀共产党员，2人获评优秀党务工作者。

传导党建责任压力。党委成员严格落实双重组织生活制度，参加所在支部组织生活346次，深入联系点21次，对21个党支部书记开展述职评议考核，将党建工作置于群众监督之下；建立党建工作常态化检查机制，支部每月一自查，机关党委每季度一抽查，树立支部工作重在平时、重在日常鲜明导向，开展检查9次、查纠问题200个。

打造党建文化新模式。推进青年理论提升工程，分设5个学习小组，以青年干部上讲台、微团课等形式，鼓励青年展现自我，为青年成长“搭台唱戏”。实施“联创共建”工作机制，与共建单位共同开展业务研讨、普法宣传、植树护绿等主题活动7次，打造党建业务共享新平台。

【党史学习教育】2021年，曹妃甸海关深入开展党史学习教育活动，设立“党旗在基层一线高高飘扬”教育专栏，网站开设“党史学习教育”版块。开展“百名党员话百年”“学史·铸魂”红色讲坛、党史知识竞赛、中国共产党成立100周年作品创作等系列活动，组织赴李大钊纪念馆、王翠兰烈士纪念馆开展主题党日。参加河北省直工委“精彩微课堂”评选、河北省直工会唐山片区党史故事宣讲，党课《弘扬西柏坡精神·“三色党建”打造基层党建高地》入选总署e课堂，《拥抱蔚蓝色》等2篇文章推报《金钥匙》。承办“我为群众办实事”关员座谈会和秦唐片区海关“三个走进”专题调研座谈会，建立“三个走进”工作台账，征求意见建议84条，形成14项重点民生项目清单并全部完成。

【廉政建设】2021年，曹妃甸海关发挥“火车头”作用，党委书记履行党风廉政建设第一责任人职责，党委班子落实党风廉政建设主体责任，严格履行“一岗双责”，用好监督执纪“四种形态”特别是第一种形态，织密监督网络，抓实日常监督，全年运用第一种形态11人次。发挥内务督察队作用，“不打招呼、不定时间”进行拉网式检查，推动内务规范与作风效能转变。

以警示教育月为契机，组织学习习近平总书记关于全面从严治党重要论述、党章党规党纪，学习海关系统内外违反中央八项规定精神和“四风”问题典型案例，观看廉政教育警示片、讲授廉政党课，其间开展学习讨论40余次、讲授廉政党课21次。抓实日常廉政教育，强化“思想筑廉”，对新提任的10名科级领导干部开展任前谈话，筑牢拒腐防变思想防线。

【专项整治工作】2021年，曹妃甸海关从严从实开展“现场监管与外勤执法权力寻租”专项整治，在办公场所、业务现场张贴设立海报、举报箱，推送“企业调查问卷”516次，向429家企业告知整治重点和举报途径，构建起“横向到边、纵向到底、全域覆盖”举报网络。抓实个人申报、谈心谈话、心得体会、纪法考试“常规动作”，深挖廉政风险隐患，着力让问题“透亮见底”，制定整改措施48项、风险防控措施203项，涉及单证审核、商品检验、货物查验等多个环节，有效防控基层廉政风险。针对石家庄海关反馈问题清单中的44个具体问题，梳理形成66项整改措施，形成一级抓一级、层层抓落实的压力传导局面。

【服务保障】2021年，曹妃甸海关在机场海关、唐山海关对口支援的基础上合理调配人员，科学安排轮休、调休、补休。畅通24小时心理援助热线，聘请华北理工大学心理学院老师提供专业支持，抓好心理测评和心理疏导。聚焦“急难愁盼”问题，协调解决关员家属驻岛就业、优质小学入学名额，提供采买等志愿服务，提供远程图书借阅服务，丰富业余生活。节日期间向封闭管理人员家属送上定制版的致奋战在疫情防控一线人员家属的慰问信、暖心大礼包，发放慰问礼品，订制生日蛋糕，关党委对春节值守的封闭管理人员家属“一对一”电话慰问。在常规体检的基础上，安排疫情防控人员专项健康体检，购买人身意外伤害保险。重视表彰激励，年度考核对25名参加过封闭管理工作人员单独考核，评选优秀等次14人，占比56%。

加强财务保障。落实“过紧日子”要求，推进节约型机关建设。优化支出结构，统筹各类资金242.53万元优先保障疫情防控工作。完成52个涉案冷藏集装箱公开拍卖和涉案走私船舶“海丰”轮价格鉴定工作。

强化科技应用。依托全国科技活动周，开展“科技问卷调查”“国门科技科普”“实验室开放日”等系列活动。科普教育基地通过唐山市科协复评。申请科研项目2项，参加有害生物风险评估2次，参与“检疫性有害生物名录修订——林业害虫”“进口巴基斯坦干辣椒”风险评估项目和北京林业大学《森林植物检疫》教材编写。

【信息宣传】2021年，曹妃甸海关紧扣工作热点焦点，做强做优信宣阵地，全年被石家庄海关采编305条、总署采编13篇，《曹妃甸海关反映固体废物鉴定不一致引发的监管困境值得关注》得到关注；发布新闻稿件26篇、微博微信34篇，疫情防控视频在中央电视台新闻联播播出，信息工作在关区排名第一，新闻宣传在关区排名第二。推进政务公开标准化规范化，规范信息发布流程，妥善处置一起职业打假人公开申请。

【“基础年”工作】2021年，曹妃甸海关制订了“五年发展规划”，同步启动“基础年”工作，成立固定资产清理、技术设备清理、自贸区综保区政策研究和创新、业务管理研究、科室岗位与人力资源配置、内部巡查、危化品监管、固体废物监管8个专项工作组，并在诸多领域开展基础调研、统计和业务研讨，做到“底数清楚、人力优化、业务顺畅、监管严密”。妥善处置“女神之星轮”进口货物疑似固体废物情事。在政府主导下，河北自贸试验区大宗商品交易中心在河北自贸试验区（曹妃甸片区）正式运行。

（撰稿人：马有权　刘　宏　刘奕博　杨晓丽　杨梦恩　李　仙　胡钦亮）

京唐港海关

【概况】京唐港海关位于河北省唐山市海港经济开发区，2019 年 1 月 10 日正式挂牌成立，业务辖区为乐亭县和京唐港区，为正处级海关。按授权负责唐山港京唐港区范围内各类海关管理工作，主要负责党的基层建设和干部队伍建设、办理辖区具体海关业务并反馈执法作业结果。内设正科级科室 18 个，共有在职人员 90 人（含事业编制 7 人），离退休干部 5 人。中共党员 85 人（含预备党员 3 人）、民主党派 2 人、团员 3 人、群众 4 人。

2021 年，京唐港海关以习近平总书记系列讲话精神和党的十九届三中、四中、五中、六中全会精神为指引，弘扬“马上就办、真抓实干”的工作作风，紧密围绕海关各项工作任务目标，着力优化海关监管和服务，主动服务地方经济建设，统筹推进全面从严治党、常态化疫情防控、优化营商环境、促进外贸稳增长等各项工作协调稳健发展。全年共受理报关 11,109 票，其中进口 1,551 票，出口 9,558 票；签发检验检疫证单 3,507 份；签发原产地证书 818 份，征收税款 95.12 亿元。监管大宗资源型货物 9,375 万吨、种牛入境 21,300 头、进口大豆 69.29 万吨、集装箱 48,796 标箱、跨境电商包裹出区 19,249 单、保税钢材出口 58.14 万吨、保税混矿 160 万吨。对 955 船次的进出境船舶开展重量鉴定，查发不同程度短重 550 起。截获检疫性有害生物 86 批次，一般有害生物 547 种次，监测病媒生物 4 种、22 种次。办理行政案件 8 起，涉及案值 8,686.88 万元。

【党史学习教育】2021 年，京唐港海关扎实推进党史学习教育走深走实，积极开展“我为群众办实事”实践活动，制作建党百年主题 MV《少年》，组织开展党史百年天天读、“诵党史经典、庆百年华诞”诵读活动、组织参观李大钊纪念馆、唱红歌等一系列灵活多样的活动，用多种形式庆祝中国共产党成立 100 周年。

积极打造学习、宣传阵地，搭建“学党史、颂党恩、跟党走”文化长廊，班子成员带头学习、发言、研讨，示范带动全关 16 个党支部党史学习教育不断深化，并在提高综合治税能力、优化营商环境、筑牢安全屏障等方面持续发力。对照京唐港海关“我为群众办实事”任务清单，到辖区企业和联络单位开展实地走访，宣讲便利化政策，认真听取群众对优化营商环境、压缩通关时间等方面的意见建议，强化干部职工为民服务意识，确保让数据“多跑路”、群众“少跑腿”。同时落实企业注销便利化、报关企业注册改备案等惠民利企政策，简化注册、变更、注销手续，同时围绕“政策答疑解民惑”“科普宣传增民智”“专业服务贴民生”“关爱企业聚民心”等方面开展志愿服务，凝心聚力推进党史学习教育走深走实。

【党建工作】2021 年，京唐港海关深化落实“强基提质工程”，从“品牌、示范、效应、保障”四个维度抓紧抓实党建工作，不断夯实党建工作基础，引领党建高质量发展。

以思想建设和党建品牌建设为抓手，丰富方法方式，提高学习成效。严格督促各党支部认真落实“三会一课”等党内基本生活制度，深入推进模范机关和“四强”支部建设工作，对照自查清单完成支部自查及整改，促进基层支部的规范化建设。此外，在机关网站主页开辟“品牌建设”专栏，展播支部品牌精神、理念、工作思路和工作成效，开展支部书记讲党课、观看“老英雄红色故事报告会”、组织“请党放心　强国有我”学习交流座谈会等主题党日活动，进一步提升支部书记抓支部建设水平和履职担当能力，激发党员拥党爱党热情，提升关员干事创业能力。

【队伍建设】2021 年，京唐港海关始终把建设“政治坚强、业务过硬、值得信赖”的海关队伍作为基本任务抓紧抓实，为高质量完成税收、打私等各项工作任务提供有力保证。组织全体关员认真学习海关内务规范，观看示范片，挑选 8 个队列素质过硬的人员为训练小教员，在落实疫情防控要求的基础上，分批分组分时间段组织全员进行队列训练，着力提升全体关员的形象素质。严格落实“十六字”要求，突出抓好一线业务大厅服务窗口日常纪律作风，持续锻造“忠诚、干净、担当、奉献”的准军事化纪律部队。全年共开展内务规范督查 15 次，有力整顿慵、懒、散现象。

有针对性地对一线封闭管理人员及家属开展走访慰问，为一线关员购买纪念品、水果和方便食品，购买健身器材、图书等文体用品，及时做好一线卫生检疫人员“14+7+7”集中封闭管理措施期间的人文关怀和心理疏导。

广泛开展各种形式的群众性文明创建活动，形成凝心聚力、开拓创新的良好态势和浓厚氛围，获唐山市 2018—2020 年度市级文明单位称号。京唐港海关工会委员会牢固树立“建家就是建工会”的理念，坚持以职工为中心，积极协调软硬件建设，精心筹建关馨书屋，提升职工的获得感和幸福感，获省直新时代职工之家建设表现突出单位称号。

【作风建设】2021 年，京唐港海关高度重视纪律作风建设，扎实开展警示教育工作，确保“严”的主基调。结合开展的“现场监管与外勤执法权力寻租”专项整治工作，主动利用 HLS2017 内控平台，开展日常监督预警、组合问题查询和内控节点分析，及时制发问题处置联系单，有针对性地防范执法领域的履职风险。同时，组织关员观看警示教育片，充分利用好驻署纪检组下发的典型案例和石家庄海关典型案例汇编教育警醒身边人，提升警示教育效果。灵活采取优良家风宣讲、学习红色家风故事、致家属一封信等形式推动家庭助廉活动，筑牢拒腐防变的家庭防线。

【政务服务】2021 年，京唐港海关压紧压实发文办理各环节责任，坚持质量和效率并重，进一步规范办文程序，实行办文限时制度和公文处理全程跟踪服务制度，做到急件急办、特件特办、密件专办。对收发的文件做到及时登记、分开保管。

紧紧围绕中心工作，加大京唐港海关宣传力度，成立新媒体工作小组，完成建党百年版《少年》MV、《海关小姐姐讲党史》《平凡岗位守疫线，国门卫士勇担当》《党委书记访谈录》《京唐港海关新闻年播》等微视频拍摄剪辑工作。全年政务信息关区排名第 3，互联网信息关区排名第 1。

严格按照总署、石家庄海关的值班要求，配备值班设施，加强值班人员岗前培训，做好应急值班安排及值班信息的报送工作。全年共报送值班信息 61 条。

树立“过紧日子”的思想，压减三公经费支出，科学统筹预算，坚持“优先保民生，重点保运转，精准保发展”原则，增强关务保障能力，提升预算执行效率。细化节能减排工作标准，严格机关水、电、暖、办公用品的管理，推进节约型机关建设。优化菜品质量，丰富菜品及主食样式，根据工作需要，做好封闭管理人员的送餐保障，确保后勤保障坚强有力。

【档案管理】2021 年，京唐港海关根据《中华人民共和国档案法》《中华人民共和国国家保密法》等档案管理工作法律规范，加强档案规范管理，做好文书档案、财务凭证等的归档工作；积极组织“国家档案宣传日”相关活动，进一步宣传《中华人民共和国档案法》及相关规章制度，提高档案管理人员的工作意识；加强档案室的管理，严格执行档案查阅、借阅制度，无泄密及损害单位利益事件发生；完善特种载体档案的管理，积极做好照片、录音、录像等特种载体档案的收集及规范化整理，使文件材料的归档率、完整率、齐全率达到要求。

【新冠肺炎疫情防控】2021 年，京唐港海关强化组织保障和机制建设，关党委统一指挥，成员科室各司其职，更新完善 12 部新冠肺炎疫情防控方案预案。强化卫生检疫，严格落实“三查三排一转运”“7

个100%”等措施，加强边检、海事、港务、疾控等部门沟通配合，细化入境船舶检疫、更换船员等工作流程，确保无缝衔接，闭环管理。检疫的同时高度关注埃博拉等其他传染病，防范疫情叠加。强化人力保障和技能培训，完善梯队运行机制，全年组织培训43次，开展新冠肺炎疫情防控应急演练2次；强化人员安全防护，健全“培训考核、监督管理、自查督查”三位一体安全防护体系。

严格落实总署关于一线卫生检疫人员实行“14+7+7”集中封闭管理制度，成立工作专班，严格执行“岗前检查、工作巡查、全程督查”“双人作业、互相监督”制度，确保防护到位。强化一线封闭管理人员的后勤保障，完善应急物资储备，提升集中封闭管理场所建设，做好互联网改造，配齐电器、家具、书籍、防暑降温等物资；加强关心关爱，提供心理辅导服务，为封闭管理人员家庭提供跑腿、送饭等志愿服务，消除封闭管理人员后顾之忧。全年检疫监管进出境船舶1,915艘次，核验健康申明卡36,898人次，助力1,367人次船员换班。

做好“外防输入”工作的同时，继续把稳“内防反弹”，细化应急处置预案，积极开展内部新冠肺炎疫情防控应急演练，全年组织开展内部新冠肺炎疫情防控应急演练3次。强化人员管理，坚决落实全体职工健康监测“日报告、零报告”制度和风险接触信息报告制度，定期组织全员核酸检测，严格外出审批，建立出差出行台账，严格疫苗接种。此外，加强门禁管理，严格执行“戴口罩、测温、亮码”措施，加强通风消毒，完善台账记录，加强食堂管理，实行错峰用餐，落实好各项防疫政策。

【口岸监管】2021年，京唐港海关认真开展“国门利剑2021”“蓝天2021”专项行动，综合运用H986系统，强化影子商品监管，坚决防范濒危物种及其制品走私，全年共查发不合格商品5批次。对一票进口高风险非冷链集装箱货物——数字积木实施新冠病毒风险监测及消毒工作。严格对进口煤炭实施监管，按要求实施批批放射性检测、外来杂物检验和8个质量环保项目的检测及管控，完成2020年检出的2船氟超标煤炭退运工作。充分利用矿产品现场固体废物排查仪，提升进口铁矿产品的固体废物初筛排查效能，防止“洋垃圾”入境。全年共进行固体废物属性鉴别1,090批次，均未发现异常。10月22日，承办了石家庄海关核辐射突发事件应急处置演练，模拟一进境集装箱内发现非法夹带放射性物质，经辐射仪检测超标，立即启动核生化突发事件应急处置预案。

随着2021年1月1日《关于规范再生钢铁原料进口管理有关事项的公告》的实施，国家放开再生钢铁原料的进口后，京唐港海关成立进口再生钢铁原料查验监管协调小组，学习标准规范，研究政策，对进口再生钢铁原料实施有效监管，确保高质量货物入境。3月18日，完成河北省首票再生钢铁原料的验放，共计3,096吨。

▲2021年3月4日，京唐港海关关员对首票进境再生钢铁材料进行放射性检测

【促进外贸稳增长】2021年，京唐港海关坚决贯彻落实党中央、国务院统筹推进新冠肺炎疫情防控和经济社会发展工作部署，聚力“六稳”“六保”，深化落实“放管服”改革，简化企业注册登记或备案手续，及时帮助企业，特别是中小微企业解决进出口中遇到的问题。积极支持速冻菜、笤帚等特色农产品进口，主动联系对接出口企业，通过电话、网络等形式及时推送业务办理指南、便利政策及通关服务信息，开辟绿色通道，开展“一对一”服务，确保有效监管的前提下，做到企业“零等待”。同时充分发挥技术性贸易措施研究优势，多渠道收集国外对我国农产品出口采取的技术性贸易措施，及时向企业推送国外预警信息，帮助企业降低疫情影响。全年监管完成出口速冻蔬菜、笤帚、木柄锹等农产品共723票、9,825.90吨，同比分别增长14.04%、7.78%。

【优化营商环境】2021年，京唐港海关结合唐山市向海经济发展特点，持续优化营商环境，不断强化监管服务。充分发挥“互联网+海关”作用，全面推进“两步申报”“两段准入”等便利化措施，深化“单一窗口”建设，持续压缩整体通关时间，提高通关效率。

在做好压缩通关时长的前提下，主动联系协调口岸海关，深入拓展中欧班列业务。协助地方促成“京唐港—俄罗斯沃尔西诺”中欧班列开通，指导企业采取在京唐港海关申报，在二连浩特出境的一体化申报方式出口，全年共监管中欧班列16列，完成申报出口报关单926票，主要涉及液晶显示屏、人造草坪、线路板等。

【跨境电商进口走私“断链刨根”专项整治】2021年，京唐港海关加强已备案企业管理和新备案企业实际验核，严把企业准入关；加强物流中心跨境电商作业场所管理，视频监控系统做到全覆盖、无死角，卡口设置、场地设置、信息化管理系统做到安全合规；加强实货查验监管，综合运用视频监控、联网核查、实地查验、库存核对等多种方式，加强对网购保税商品的监督管理；对辖区22家跨境电商企业健康体检，设置4大项41小项体检指标，及时发现各种风险；严格落实促销报备管理制度，加强跨境电商平台巡查，重点核对促销商品与网站促销信息一致性。自开展跨境电商进口走私“断链刨根”专项整治行动以来，共截获过期食品1批、正面清单外商品3批、含濒危动物成分化妆品

1批，全部实施销毁处理；对1家企业出具限期整改通知书进行业务整改；对5家企业库存差异情况进行补税处理。

【创新改革举措】2021年，京唐港海关积极营造“可预见、低成本、高效便利”的通关环境，协助地方政府打造集港口物流、保税仓储、商贸交易及配套服务于一体且深度融合的公共平台，实现港口、保税物流中心及区域产业联动，发挥政策组合优势，助力唐山外贸高质量发展。

利用无人机等智能模式推行无接触式水尺计重模式，在减少人员染疫风险的前提下，保障数据可追溯，进一步降低人力、物力资源消耗。自9月份运行以来已对158艘船舶进行了无接触式水尺计重，节约工作时长300小时，节约经费约30万元。

在国际贸易复杂严峻的大背景下，继续推进落实创新改革举措，探索开展“抵港直装”“船边直提”新业务模式，结合“单一窗口”，提升通关便利化水平。12月26日，完成首票集装箱“抵港直装”货物的监管。

积极支持跨境电商、“保税+转口”贸易等新兴业态发展，研究推动保税物流中心内“直购进口、保税出口和一般出口”等多种模式落地。2月20日，助力保税物流中心首票件杂货物（铬合金盘条）顺利通关，重量1.6万吨、货值960万美元。监管保税物流中心进出区货物58.14万吨、同比增长461倍，货值4.95亿美元、同比增长349倍。

▲2021年12月28日，京唐港海关关员对跨境电商商品进行现场查验

【青年文明号争创】2021年，京唐港海关在报关大厅现场悬挂“争创文明号”匾牌，制作摆放“青年文明号服务监督卡”和“文明承诺卡”，设立青年文明号咨询台，充分发挥“青年文明号”作用，宣传海关正能量。同时积极组织开展“青年文明号开放日”活动，积极在优化营商环境上先锋示范，在服务群众上先行先为。京唐港海关报关大厅荣获2019—2020年度河北省青年文明号集体暨“双创双服”优秀青年集体荣誉称号。

（撰稿人：赵　丹）

廊坊海关

【概况】廊坊海关于 2003 年 7 月 29 日开关，辖区范围包括廊坊市及其所属县、市、区。2021 年，廊坊海关共有在职干部 84 人，其中公务员 70 人，缉私警察 14 人，内设 12 个科室，设有廊坊海关缉私分局，办理廊坊、张家口辖区的刑事、行政案件以及海关移交的保定辖区的行政案件线索。

2021 年，廊坊海关坚持以习近平新时代中国特色社会主义思想为指导，深入学习贯彻党的十九大和十九届历次全会精神，深入学习贯彻习近平总书记“七一”重要讲话精神，坚持政治建关、改革强关、依法把关、科技兴关、从严治关，认真落实总署、总关各项政策措施，深入学习贯彻新发展理念，主动服务构建“双循环”发展格局，积极推动海关各项改革举措落地，加强监管、优化服务，推进海关工作提质增效；主动融入地方发展大局，深化“放管服”改革，不断优化区域营商环境，促进辖区外向型经济高质量发展。

【政治机关建设】2021 年，廊坊海关认真开展党史学习教育，党委中心组带头深入学习贯彻习近平总书记在党史学习教育动员大会上的重要讲话精神和倪岳峰署长在全国海关党史学习教育动员会上的讲话精神，领会党史学习教育的重大意义，成立由党委书记、关长任组长的廊坊海关党史学习教育工作领导小组，制订廊坊海关党史学习教育工作方案，把学习教育抓在日常，把要求落实到每个支部、每名党员；强化宣传引导，为处、科级干部配发《习近平新时代中国特色社会主义思想学习问答》等 4 本学习材料，为各党支部配发《论中国共产党历史》等 2 本学习材料；创新多种模式的学习方式，年内通过组织党员代表和青年关员到李大钊纪念馆学习教育、组织观看《中国共产党百年述职报告》宣传片、《榜样 5》、《建党伟业》、“老英雄红色故事报告会”等党史题材的视频资料、举办“学党史、守初心——廊坊海关庆祝中国共产党成立 100 周年文艺汇演”活动，开展庆祝中国共产党成立 100 周年观影活动等多种形式的活动，增强全体党员干部建功立业的决心。

组织召开党支部书记党建述职评议

会，总结党建工作经验，查摆分析问题，机关党委委员进行现场点评，高质量推动支部党建工作；组织党支部达标考核，运用线上线下相结合的方式，通过座谈调研、实地检查、党建督导检查等形式，使支部全部通过达标验收；坚持以“四强”支部为抓手，开展模范机关创建工作，1个支部获评关区“四强”支部；组织党务培训，表彰模范机关建设中表现突出的2个基层党支部和12名党员，1个支部获评关区优秀基层党组织称号，1名同志获评关区优秀党务工作者；组织各党支部召开了2020年基层组织生活会；接收5名预备党员；及时调整和完善党组织设置，及时进行支部书记改选，开展模范机关创建工作，进一步巩固创建成果，提高创建质量品质。

深入开展“我为群众办实事”实践活动，将“我为群众办实事”作为贯彻落实习近平总书记党史学习教育“办实事、开新局”要求的重要切入点，以高度的政治责任感和宗旨意识，聚焦人民群众的操心事、烦心事、揪心事，深入了解群众需求，制订廊坊海关党委“我为群众办实事清单”实践活动重点民生项目清单，压紧压实责任，做实政策措施，倒排任务期限，确保高质量完成，年内清单内7项民生实事已全部完成。

【从严治党】2021年，廊坊海关党委召开2020年度民主生活会，党委委员开展谈心谈话、广泛征求意见建议；定期汇报意识形态工作情况，研究落实意识形态工作，有针对性地防范和化解意识形态领域风险；专题研究制订廊坊海关党委加强对“一把手”和领导班子监督的落实措施，进一步加强对“一把手”和领导班子监督；制订2021年廊坊海关全面从严治党工作会议重点任务分工方案，分解具体任务，传导责任压力；召开党风廉政建设例会，梳理风险点，制定防范措施；坚持党管干部，体现正确用人导向，把增强“四个意识”、坚定“四个自信”、做到“两个维护”作为首要政治标准，严格依规开展干部选拔任用工作。

推进“现场监管与外勤执法权力寻租”专项整治工作，制订实施方案，报送个人事项申报表55份，存档报送心得体会55份；将整治重点和举报途径通知到辖区内监管企业；制订专项整治整改方案，确定自查发现问题整改清单4项、总关廉政风险防控清单79项、对照实地检查反馈意见整改清单5项，合计88项逐项制定整改措施，确定整改时限、责任领导、责任部门，紧盯措施的落实，确保全部问题对账销号、见底清零；用好监督执纪“四种形态”特别是第一种形态，开展提醒谈话4人次；组织开展廊坊海关经济责任审计整改“回头看”，着力解决审计整改难点，运用新海廉平台开展专项数据排查，发现异常数据5类222条，形成专项报告；根据总关内控绩效项目在“新海廉”系统设置廊坊海关内控节点关注170个，其中署级167个，关级23个，组织完成总署、总关执法评估3项。其中督审司支持中欧班列发展措施落实情况问卷调查工作涉廊坊企业10家，督审司开展海关稳外贸稳外资措施情况问卷调查工作涉廊坊企业7家，组织开展综合保税区落实优化保税监管措施专题评估调研，完成调研项目32项。新海廉系统共制发处置联系单数18份，处置异常数据量146条。

印发廊坊海关严纪律树形象以优良作风庆祝中国共产党成立100周年工作方案，开展“四抓四强”工作，发送家庭助廉倡议书，开展“身边的违纪案件警示教育”，深入学习贯彻总署有关文件精神，对照9个“一律不准”逐条深入开展自查自纠；开展“四抓四强”，加强日常监督检查，突击开展作风纪律检查12次，发现问题及时提醒整改。

【加强监管】2021年，廊坊海关推进进出口动植食产品安全监管和进口商品检验监管，全年出入境现场监管和查验2,958批次，出具证书1,524份；加强进境粮食检验监管和粮食安全责任制考核，累积监管核销进境大豆176调运批次，重量186.8万吨；做好危化品检验监管，累计完成危险品包装使用鉴定和性能检测682批次；严把进出口食品检验关，严格按照总署要求，简化“出口食品生产企业备案核准”程序，高效完成出口食品生产企业和进口收货人备案，做好2021年度进出口食品化妆品安全抽样检验和风险监测，完成监督抽检样品28批，完成风险监测样品10个，取得检测结果18个，及时在e-CIQ主干系统和进出口食品化妆品安全监督抽检和风险监测管理系统中反馈检验结论和检测数据；加强国门生物安全监测，布置外来生物监测点33个；做好疫情防控保障工作，对疫情防控货物快速验放，共验放进口设备和原材料658批次。

制订2021年廊坊海关知识产权保护专项行动方案，加强对出口优势企业培塑，积极组织辖区4家企业参与出口优势企业知识产权保护情况问卷调查，鼓励企业将自有知识产权向海关总署备案，推动辖区出口优势品牌发展；加强执法人员业务培训，向一线执法关员发放打击知识产权侵权行为的法律措施与实践培训手册50册，坚持行政执法“三项制度”，严格落实执法主体职责、执法人员清单和职权范围公示。做好执法记录仪使用，规范执法文书填写；全面实施法制审核制度，明确审核内容、范围、程序等，确保行政执法行为合法合规，在“4·26知识产权宣传周”，“8·8海关法治宣传日”等节点，结合“我为群众办实事”实践活动，通过标语、发放宣传册、关企交流等形式开展“菜单式”普法，提升普法工作实效性。今年以来，共计发放普法书籍100册，宣传材料100册，现场接受咨询30人次，线下解答各类法律问题百余项。

全年共接收“两简”案件线索19条，受理立案11起，涉及案值3,947.4万元，罚款3.566万元。其中简易程序7起，涉及案值1,521.5万元，罚款0.4万元；简单案件4起，涉及案值2,425.9万元，罚款3.166万元。

根据统一部署持续推进“分类核查”改革，有效发挥风险处置类、不定期管理类、定期管理类核查业务在海关后续监管中的作用，严格落实“多查合一”核查指令派发、流转、作业实施程序，保障核查业务有序、有效开展。

集中开展打击跨境电商进口走私“断链刨根”专项整治行动。针对主要走私手法和潜在风险，采取管用、实用、有效措施，下大力气压实电商企业、平台企业、支付企业、物流企业的主体责任，“断链刨根”，务求实效。

扎实推进打击走私“国门利剑2021”专项行动，依托“大地女神”“雷电2021”国际联合执法行动，严查固体废物走私和濒危野生动植物及其制品走私，持续深入打击象牙、犀牛角等濒危物种及其制品走私，全年立案调查行政案件7起，案值444.49万元，涉税合计74.97万元；立案侦办刑事案件5起，案值2,537.38万元，涉税合计359.23万元；行政结案5起，罚没执行35.5万元；全年共办结稽查作业44家，办结主动披露作业4家，稽查查发问题26家。

【优化服务】2021年，廊坊海关鼓励企业采用“提前申报”“两步申报”“两段准入”“关税保证保险”等改革举措，巩固压缩通关时长成果，全年进口通关时间17.97小时、同比压缩37%，出口通关时间1.39小时、同比压缩47.9%；做好属地纳税人管理工作，建立属地企业管理底账和“双特”价格台账，组织企业开展规范申报自查，共计自查7,757票报关单，30,034条报关数据；全年审核进出口报关单4,768票，其中进口3,709票、出口1,059票，监管进出口货物总值26.32亿元，其中进口24.84亿元、出口1.48亿元，征收税款4.2亿元。

年内开展技术性贸易措施调查14起，报送的《韩国2021年进口食品安全政策有哪些变化》以及与兄弟海关联合报送的《美婴幼儿食品重金属监管新政“风雨欲来”，我相关行业应“未雨绸缪”统筹应对》等研究成果，被《技术性贸易措施导刊》采编。

做好特许权使用费相关工作，年内在廊坊、保定两地区组织相关企业政策宣讲会，两次会议共召集20余家相关企业参会，采取以案说法的形式，重点介绍了特许权使用费认定标准，主动披露程序，主动披露对企业带来的好处以及不主动披露的严重后果等内容，引导企业主动披露，享受改革红利。

落实减税降费和税收优惠政策，出具减免税货物准予办理担保通知书599份；严格按照关区方案，确保“双随机、一公开”工作全覆盖、常态化；制订贯彻落实全国深化“放管服”改革着力培育和激发市场主体活力电视电话会议精神实施方案，抓实抓细改革举措，及时回应企业关切；指导企业用足用好自贸协定优惠政策，全面实施15种出口原产地证书自助打印，不断提高出口原产地证书便利化，推广报关单位备案全程网办，简化备案手续、全年新注册企业421家、变更159家、注销企业114家，签发原产地证书10,747份、货值4.02亿美元，为企业减免关税1,372.75万美元，企业自助打印5,908份，同比增长55%。

▲2021年11月18日，廊坊海关关员在企业仓库开展进口货物查验

充分发挥综合保税区开放平台作用，大力支持贸易新业态发展，年内廊坊跨境电商网购保税进口（1210）业务在前期试单系统调试完成基础上正式开展，该关聚焦企业需求高效服务。引导企业合规申报，减少差错问题，支持“分类监管业务”落地，采取“5+2”全时段预约通关模式，跨境电商货物出入区，即到即审、即到即验、快速放行。廊坊综合保税区全年共受理审核进出口报关单2,076票、货运量4.22万吨、货值13,200万美元。税款征收3,269.99万元；跨境电商网购保税业务二线出区清单71.32万单、货值6,910.62万元，征收税款635.88万元，开展仓储货物按状态分类监管业务123批次，进出区货物79.64万件、货值3,023万元。

【综合保障】2021年，廊坊海关严格落实“过紧日子”要求，积极争取财政支持，盘活存量资金，统筹资金安排，优先保障民生支出和关系改革措施落地的业务支出，梳理支出项目，压缩非刚性支出，持续推进预算绩效管理，资金使用效率得到有效提高。

年内进一步完善车辆及司勤人员管理制度，修订廊坊海关司勤人员管理办法，召开司勤人员座谈会，实行司勤人员月度考核制度，调整优化司勤人员工资收入结构，实行考核结果与绩效收入挂钩，严格实行车况司勤人员负责制，确保车辆运行状态正常，规范化、制度化的车辆管理模式进一步完善。

提高公文办理质量，提高处理效率，高标准加强文稿审核，做好信息报送和新闻宣传工作加强保密管理，年内开展保密培训1次，提高全体人员保密意识，对相关记录开展“回头看”，完善相关台账和文件收发流程，杜绝失泄密事件发生。

加强技术保障和信息安全管理，提出信息化设备需求和解决方案，保障各业务系统变更升级，支持综合保税区信息化工作推进，持续推进网络安全等级保护工作，圆满完成庆祝中国共产党成立100周年网络安全保障工作，完成“春节”、“两会”、网络安全攻防演习、庆祝中国共产党成立100周年活动、中秋国庆期间等重要时期网络安保工作。

加强安全生产管理，修订完善廊坊海关安全生产专项整治三年行动实施方案，建立了安全生产专项整治三年行动突出问题隐患排查和整治的“两个清单”，组织全员观看学习习近平总书记关于安全生产重要论述《生命重于泰山》电视专题片，举办“6·16安全宣传咨询日”活动，聘请消防、特种设备等专业技术人员对相关重点设备进行维护，组织物业、食堂等服务外包单位定期开展水、电、燃气等重点点位的安全隐患排查，年内未发生安全生产事故。

做好新冠肺炎疫情防控工作，完善新冠肺炎疫情防控制度、预案、应急指引建设，年内开展内部人员感染新冠肺炎疫情应急演练，严格落实门禁“一测两查”，做好外来人员风险排查，开展新冠肺炎疫情防控专项培训，规范日常消毒消杀，做好重点点位消毒消杀，采购信息化新冠肺炎疫情防控设备，做好人员外出管理和健康监测，加强核酸检测和疫苗接种工作，建立人员外出、健康监测、疫苗接种、核酸检测等台账，将工勤人员、服务外包人员和所有人员共同居住人纳入上述管理范围，确保有底数，全覆盖；积极统筹防疫物资采购管理，建立物资管理台账、畅通采购渠道，确保适量库存；严格外出执法人员的安全防护，原则上非查检作业指令或非重大特殊风险不开展外勤执法，对于确需开展外勤作业的，严格落实石家庄海关关于做好外勤执法中新冠肺炎疫情个人安全防护的通知要求，参照石家庄海关企管外勤作业个人安全防护指引做好个人安全防护，开展新冠肺炎疫情防控定期检查督查，对督查结果及时反馈，立行立改。

（撰稿人：龚　彬）

保定海关

【概况】保定海关是隶属于石家庄海关领导的出入境监督管理机关，始建于1999年6月9日，为正处级，管辖范围为保定市的各项海关管理工作，负责保定市范围内海关工作运行管理、监督监控。

2021年，保定海关坚持以习近平新时代中国特色社会主义思想武装头脑，进一步强化政治机关意识，增强“四个意识”，坚定“四个自信”，做到“两个维护”，全面贯彻落实党的十九大和十九届历次全会精神，深入落实两级海关工作会议和全面从严治党会议精神，统筹发展和安全，落实稳增长、调结构、防风险、促改革、惠民生各项措施，持续优化营商环境，稳步推进白沟市场采购贸易发展。全年申报出口10,756票，出口额8.37亿美元，货值同比增长12.5%，查办侵权案件3起，切实发挥海关职能作用。

【全面从严治党】2021年，保定海关切实压紧压实管党治党政治责任，持续推动全面从严治党向纵深发展。坚持“第一议题”制度，做好对习近平总书记重要指示批示精神和党中央重大决策部署的学习贯彻，发挥党委理论学习中心组头雁作用，持续在学懂弄通做实习近平新时代中国特色社会主义思想上下功夫，全年共开展党委理论学习中心组学习43次。

持续推进政治机关建设，每月发布政治理论学习重点内容，不断提高党员干部的理论水平和政治能力。进一步压紧压实全面从严治党主体责任，召开2次全面从严治党工作会议，明确全年全面从严治党17项重点任务和36项具体措施，听取班子成员抓“一岗双责”和各支部落实主体责任情况，实现责任全覆盖。

充分运用监督执纪“四种形态”，特别是第一种形态，对存在苗头性、倾向性问题及时开展提醒、约谈，全年共开展提醒谈话4次，开展纪法教育和警示教育9次，核查作业廉政回访4次；完善特约监督员构成，发布家庭助廉倡议书85份，弘扬优良家风，筑牢拒腐防变防线。现有石家庄海关党建示范品牌1个、培育品牌1个，查检科党支部和综合业务二科党支部获评石家庄海关“四强”支部。落实巡察整改主体责任，制订保定海关对石家庄海关党委第一巡察组巡察反馈意见的整改方案，明确了对3方面25个具体问题的47项整改措施。对照总署党委第二巡视组对石家庄海关党委巡视反馈意见自我查摆的6个方面48项整改任务进行“回头看”并整改完毕。

【队伍建设】2021年，保定海关坚持严管厚爱、多措并举抓好干部队伍建设。扎实开展“现场监管与外勤执法权力寻租”专项整治工作，结合现场监管、外勤执法工作实际，梳理汇总了保定海关“现场监管与外勤执法权力寻租”风险清单78条，确保风险排查无盲区无漏项；按照岗位廉政风险情况确定了保定海关7个重点关注岗位和8个重点关注对象，提高了专项整治工作针对性。坚持党管干部原则，先后两次在第一时间选派2名关员到京唐港支援口岸疫情防控一线工作；选派1名关员到张家口参加保障北京冬奥会工作；选派3名关员参加巩固脱贫攻坚成果、助力乡村振兴驻村帮扶工作。

【优化口岸营商环境】2021年，保定海关把压缩整体通关时长作为一项重要政治任务来抓，对进出口报关单进行日监控，通过日监控台账逐票统计申报前准备时间、海关作业时间、整体通关时间，抽检、查验等情况，关注各环节用时超长情况，全年巩固压缩通关时间成效明显。进口通关时长为14.54小时，较2017年（100.56小时）压缩85.54%；出口通关时长为1.55小时，较2017年（11.47小时）压缩86.48%。

巩固“单一窗口”应用成效，通过座谈会，微信群等方式做好“单一窗口”宣传推广，实现进出口货物申报业务应用率达到100%。优化出口前监管服务，提供高效便捷出证服务，对申报后系统未布控货物随报随放；已布控查验货物第一时间实施现场检查；对货物放行后需出具兽医卫生证书、植物检疫证书等情形，依照出口目的地国家不同要求，及时完成证书拟制，全年共拟制各类证书6,150份。

落实总署深化改革要求，大力推广原产地证书自助打印，就自助打印涉及签名、印章及打印机等要求第一时间向企业宣传讲解并指导企业操作。全年共签发原产地证书10,748份，同比增长23.78%；签证金额105,658.98万美元，同比增长85.37%。其中，原产地证书自助打印6,893份，占比64.13%，自助打印金额75,304.52万美元，占比71.27%。

【保障辖区首列中欧班列开行】2021年，保定海关加强支持中欧班列发展政策解读，与口岸海关建立联系配合机制，协助企业充分应用各项政策措施，保障中欧班列顺利开通。5月26日，辖区内首列“保定—莫斯科”中欧班列开行，该班列由河北保定始发，经二连浩特口岸出境，抵达俄罗斯莫斯科沃尔西诺站，搭载箱包、自行车、汽车配件、发动机、家具、医疗器械等货物712.52吨，共计50个集装箱，货值2,674.84万元。

【知识产权海关保护】2021年，保定海关坚持“保护知识产权就是保护创新”理念，制订行动方案，强化培训宣传和案件查办力度；坚持普法与培塑相结合，深入辖区行业龙头和县域特色经济代表企业开展调研，为支持企业“走出去”保驾护航。全年共查办市场采购贸易渠道侵权案件3起，案值9.83万元，其中查发出口332件童鞋侵权案为近年来查获数量最多的案例，有效震慑侵权行为，维护了新型业态良好秩序。2021年，保定海关获评河北省知识产权保护优秀集体。

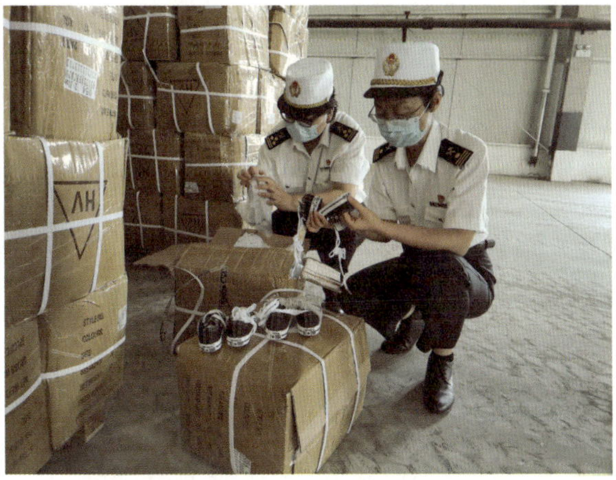

▲2021年8月24日，保定海关关员在白沟市场采购贸易监管作业场所扣留侵权货物

【技术性贸易措施应对】2021年，保定海关对辖区企业进行了贸易影响调查，撰写《保定海关2021年度国外技术性贸易措施影响情况调查报告》和《石家庄海关出口中药材产品国外技术性贸易措施专项调研报告》；作为2021年度全国出口中药材技术性贸易措施调查组长单位，联合合肥海关、大连海关完成了2020年度全国出口中药材专项调查的问卷设计、数据搜集和报告撰写工作，系统整理国外中药材相关技术性贸易措施，分析2020年我国出口中药材受国外技术性贸易措施影响的情况并提出应对建议，出版《国外技术性贸易措施对我国中药产品出口影响研究报告（2020）》。

11月17日，通过线上视频方式，由业务专家为来自河北省的100余家企业开展进出境中药材海关政策详解专题培训，通过持续追踪、精准解读技术性贸易措施，精准帮扶、指导相关企业，助企规避技术性贸易措施影响，为中药材出口保驾护航。

【税收征管】2021年，保定海关加大属地纳税企业管理力度，同重点纳税企业签订属地纳税人管理遵从协议，引导企业增强纳税遵从度，提高主动纳税意识；推进属地纳税人管理，开展现场调研，评估企业缴税能力，防范企业因经营困难出现拖欠税款风险；关注重点企业进口动向，深挖税收潜力，提高属地企业本关纳税率，积极争取在保定海关关区口岸进口的异地企业；落实多元化担保方式，推进关税保证保险，加大“自报自缴”“汇总征税”推广力度，助力降低企业纳税通关成本；加强规范申报审核，对辖区某塑料制品有限公司申报的3份报关单核实归类，补征税款0.87万元。通过将“依法征管”与“做好服务”有机结合，确保应收尽收，全年实现税收入库8,716万元。

【国门生物安全宣传和监测】2021年，

保定海关加强国门生物安全政策宣讲，提升企业守法意识和责任意识；强化国门生物安全预警，多维度关注并分析研判境外风险信息，科学分析辖区农业种植结构、相关作物地域分布及果品批发市场情况，选择进境粮谷储存场所、出口水果加工厂、水果交易市场等检疫高风险区域进行监测，共设置实蝇诱捕器32个、苹果蠹蛾诱捕器28个，设置外来有害杂草监测点3个、梨火疫病菌监测点2个。

【进出境植物检疫】2021年，保定海关为促进地方特色农产品兰花种苗出口，将进口国家植物检疫准入要求、检疫性有害生物名录等重点信息送政策上门，在注册登记、微生物控制方面提供技术指导，帮助企业提升自检自控能力；优化工作流程，对时效性强的鲜活农产品优先安排查验，货到即查、即查即放，确保通关效率。全年累计监管出口各类兰花种苗100.5万株、货值350万元，同比分别增长8%、6%。

【进出口食品抽检和风险监测】2021年，保定海关开展进出口食品、农产品和饲料等监督抽检和风险监测，全年共抽取出口动物源性食品安全风险监测样品24份，检测41个项目；抽取进口食品安全监督抽检样品4份，为其他粮食加工产品，检验8个项次；抽取出口食品安全监督抽检样品20份，共计检验93个项次；检测结果均为合格。

▲2021年6月22日，保定海关关员进行进口食品风险监控抽样监测

【商品检验】2021年，保定海关加强对进口旧机电产品、医疗器械、儿童用品等的检验监管，全年共查获进口不合格商品4批次，涉及机械制造设备、儿童服装、工业用原材料和一般工业品。在出口危险化学品检验检验工作中严格按照操作规程执行，全年监管辖区内某特种气体有限公司出口乙硼烷混合气体33批次，货值176.70万美元。

【市场采购贸易方式监管】2021年，保定海关聚焦河北省唯一市场采购贸易试点——白沟市场，以箱包、服装、钢铁制品等出口商品为重点，加强风险防控，全年共布控查验23票。4月23日，查获侵犯“爱马仕”商标使用权手提包250个，涉案金额0.89万元；4月28日，查获侵犯“圣罗兰”商标使用权手提包144个，涉案金额0.51万元；8月11日，查获涉嫌侵犯“CONVERSE”商标权的出口童鞋332件，共计11,952双，涉案金额8.32万元，通过有效查发、严厉打击、依法惩处，有力维护新型业态良好秩序。

【场所及车辆监管】2021年，保定海关落实全员安全生产责任制，通过每日视频监控、每周实地巡查、库存核对等方式，对辖区所属两个海关监管作业场所安全生产情况实施有效监管。

深刻认识做好反恐工作的极端重要性和现实紧迫性，根据业务实际和监管作业场所特点，6月17日，组织开展了口岸监管环节涉恐突发事件应急处置实战演练，进一步提高一线关员应对涉爆突发事件应急处置和实战能力。

高效快捷做好海关监管车辆备案，及时到达现场指导企业准确填制申请文书，实地验核备案车辆信息，做到一次办结。全年共办理海关监管车辆备案16辆、注销15辆，现有境内公路承运海关监管货物运输企业17家，备案车辆223台。

【企业备案】2021年，保定海关深化“放管服”改革，落实“证照分离”改革措施，推动出口食品生产企业备案简化流程，通过现场评审改为现场办结，备案时间缩短至10分钟以内。全年共办理出口食品生产企业备案8家，出口食品原料种植场备案8家，进口食品收货人备案28家。

推进报关单位备案改革，将报关单位备案纳入“多证合一”管理，持续推进报关单位备案无纸化，指导企业通过“互联网+海关”和“单一窗口”报送备案及变更信息。提升企业注销便利度，促进报关单位注销便利化，全年共办理企业备案553家、变更398家、注销247家。加强企业信用培育，提升企业管理效能，提升企业在国际市场竞争力，截至2021年年底，保定地区通过AEO认证企业7家。

【依法监管】2021年，保定海关在属地查检现场检查过程中，重点关注伪瞒报和夹藏夹带等情况，严防走私行为发生，依布控指令开展作业，规范使用移动单兵等监管设备，做到查验全过程进系统、留痕迹、可追溯。全年共实施进出口货物现场查验446票，发现标识不符合相关法律法规或者规范要求的进口货物4批次，已督促企业进行技术整改。

落实“双随机、一公开”要求，随机派单率100%；核查过程规范使用单兵及执法记录仪等监管设备，实现进系统、留痕迹、可追溯；全年共办结核查作业105起，其中规范整改49起，通报企管部门3起，通报其他部门办理相关手续16起，反馈指令发出部门2起。全年首次开展联合抽查，对辖区2家出口食品生产企业开展抽查工作，为海关和市场监管部门协同执法奠定良好基础。

【助力地方特色产业发展】2021年，保定海关加大减免税政策宣讲力度，主动对接保定市重点经济项目，为重大技术装备项目、内外资鼓励项目及自有资金技术改造项目提供税款担保支持，为高校及国家技术中心落实减免税优惠政策，助力增强科研实力。全年共办理减免税证明15份，审批货值701万美元，减免税款446

万元。

提供高效便捷出证服务，助力辖区企业出口韩国冷冻糯玉米6000余吨，占韩国市场份额约50%；帮扶支持辖区某食品有限公司生产的火锅底（蘸）料首发韩国；某酒业有限公司4个品种的精品高度蒸馏酒顺利登上美国展会。对革命老区保定市阜平县某企业进口的核桃，第一时间查验，第一时间送检，通过以高效通关，进行精准帮扶，全年阜平县坚果进口量同比增加31%，进口坚果的深加工为当地解决老弱劳动力就业近500人。

指导辖区企业建立健全管理制度，提高自控自检能力，全年共指导4家企业取得进境中药材定点加工存放企业资质、5家企业通过输日肠衣对外推荐现场考核、1家企业取得肠衣出口欧盟资质。

【常态化疫情防控】2021年，保定海关建立健全联防联控工作机制，明确分工，压实责任，保障疫情防控工作有效运行；细化疫情应急处置预案，开展应急演练，确保出现紧急情况时能够迅速应对和处置；落实全体干部职工健康管理，严格执行疫苗重点人群接种、属地核酸检测要求，细化台账登记管理，全年共组织全员核酸检测累计32轮4,291人次。

【政务管理】2021年，保定海关把坚决迅速贯彻落实习近平总书记重要讲话和重要指示批示精神作为践行“两个维护”的实际行动。全年召开12次形势分析及工作督查例会，研究部署打击固体废物、濒危野生动植物及其制品和重点涉税商品走私、安全生产、进出口食品安全和商品检验、疫情防控等重点工作。

【信息化建设】2021年，保定海关以“模拟某供应链管理有限公司公路运输类海关监管作业场所视频监控无法预览以及后续的核查处置情况”为情景，组织开展网络安全攻防演习和网络安全应急演练，提升安全上网技巧及网络安全风险应对技能；开展网络监测预警与专项保障工作，全力做好庆祝中国共产党成立100周年海关网络安全保障工作；积极参与网络安全宣传周活动。

【实验室管理】2021年，保定业务部新增检测标准39个，新增检测项目168项。在河北省第二届科学实验展演汇演中，参赛实验《驴火保卫战》获得大赛二等奖；《出口欧盟三醋酸纤维脂膜（TAC）中贸易壁垒的问题及对策研究》被评定为石家庄海关实验室政策研究三级成果，申报2021年度总署科技成果1项；在天津协作关区科技论文征稿活动中投稿论文4篇。

【督察审计】2021年，保定海关对照重大政策措施落实情况跟踪督察重点项目内容，开展严格进境高风险货物风险监测和预防性消毒措施落实情况等六项督察自查，对2021年度专项审计涉及的41个项目开展自查，切实推动重大政策措施在基层落地生根。

【内控建设】2021年，保定海关加强HLS2017内控平台应用，以“现场监管与外勤执法权力寻租”专项整治为切入点扎实开展内控监督；将外勤执法业务执行岗位和内控节点纳入内控评价重点分析内容，以评促建推动风险日常防控，查管并举有效发挥内控机制“免疫系统”功能。全年共制发联系单125份，涉及5个领域13项内控节点，处置异常数据176条，补证件数3件，率先实现关区零的突破。

（撰稿人：马　岚　王建华　刘晓慧
杨永欣　张立波　范亚飞
赵鹏程　高　鑫　部　骞
鹿　宁　程红凯　穆晓波）

雄安海关

【概况】雄安海关是隶属于石家庄海关的正处级隶属海关，按授权负责雄安新区范围内各项海关工作。雄安海关于2019年4月30日正式揭牌对外办理海关业务，并于2019年8月1日起全面承接雄安新区内各项海关业务。现有正科级机构6个，在编人员9人。

2021年，雄安海关坚持以习近平新时代中国特色社会主义思想为指导，深入学习贯彻党的十九大和十九届历次全会精神，深入学习贯彻习近平总书记“七一”重要讲话精神，紧紧围绕“五关”建设目标，认真贯彻落实关区工作会议部署，聚焦聚力推进党史学习教育、新冠肺炎疫情防控、支持新区建设、落实巡察整改等重点工作，积极推动海关各项改革举措落地，加强监管、优化服务，推进海关工作提质增效；主动融入雄安新区建设发展，深化“放管服”改革，不断优化区域营商环境，促进辖区外向型经济高质量发展。

【政治建关】2021年，雄安海关在石家庄海关党委的坚强领导下，坚持以习近平新时代中国特色社会主义思想为指导，深入学习贯彻党的十九大和十九届二中、三中、四中、五中、六中全会精神，全面落实石家庄海关工作部署，深入推进“五关”建设，聚焦聚力推进政治建设、疫情防控、服务雄安发展等重点工作。严格落实“第一议题”制度，切实强化形势分析及工作督查例会的政治属性，传达学习习近平总书记重要讲话精神和重要指示批示精神。加强党委自身建设，建立健全党委各项工作制度，推进落实民主集中制，全面加强党的领导。

【支部建设】2021年，雄安海关按照年初制订的支部工作计划，抓好“三会一课”落实，结合工作实际开展丰富多彩的主题党日活动，进一步提升党员意识；充分运用“学习强国”、“钉钉”、谈心谈话等多种形式，开展思想政治教育，汇总制作习近平总书记关于雄安新区的重要论述学习读本，人手一份，强化学习；与中国银行雄安分行开展党建共建，在活动开展、典型宣传、困难帮扶等方面强化交流；规范填写党建工作手册，及时录入智慧党建系统，准确详细记录支部活动开展情况。

▲2021 年 3 月 12 日，雄安海关参加雄安新区组织的植树主题党日活动

【党建品牌】2021 年，雄安海关扎实推进“雄关漫道党旗扬”支部党建品牌培育创建工作，制订雄安海关党支部党建品牌名称、内涵、目标定位并开展相关工作，全体党员依托“雄关漫道党旗扬”党建培育品牌创建，认真贯彻总署领导提出的“积极跟进、主动对接雄安新区建设，将海关的理念、设施提前融入、嵌入到雄安新区规划建设中”部署，对标“世界眼光、国际标准、中国特色、高点定位”要求，积极主动对接雄安新区建设，以忠诚履职推动新区高水平对外开放。

【新冠肺炎疫情防控】2021 年，雄安海关成立了主要负责人任组长、其他关领导任副组长，各科室主要负责人及业务骨干为成员的安全防控领导小组，定期研究安全防护工作。针对雄安海关实际情况制订雄安海关疫情内部防控工作方案和雄安海关内部工作人员感染新冠肺炎应急处置预案及演练脚本，并组织进行了桌面推演。制订雄安海关疫情突发情况下一线业务临时交接工作实施方案，建立应急备勤联络员制度。建立“培训考核、监督管理、自查督查”三位一体安全防护制度体系，做到日常工作与安全防护工作“同研究、同部署、同督促”。组建以主要负责人为组长，分管关领导和业务科室负责人为成员的安全防护专家组，指导一线人员严格执行安全防护操作指南和作业指引。建立了兼职安全防护监督员队伍，严格落实“岗前检查、工作巡查、全程督查”和“双人作业、互相监督”安全防护工作要求。

【内部管理】2021 年，雄安海关持续加强人员外出管理，新冠肺炎疫情期间严格执行非必要不出差出行，确需出差出行的严格按规定履行出差审批手续，并对出发时间、交通方式、目的地、出行前核酸检测结果、返回后返岗前核酸检测结果等信息做好台账登记。严格遵守属地联防联控机制各项安全防护要求，参加驻地组织的核酸检测，同时要求所有人员尽量减少到人员密集场所活动。加强日常健康监测，安排专人收集整理国内疫情，每天组织全体人员进行体温检测，收集全体人员及其家人健康信息，每周进行全员核酸检测，组织全员接种新冠病毒疫苗，确保不留死角和盲区。加强办公场所管理，与中国银行雄安分行建立联合防控机制，严格外来人员管控，非必须进入办公场所的一律在院门口接待，确需进入的，进行体温检测、查看健康码、行程码后再放行。对电梯、卫生间、食堂、公共区域等重点部位定时开展消杀工作。加强集体宿舍管理，对2人以上合住的，在督促员工做好个人防护的同时，不定期进行实地检查。严格控制会议数量和规模，最大限度减少人员的聚集，切实防范因人员聚集带来的风险。

【出口危险货物包装】2021年，雄安海关认真落实“管行业必须管安全，管业务必须管安全，管生产经营必须管安全”要求，将落实进出口危化品检验安全工作作为践行“两个维护”的具体行动。落实双人持证上岗制度，在检验工作中严格按照操作规程执行，保障危险品在进出口环节的安全和检验监管工作顺利开展。2021年共出口为危险货物包装16批次，签发出入境货物运输包装性能检验结果单16份。

【场所监管】2021年，雄安海关落实全员安全生产责任制，通过每日视频监控、每周实地巡查等方式，对辖区所属1个海关监管场所安全生产实施有效监管，确保摄像头在线率达到总署指标要求；督促场所经营企业落实安全生产主体责任，消除安全生产隐患，杜绝重大安全事故发生；按照规定对场所巡查实施“双随机、一公开”，提高场所巡查工作的科学性、规范性。落实新冠肺炎疫情防控常态化责任，做好监管作业场所和一线关员疫情防控及自我防护。

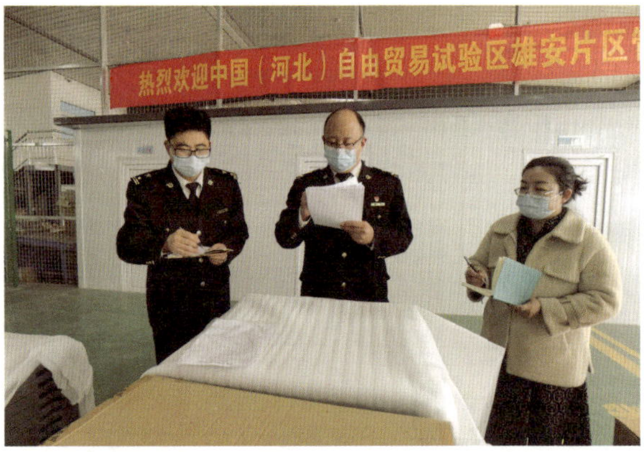

▲2021年11月16日，雄安海关关员在跨境电商监管场所进行巡查

【安全生产】2021年，雄安海关制订雄安海关安全生产领导小组工作机制和雄安海关安全生产工作主体责任清单，结合雄安海关安全生产监督检查机制的要求，进一步严明责任，持续深入开展海关系统安全风险隐患排查治理，每月及重大节日前组织开展安全生产工作自查，推进问题隐患和制度措施“两个清单”细化落地，坚持边查边改、立查立改，全面抓好整改落实，不断健全和完善安全生产长效机制；结合“安全生产月”“安全生产万里行”等活动，业务科室主动深入企业，加强宣传引导和现场检查，帮助企业提升安全生产意识，完善安全生产管理制度，推动形成共建安全生产环境的强大合力。

【综合保障】2021年，雄安海关持续做好统筹协调，精文简会，提高机关工作效率。加强新闻宣传、信息宣传和舆情应对，针对雄安新区热点、亮点、工作成效做好正面舆论引导。做好机要保密、文件流转、管理等工作。认真做好值班应急工作，做到反应迅速、处置高效。严格落实“过紧日子”要求，坚持厉行节约，持续优化后勤保障机制，加强绿色机关建设。强化网络运行保障和网络安全管理，强化办公场所网络、电视电话、监控平台、邮件系统等设施设备正常运转，为机关业务办公做好保障。定期开展网络安全隐患检查，消除网络安全隐患。

【企业备案】2021 年，雄安海关不断深化“放管服”改革，将报关企业注册登记纳入“多证合一”管理，持续推进报关单位备案无纸化，指导企业通过“互联网+海关”和“单一窗口”报送企业备案及变更的信息；提升企业注销便利度，促进报关单位注销便利化，全年以来共办理企业备案 53 家、变更 31 家、注销 19 家；加强企业信用培育，提升企业管理效能，召开培训专题培训会 2 次。

【核查作业】2021 年，雄安海关严格落实“双随机、一公开”原则，随机派单率达到 100%。核查过程规范使用单兵设备以及执法记录仪，实现进系统、留痕迹、可追溯。全年共办结核查作业 12 起，其中通报企管部门 5 起，规范整改 7 起。

【优化外贸营商环境】2021 年，雄安海关紧盯雄安新区发展动态及规划建设进展，稳步推进中央决策部署、总署有关要求迅速落地落实，紧抓疏解北京非首都功能这个牛鼻子，对在新区注册的 3,128 家北京疏解企业情况进行梳理汇总，走访中国中化、中国华能、中国星网 3 家疏解央企提供政策指导，宣介海关改革创新举措。贴心服务重点外贸企业，畅通联络机制，解决通关疑难，帮助中交雄安融资租赁有限公司进口的货值近 7,000 万元的海上风力发电用大型设备快速通关。全力支持配合新区举办第三届河北工业设计展，提前介入，全程指导，共监管展会期间智能消毒站、自行车、椅子等进境展品 365 件。

【推动开放平台建设】2021 年，雄安海关开展《海关服务疏解北京非首都功能研究》等署级课题成果转化，积极为新区综保区申请设立和规划建设建言献策，主动宣讲最新版海关特殊监管区域适合入区项目指引，聚焦综合保税区“五大中心”功能，结合雄安新区综保区功能定位、产业布局、规划建设等情况深入研究论证，向新区提出将自贸试验区、综合保税区、跨境电商综试区、服务贸易创新发展示范区等平台统筹规划的建议意见得到地方认可。积极推进跨境电商监管场所规范设立。2021 年 8 月，河北雄安跨境电商监管中心通过验收，积极争取石家庄海关支持，在该监管场所配备大型查验设备 CT 机 1 台，为开展跨境电商进口业务创造条件。

【扶持外贸新兴业态】2021 年，雄安海关深入推进跨境电商产业发展，联合新区跨境电商综试办组织召开 4 场跨境电子商务培训会，宣贯总署跨境电商政策。先后 20 余次到新区下辖的雄县、安新县等 2 个跨境电商产业园区开展现场调研，了解跨境电商企业业务需求，根据企业需求就海关跨境电商相关政策，企业备案、规范申报及相关业务操作等问题对企业进行帮扶指导。2021 年 10 月，雄安海关监管放行雄安新区首单跨境电商 B2B 出口货物，标志着跨境电商 B2B 出口业务在雄安新区正式落地。雄安新区首个跨境电商产业园区—朱各庄产业园设立首年完成跨境电商出口 2,369 万元。截至 2021 年 12 月 31 日，雄安新区注册跨境电商企业共 18 家。

【深化区域海关协作】2021 年，雄安海关以京津冀物流一体化为切入点，以深化新一轮区域海关合作为依托，持续落实京津冀海关备忘录关于于支持河北雄安新区全面深化改革和扩大开放相关要求，加强京津冀三关业务联系。安排业务骨干交流学习，进一步理顺属地、口岸海关通关业务协调配合，推进“提前申报”“两步申报”等便捷通关措施落地实施，为承接新一代信息技术产业、现代生命科学和生物技术产业及新材料产业等及高校及科研院所入驻雄安新区做好前期准备。积极推介“关港集疏港智慧平台”，实现“车货船三维智能匹配”“双重匹配”等智能服务，大力推行进口“船边直提”和出口“抵港直装”，让新区外贸企业通关更加便利。2021 年 3 月，新区首票应用“集疏港智慧平台”办理的“船边直提”报关单顺利通关。2021 年 4 月，新区首票抵港直装报关单顺利通关放行。

【税收征管政策】加强海关税管政策宣传，保障国家宏观经济大局。加强海关税收征管宣传，2021 年累计税款 1,870.1 万元，同比增长近 20 倍。办理留学人员回国购车业务 10 票。联合新区自贸委、商务部门、税务局组织 RCEP 政策宣讲会，积极推进原产地业务改革，推行“双证合一”、智能审单，自助打印等便利化措施。全年共为新区企业签发各类原产地证书 971 份，签发 FOB 金额 2.93 亿元，累计可帮助企业减免关税约 2,000 余万元。

【京津冀业务交流合作】石家庄海关、天津海关在雄安新区举办冀津海关物流监管一体化政策宣讲活动。为贯彻总署关于支持河北雄安新区全面深化改革和扩大开放的若干措施要求，推进北京海关、天津海关、石家庄海关支持河北雄安新区全面深化改革和扩大开放合作备忘录务实举措在雄安新区落地，促进雄安新区外向型经济高质量发展，向参加宣讲活动的 50 余家进出口企业进行进口“船边直提”、出口“抵港直装”、“集疏港智慧平台”应用场景讲解，在深化区域通关一体化合作、助力雄安新区外向型经济发展等方面进行研讨座谈。

（撰稿人：王春蕾）

沧州海关

【概况】沧州海关于2002年9月6日经总署批复设立，于2005年5月26日正式开关，是受石家庄海关直接领导的正处级隶属海关，国家机构改革后，按授权负责沧州（除渤海新区）范围内海关各类管理工作。现内设9个科级机构，共有在职干部职工62人。

2021年，沧州海关始终坚持以习近平新时代中国特色社会主义思想为指导，深入学习贯彻党的十九大和十九届历次全会精神，增强“四个意识”、坚定“四个自信”、做到“两个维护”，坚决贯彻落实党中央、国务院重大决策部署，严格执行海关总署和石家庄海关各项工作要求，马上就办、真抓实干，以党的政治建设为统领，扎实推进“五关”建设。全年共接受企业申报报关单805票，征收税款入库合计11.99亿元；查验货物共计2,126批次，检出出境产品不合格11批、进境产品不合格5批；办结核查作业193起；开展企业信用培育19次，帮扶3家企业获得AEO高级认证。

【政治建设】2021年，沧州海关着力增强做到“两个维护”的政治自觉，把学习贯彻习近平新时代中国特色社会主义思想作为首要政治任务。党委理论学习中心组发挥引领作用，坚持“一周一学”，及时跟进学习习近平总书记重要讲话和重要指示批示精神，全年党委理论学习中心组（扩大）学习46次，研讨交流13次，结合工作实际撰写理论文章3篇。严格落实“第一议题”制度，切实强化形势分析及工作督查例会的政治属性，传达学习习近平总书记重要讲话精神和重要指示批示精神。加强党委自身建设，修订印发中共沧州海关委员会议事清单、沧州海关贯彻落实“三重一大”决策制度实施办法，建立健全党委各项工作制度，推进落实民主集中制，全面加强党的领导。

【党史学习教育】2021年，沧州海关紧紧围绕习近平总书记关于党史学习教育重要指示批示精神，扎实开展党史学习教育。开展党史学习教育专题学习36次，专题研讨9次，各党支部开展党史专题学习81次，上下联动，推动理论武装入脑入心。坚持打造精品党课，关党委带头面向全体党员开展“支部书记讲党课”，共进行党课活动 12 期，400 余人次参与学习。组织开展青年干部心向党教育活动，青年理论学习小组以“党史学习教育，海关青年怎么做”为题开展党史学习教育座谈研讨，全年青年理论学习小组开展“学习汇”活动 12 期。利用地域化红色教育资源组织开展红色教育 8 批次，组织“红色观影”4 次，开展“红歌传唱”活动，拍摄制作“我想对党说”主题 MV，开展党史知识竞赛、青年干部教育等，10 余项形式多样、特色鲜明的主题活动落地见效，营造党史学习教育浓厚氛围。开展“我为群众办实事”实践活动，按照“三个走进”征求意见建议及项目清单，制订 12 项 29 条措施；面向企业，在加工贸易、企业信用管理、RCEP 原产地规则等领域，培训人员 200 余人次。

【支部建设】2021 年，沧州海关深化“四强”支部建设，着力提升支部政治功能和建设质量。全年沧州海关 2 个党支部被评为关区“四强”支部，培育创建石家庄海关党建培育品牌 1 个，1 个党支部获评先进基层党组织；创新党建活动形式，“开门”办党建，各党支部通过“走出去”或“请进来”，与政府部门、包联社区党组织开展联合主题党日活动，在学习互鉴中提升党建工作能力。

【队伍管理】2021 年，沧州海关贯彻新时代党的组织路线，努力建设高素质专业化干部队伍。按照高风险执法一线科级领导干部交流工作要求，制订沧州海关干部交流方案并有序推进。开展“内务规范月”活动，组织队列训练，加强关容风纪检查，全年共开展内务检查 12 次，视频监控检查 23 次，并及时通报，对表现突出的科室发放内务规范优秀奖杯，进一步锤炼了队伍令行禁止的良好精神风貌。结合“我为群众办实事”实践活动，以问卷调查的形式面向全体关员开展思想动态调研，共征求意见建议 118 条，为丰富干部职工生活，组织“文化讲堂”12 期，开设太极、瑜伽文体兴趣小组，不断提升队伍凝聚力。2021 年，沧州海关报关大厅获评 2019—2020 年度河北省青年文明号集体暨“双创双服”优秀青年集体。

【新冠肺炎疫情防控】2021 年，沧州海关强化组织领导，压紧压实责任，坚持从严从紧，切实加强内部管理，做好新冠肺炎疫情防控工作。根据职责和人员，及时调整和完善沧州海关统筹疫情防控和促进外贸稳增长工作指挥部及下设 5 个工作组，健全完善沧州海关疫情内部防控工作方案、沧州海关内部工作人员感染新冠肺炎应急处置预案、沧州海关新冠肺炎疫情防控工作人员安全防护工作方案等新冠肺炎疫情防控工作方案体系，进一步推动新冠肺炎疫情防控工作制度化、规范化。严格落实各项要求，持续强化新冠肺炎疫情防控，有序组织干部职工接种新冠病毒疫苗及加强针，确保机关单位、干部职工安全。

【综合治税】2021年，沧州海关加强外贸形势研究分析和预警监测，调研辖区内税源企业情况，以优质服务、高效通关吸引企业属地报关纳税，切实做到“保质保量、应收尽收”。全年共接受企业申报报关单805票，其中进口报关单784票，出口报关单21票。征收税款入库合计11.99亿元，同比增长14.85%。

【监管业务】2021年，沧州海关切实履行监管职责，严格落实货物现场查验要求，对出入境动植物产品、食品农产品、危化品及其包装进行快速准确查验。全年沧州辖区进出口货物共8,260批次，其中出境7,944批次，入境316批次。查验货物共计2,126批次，检出出境产品不合格11批、进境产品不合格5批。完成危包性能鉴定346批、使用鉴定475批。积极推进多查合一、“互联网+稽核查”作业模式，以风险分析为基础，持续开展进口固体废物、涉野生动物类加工贸易企业专项稽查行动，严厉查处违法违规行为。全年

▲2021年5月1日，沧州海关关员进行进境种牛采血

办结核查作业193起，办结稽查作业39起。

【国门安全】2021年，沧州海关强化食品安全及疫情疫病监测，完成2021年国门生物安全监测、食品农产品安全风险监控、供港禽肉微生物及养殖场疫情疫病监测计划，及时上报监测数据。积极参加沧州市食用农产品“百日攻坚”行动，抽取并检测水果、动物源性食品样品；参加“2021年沧州市食品安全宣传周活动启动仪式”，现场向群众讲解普及《中华人民共和国食品安全法》等法律法规，接受群众咨询并发放宣传资料。强化进境活动物检疫监管，严防疫病传入，全年监管进境种牛2批次、18,274头；监管进境海水观赏鱼12批次、1.7万尾。

▲2021年10月11日，沧州海关关员对检出小杆目线虫的天然木托盘监督集中堆放及后续除害处理

【安全生产】2021年，沧州海关深入贯彻落实习近平总书记关于安全生产重要论述，推进安全生产专项整治三年行动。开展“安全生产月”活动，以问题为导

向，聚焦5个重点领域，动态更新问题隐患和制度措施的2个清单。组织开展“消防安全”“网络安全”专项行动，强化演练，将安全生产工作结合日常监管、疫情防控同步推进落实。系统化开展部署检查，沧州海关安全生产专项整治工作组定期开展自查和督查，动态更新问题隐患清单和制度措施清单共计17条。

【打击走私】2021年，沧州海关认真开展“国门利剑2021”等打私专项行动，始终保持打击走私高压态势。把好通关、稽（核）查关口，严厉打击“洋垃圾”、象牙等濒危物种及其制品、涉枪涉毒、重点涉税商品、农产品、冻品等走私活动。与沧州市打私办密切配合，多部门实施联合查缉，推动落实打击走私主体责任，凝聚打私合力。深入推进“全员打私”，积极做好打私工作宣传，强化监管打私优势互补、资源共享、整体联动，注重同向发力，提升整体效能。全年移交处理各类案件线索8条，办结“一简一快”案件11起。

【通关便利化】2021年，沧州海关努力推进“两步申报”“两段准入”，为企业搭好信息政策平台，认真提升通关便利化水平。积极宣传“两步申报”效率、成本优势，对企业进行培训和讲解，帮助企业快速掌握业务流程和要点。鼓励采用多元化通关模式，优化“两步申报”进口货物税款担保流程，推动已备案的关税保证保险或汇总征税企业在“两步申报”模式下直接应用，减轻企业资金链压力。全年进口“两步申报”率持续位于关区前列。强化政策解读指导，做好“两段准入”政策的宣传培育，让改革红利尽快惠及辖区进出口企业；在指导企业应用该模式的基础上，全程跟踪查验和送检进度，确保各环节畅通无阻。进口铁矿石以及目的地检验货物全部采取“两段准入”模式申报。持续做好RCEP实施准备工作。发布相关政策资讯，组织辖区企业参加RCEP线上专题培训，帮助企业熟悉RCEP原产地累积规则、原产地证书申领程序，为企业用好RCEP国际规则提供支持；集中组织学习，熟练掌握操作流程，为2022年RCEP全面实施奠定业务基础。通过“7×24小时”预约通关、加强与口岸海关沟通协调等措施，大力压缩整体通关时间，顺利完成国务院确定的“到2021年底整体通关时间比2017年压缩一半”的目标任务。

【优化营商环境】2021年，沧州海关全面贯彻落实“放管服”改革要求，推动行政审批标准化、规范化。全年办理报关单位注册登记593家、变更311家、注销236家。开展企业信用培育19次，帮扶3家企业获得AEO高级认证。助力辖区特色食品、农产品出口，快速验放鲜梨645批。积极打造区域物流中心——肃宁保税物流中心（A型），全年入库货物384.5吨，货值763.8万美元；出库货物（一般贸易进口）内销206.4吨、货值1,082.9万美元，内销征税538万元；出库货物（一般贸易出口、退运等）1,989.2 吨、货值210.6 万美元。与多部门建立联系配合，支持中国—中东欧（沧州）中小企业合作区发展，多次深入合作区开展实地调研，就政策落地、机制建设、平台搭建等事项现场办公；积极参加第三届中国—中东欧国家（沧州）中小企业合作论坛，了解企业诉求，通过网络视频方式对合作区 1 家企业进行加工贸易业务实务培训。

【内控机制建设】2021 年，沧州海关运用 HLS2017 内控平台、稽查系统等业务监控监督系统，强化大数据分析，认真排查业务和廉政风险。通过事件管理平台向相关业务科室制发监控核查联系单进行处置，围绕日常复核中发现的普遍性问题开展常规内控复核，强化 HLS2017 内控平台的使用率和处置成效。全年开展内控前置审核 1 次，制发处置联系单 65 条，处置异常有效数 54 条，纠正业务差错 4 次，补证 2 次。扎实开展内控检查活动，对 2021 年执法领域和非执法领域具体业务执行控制情况进行全覆盖检查，共发现问题 27 个，其中执法领域 15 个，非执法领域 12 个，推进问题整改，夯实业务基础。

【全面从严治党】2021 年，沧州海关以政治建设为统领，坚决做到全面从严治党，推动“两个责任”同向发力。深化巡视整改，关党委把巡视巡察整改作为落实全面从严治党的重要政治任务，把“四个融入”作为深化巡视巡察整改工作的根本遵循，制订沧州海关持续推动总署党委巡视整改和石家庄海关党委巡察整改事项清单，对 21 个需持续整改的事项、42 条长效整改措施进行全面梳理，从源头解决突出问题，确保高质量完成巡视巡察“后半篇文章”。扎实开展“现场监管与外勤执法权力寻租”专项整治工作，成立专项整治工作领导小组，向辖区 447 家企业发放宣传书，开展调查问卷 400 份，张贴公示海报，设立举报箱，收集填报违规事项个人申报表 56 份，收集撰写心得体会 56 份，活动期间以案为鉴开展纪法教育和警示教育；积极开展问题整改，制订整改方案，以“3 个清单”为基础分解任务，确定责任科室，细化整改措施。加强清廉海关建设，对全关 62 名干部职工开展干部配偶、子女及其配偶从业情况自查工作，组织签署石家庄海关领导干部党风廉政建设责任书，促进干部职工自觉廉洁从政。强化廉政警示教育，聚焦重要节点、重点岗位、突出抓好“关键少数”，经常性开展廉政提醒，通过违纪违法典型案例等，推动全员以案为鉴、警钟长鸣。运用监督执纪“四种形态”强化日常监督，全年开展诫勉谈话 1 人次，提醒谈话 7 人次。

【法治建设】2021 年，沧州海关深入学习贯彻习近平法治思想，落实普法责任制，创新普法方式，开展专题普法宣传活动。全年组织法制宣传活动 7 次、宪法考试 1 次、法制讲堂 2 期。获取商品侵权信息 2 条，转化成 1 级布控指令 3 条，实现沧州海关知识产权海关保护工作的新突破。

【综合保障】2021年，沧州海关加强统筹协调，提升综合保障能力，提高机关工作质效。发挥督办系统功能，推动各项工作及时有效落实。加强新闻宣传和舆情应对，突出宣传重点做好正面舆论引导。做好机要保密、档案管理等工作，推进政务公开标准化规范化建设，规范做好信访工作。认真做好值班应急工作，做到反应迅速、处置高效。提升财务后勤管理水平，严格落实“过紧日子”要求，坚持厉行节约，规范政府采购，建立长效机制，全年共压减各类支出50余万元。持续优化后勤保障机制，创建绿色机关，办好民生实事。发挥科技支撑作用，强化网络运行保障和网络安全管理，强化办公场所网络、电视电话、监控平台、邮件系统等设施设备正常运转，为机关业务办公做好保障。强化数据安全管理，开展风险评估和漏洞扫描等工作，力保双网运行平稳。加强人员值守与技术力量支撑，定期开展网络安全隐患检查，消除网络安全隐患。

（撰稿人：王华秀　石晓娜　孙媛媛
李文文　李玉香　张梦颖
段　炼　郭冬青　曹家赫
盛　林　霍文欣）

黄骅港海关

【概况】黄骅港海关于 2018 年 12 月 14 日经总署批复设立，2019 年 1 月 8 日正式挂牌，是受石家庄海关直接领导正处级隶属海关，按授权负责沧州渤海新区（一市四区）范围内海关各类管理工作。人员由原黄骅港出入境检验检疫局人员和部分沧州海关人员组成。批复行政编制 91 名，内设科级机构领导职数共 14 正 21 副，内设正科级机构 14 个。

辖区监管场所 10 个，即沧州渤海港务有限公司散杂货堆场水路运输类海关监管作业场所、沧州黄骅港钢铁物流有限公司散货码头水路运输类监管作业场所、中晟矿业有限公司散杂货堆场水路运输类海关监管作业场所、沧州黄骅港矿石港务有限公司散货堆场水路运输类海关监管作业场所、河北冀海港务有限公司水路运输类海关监管作业场所、河北大华国际物流集团有限公司水路运输类海关监管作业场所、沧州渤海港务有限公司黄骅港区散（件）杂货堆场水路运输类海关监管作业场所、河北海通铁运物流有限公司水路运输类海关监管作业场所、津冀国际集装箱码头有限公司水路运输类海关监管作业场所、沧州黄骅港钢铁物流有限公司水路运输类监管作业场所。

辖区种牛隔离场 7 个，即黄骅市鑫茂养殖有限公司（周庄隔离场）、黄骅市鑫茂养殖有限公司二分公司（张赵隔离场）、黄骅市鑫茂养殖有限公司三分公司（东湾隔离场）、黄骅市鑫茂养殖有限公司四分公司（许官隔离场）、黄骅市金展畜牧养殖有限公司东仙庄隔离场、河北黄骅雄特进境种牛隔离检疫场、黄骅市巨合牧业有限公司进境种牛隔离检疫场。

辖区监管对外开放泊位 16 个，其中沧州黄骅港矿石港务有限公司拥有对外开放泊位 8 个、津冀集装箱有限公司拥有对外开放泊位 2 个、沧州黄骅港钢铁物流有限公司拥有对外开放泊位 2 个、冀海港务有限公司拥有对外开放泊位 1 个、神华港务有限公司拥有对外开放泊位 3 个。

2021 年，黄骅港海关以政治建设为统领，坚决落实习近平总书记重要指示批示精神和党中央重大决策部署，严格执行总署和石家庄海关各项工作要求，全面提升政治机关意识。抓紧抓实抓细常态化疫情防控工作，维护黄骅港口岸疫情防控良好局面。围绕庆祝建党百年，多元化开展党史学习教育活动。从严从实开展“现场监管与外勤执法权力寻租”专项整治工作，推动清廉海关建设。强化监管优化服务，始终保持打击走私高压态势。落实改革各项举措，持续优化口岸营商环境。发挥科技支撑作用，不断提高实验室规范化建设水平，切实加强网络安全建设。狠抓党风廉政建设，全面落实主体责任，强化日常廉政教育，推动全面从严治党工作向纵深发展。

【政治引领】 2021 年，黄骅港海关党委全面学习习近平总书记重要指示批示精神和“七一”重要讲话精神，严格落实“第一议题”制度，把学习贯彻落实十九届六中全会精神作为重要政治任务，充分发挥头雁效应，建立“中心组示范学、党支部集中学、党员干部自发学”的政治学习体系，做到学思用贯通、知信行统一。全年召开党委会、关长办公会等会议共 41 次，开展中心组学习 20 次，做到及时传达到位、精心部署到位、督导落实到位。关党委履行党建第一责任，坚持以提升党建工作质量为目标，以党建品牌创建为抓手，大力推进“强基提质工程”，开展党建专项检查 7 次，积极争创“四强”支部。全年共有 3 个党支部获评关区“四强”支部，查验一科党支部“沧海冲锋号”品牌通过全国海关党建培育品牌复核，其支部创作拍摄的“微党课”入选总署“追寻红色记忆，擦亮党建品牌”活动评选，为党建工作树立良好标杆。

【党史学习】 2021 年，黄骅港海关夯实理论基础，赓续信仰信念，注重发挥关键少数“领学”作用，组织开展专项检查 7 次，专题研讨 4 次，有效激发干部队伍荣誉感、使命感。以“沉浸式”教学让红色文化鲜活起来，推出到黄骅市大赵村惨案遗址开展实地学习、赴昌黎五峰山重走大钊路、设立“红色电影放映日”等 10 余项形式多样的主题活动，营造党史学习教育浓厚氛围。践行为民宗旨，深入开展“三个走进”和“我为群众办实事”实践活动，对企业开展精准帮扶。

【严防疫情输入】 2021 年，黄骅港海关加强风险研判，坚持“一船一策”，持续强化在港船舶情况申报和管理工作。坚持联防联控，强化出入境人员和交通工具检疫工作，切实落实“三查三排一转运”“7 个 100%”“14+7+7”集中封闭管理模式等各项要求。与时俱进研究制修订 14 类预案，开展新冠肺炎疫情处置应急演练和防止职业暴露演练，不断提升应急处置能力。开展个人防护培训 36 期，培训 180 人次，做好物资保障，制定三级审批制度和出入库台账，保障封闭管理正常运转。深入一线开展政治监督，聚焦典型案例，强化纪律红线意识，全面落实新冠肺炎疫情防控要求。检疫监管船舶 916 艘次，检疫入出境人员 19,697 人次，医疗救助 3 人次，新冠肺炎核酸采样送检 1,468 人次，闭环移交船员 140 批 1,279 人。

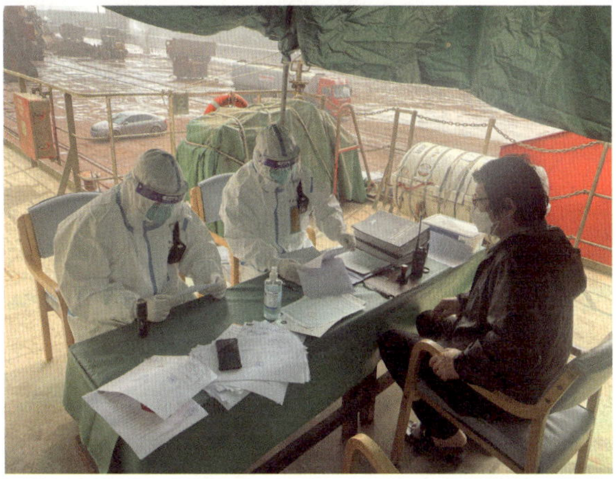

▲2021 年 5 月 30 日，黄骅港海关为进境船舶办理检疫手续

【内部防控】2021 年，黄骅港海关紧盯新冠病毒疫苗接种，做到“应接尽接”。狠抓常态检测，做到“应检尽检”，组织全体关员定期开展新冠病毒检测。从严落实内部新冠肺炎疫情防控，严格出差出行审批，加强进出门扫码、测温管理，落实日常消毒和就餐纪律，开展内部防控演练，确保机关内部平安稳定。

【执法能力】2021 年，黄骅港海关实行“一船一策”、“一票一议”、预约查验、全年无休等举措。针对大宗进口矿产品积极推进“先放后检”、依企业申请检验模式，对企业急需的生产原料提供卸货过程中查验，提高查验效率，好上加好、畅上加畅，加快口岸进口货物进入国内生产流通领域时效；进一步扩大油料油脂多元化来源市场，助力先进技术装备、种质资源等进口；认真落实 RCEP 原产地规则和关税减让措施，服务企业出口货物在 RCEP 成员方顺利享受关税优惠，面向重点行业和重点企业开展政策培训和宣讲，收集解决企业享惠问题，帮扶企业用好 RCEP 政策红利保订单、保市场。全年监管进出境货物 6,349.01 万吨，其中进口货物 6,302.46 万吨，出口货物 46.55 万吨。签发原产地证书 3,852 份，涉及金额 34,895.2 万美元，同比分别增加 15.26% 和 63.61%。全面做好进境种牛监管业务，目前已经发展成为黄骅港海关一大亮点和特色。监管黄骅港口岸进境活牛 4 批次 34,803 头，辖区隔离场检疫 3 批次 27,490 头。监管供退船物料 2,822 批次，其中监管船舶加注保税燃油 308 批次、总额 1.46 亿美元，监管免税品供应 280 批次、总额 244.13 万元。

【优化营商环境】2021 年，黄骅港海关紧抓压缩时长工作不放松，出口整体通关时间为 0.02 小时，同比压缩 99.7%，较 2017 年压缩 99.87%。进口整体通关时间为 84.3 小时，较 2017 年压缩 47.33%。深化“放管服”改革，办理报关单位注册登记业务 79 家，企业信息变更 155 单，企业便利化注销 5 家，办理出口食品生产企业备案核准 1 家。审批征免税证明 4 份，减免税款 44.2 万元，为企业发展降本增效。助力辖区新增出口化工企业 4 家、新增产品 21 种，对首次出口企业开展“一对一”指导，助力乙二醇单叔丁基醚、苯硼酸酐等危险化学品首次走出国门。监管黄骅港口岸进口铁矿石 632 批次、3,951

万吨、货值58.4亿美元。监管黄骅港口岸进口煤炭14批次、91.94万吨、货值1.95亿美元。

【服务合作区建设】2021年，黄骅港海关多措并举服务中国—中东欧（沧州）中小企业合作区发展。主动对接地方政府，组织召开关政企三方座谈会，宣讲习近平主席在中国—中东欧国家领导人峰会上的重要讲话精神，宣传总署“三智”理念，建立海关与政府间对接沟通协作机制。深入企业调研，对合作区企业实行“一对一”帮扶，指导捷中鲨鱼（沧州）飞机制造有限公司办理异地通关和主动披露业务，帮助企业缩短通关时间、减少损失，9月份该企业组装的首架“鲨鱼”飞机顺利下线。加强企业信用培育，支持合作区内企业申请AEO认证，组织开展2次信用培育集中宣讲会，讲解AEO认证企业优惠措施、企业信用管理政策，开展“一对一”重点培育辅导，指导重点企业注册并应用好“中国海关信用管理”微信平台，统筹企业协调员做好企业咨询，支持合作区内企业申请AEO认证。设立查验“绿色通道”，提高合作区进口通关效率。根据企业产品特征及物流模式提供高效通关服务，对合作区内企业生产急需进口的机器设备、原材料等第一时间实施查验，对企业货物进口全流程跟踪，量身打造监管服务措施，做到“监管流程跟着工期走”，实现海关监管与企业建设无缝对接。支持企业24小时线上预约，实施“智能审核+自助打印”智慧审签新模式，推广预约签证、同城快递等便捷措施。

▲2021年6月21日，黄骅港海关查验中国—中东欧中小企业合作区进口旧机电设备

【国门安全】2021年，黄骅港海关认真学习贯彻习近平总书记重要指示批示精神，集中开展“蓝天2021”和“国门利剑2021”系列专项打击行动，加大对非设关地巡查力度，保持打击“洋垃圾”走私高压态势。落实黄骅港海关安全生产专项整治三年行动实施方案，开展安全风险全面排查工作，吸取其他地区事故教训，及时消除安全隐患。完善实验室安全作业程序等各项安全制度，做到实验室管理标准化、检测工作安全化、仪器管理规范化。对辖区10家监管作业场所开展网络安全宣贯，签订网络安全承诺书，完成2021网络安全攻防演习、建党百年庆祝活动等重大网络安全保障任务7次。加强固体废物初筛、放射性检测、外来携带物的筛查力度和有毒有害元素检测，取样送检固体废物鉴别2批次，查出进口钛矿放射性超标2批次。保障国门生物安全，在进境大豆和

玉米中检出有害生物 1,305 种次，其中检疫性有害生物 164 种次，有害生物检出总数同比增长 26%。成功承办石家庄海关进出境动物疫情应急处置演练，完成严防重大动植物疫情疫病传入传出和外来物种入侵措施落实情况等四个督察项目，风险防控机制得到全面提升。

【税收征管】2021 年，黄骅港海关征收税款入库 49.74 亿元人民币，同比增长 35.44%。强化对重点税源商品及重点税源企业分析研究，加强审价补税审核工作，完成二次结算延续性征税 3,105.99 万元。加强属地纳税人管理，巩固优质税源企业，与 2 家代表企业签署属地纳税人管理遵从协议。加强担保管理，大力宣传汇总征税、关税保证保险等税收征管模式优势。全年采用汇总征税方式通关的企业有 14 家，税款金额 8.7 亿元，采用关税保证保险方式通关的企业有 9 家。

【科技创新】2021 年，黄骅港海关完成沧州市级项目鹿流行性出血热检测试剂盒的比较研究验收。积极参与申报总署科研项目 3 个（口岸吸血媒介生物智能监测装置开发及应用、X 荧光光谱仪检测铝矾土中活性硅-滤纸片薄样法研究、口岸进境种牛结节性皮肤病传播风险监测研究）。申请实用新型专利 6 项，其中获批 2 项（一种琼扩平板和炭沉管结果读取板、一种昆虫野外调查采集工具）。在国家级、省级期刊投稿 21 篇论文，已发表 7 篇（*A recombinant porcine reproductive and respiratory syndrome virus stably expressing DsRed protein based on bacterial artificial chromosome system* 在 *Frontiers in Microbiology* 发表、《鹿流行性出血病 ELISA 和 AGID 试剂盒的比较研究》在《中国口岸科学技术》发表、《流行性出血热及其检测技术的研究进展》在《黑龙江畜牧兽医》发表、《口岸动物疫病 ELISA 检测的影响因素分析及优化方法探析》在《畜牧兽医科技信息》发表、《美丽猪屎豆并不“美丽”》在《中国海关》中发表、《进境转基因大豆知多少》在《中国海关》中发表、《隐藏在进境粮食中的豆象们》在《中国海关》中发表）。参加 2021 年度全国海关第二科技协作区论文征集活动，投稿 5 篇论文，其中《美国白蛾氨肽酶 N 的基因克隆表达及与苏云金杆菌 3 种毒素蛋白的结合特性分析》获一等奖，《渤海新区吸血蠓种群构成研究》《渤海新区吸血蠓种群组成调查》《仓贮害虫寄生蜂——雅脊金小蜂及其属内种的识别》获二等奖，《口岸动物疫病 ELISA 检测的影响因素分析及优化方法探析》获三等奖。

【办公质效】2021 年，黄骅港海关政务信息和新闻宣传工作成效显著，政务信息位列关区隶属海关第二，新闻宣传位列关区第一。全年公文流转更顺畅，机关运行更高效。不断提升预算执行水平，牢固树立“过紧日子”思想，资金使用效益显著提高。完成实验用房项目收尾验收、竣工决算及不动产证办理工作。配合石家庄海关完成对翟文徐同志担任黄骅港海关关长期间履行经济责任情况审计工作。全面开展专项审计自查，实现内部管理及业务条块自查全覆盖。

【队伍建设】2021年，黄骅港海关坚决落实“实干为先”的用人导向，开展副科级领导干部选拔任用2次提任9人，有效提振队伍工作积极性，并逐渐形成干部梯队管理模式。做好一线封闭管理人员身心关怀，及时足额发放临时性工作补助，组织开展心理健康讲座，邀请专业人士提供心理健康评估及咨询服务，关领导带队对登轮人员及家属进行家访慰问5次，竭力消除一线人员后顾之忧。着力激发群团组织效能，指导成立8个兴趣小组，持续组织开展朗诵、读书会以及篮球、摄影等比赛活动，丰富干部职工业余文化生活，凝聚起团结奋进的强大正能量。督促团支部积极发挥团结青年、组织青年的纽带作用，依托青年理论学习小组常态化开展各类活动，成功获评关区活力团支部。物流监控一科被评为河北省青年文明号，展现了青年干部的良好风采。高度重视党员示范作用，组织成立登轮检疫突击队，31名党员干部踊跃报名参与一线抗疫，充分彰显党员先锋意识和担当精神。严把党员发展关，严格贯彻落实《中国共产党章程》和新时期党员发展规定，全年发展预备党员3名，有力激发干部职工争先意识。狠抓从严治关，纪律作风水平不断提高，每逢重要节日必开展廉政教育提醒，以“警示教育月”为契机，采取“视频观学+实地教育”相结合方式，开展走访教育基地、观看警示专题片等多样化警示教育活动，推动党员干部引以为戒、筑牢防线。准军建设常抓常严，完善科长带队督导工作机制，制订内务规范评分细则，实现内务检查结果量化排名，并对评分排名靠前科室颁发内务标兵流动红旗，有效激发争先意识。全年开展日常纪律作风和内务督查14次，进一步锤炼了队伍令行禁止的良好精神风貌。

【全面从严治党】2021年，黄骅港海关加强以政治建设为统领，坚决做到“两个维护”。“第一责任人”率先垂范，党委书记坚持守土有责、守土担责、守土尽责，利用党委会研究部署全面从严治党工作4次，组织召开半年全面从严治党形势分析会，综合运用月度例会、关长办公会指导督促全面从严治党工作进度，压茬推进49项重点任务见实见效。党委委员对照重点任务分工方案，指导督促分管领域严格落实全面从严治党工作任务，与分管科室经常性开展谈心谈话，切实把全面从严治党当作分内之事、应尽之责，担起责任、狠抓落实，确保工作进行到哪里、管党治党责任就延伸到哪里。从严从实开展“现场监管与外勤执法权力寻租”专项整治，紧盯整治过程中发现的11项问题，已全面整改落实到位。积极发挥监督执纪“四种形态”教育警醒作用，关党委熟练掌握监督执纪“四种形态”尤其是第一种形态的使用方法，对党员干部、党组织存在的苗头性、倾向性问题，第一时间发现并指出。运用“第一种形态”7次，做到抓早抓小，让“红脸出汗”成为常态。将石家庄海关党委巡察反馈问题整改作为重要政治任务，认真分析深层次原因，针对3方面13项问题研究制定48条整改措施，集全关之力推动问题整改见效。

（撰稿人：王丽旻　黄浩森　雷早娟）

衡水海关

【概况】2021年，衡水海关坚持以习近平新时代中国特色社会主义思想为指导，深入贯彻党的十九大和十九届历次全会精神，以习近平总书记重要指示批示精神和党中央决策部署为号令，认真落实党中央、国务院重大决策部署，把握发展与安全工作基调，统筹把关与服务工作平衡，不断深化“五关”建设，有力服务地方外贸经济高质量发展。全年衡水市外贸进出口239.7亿元，进出口总值位居河北省第8位，同比增长1.8%，增速位居全省第12位；其中，出口217.1亿元，位居全省第7，同比下降1.2%，增速位居全省第12位；进口22.6亿元，位居全省第9，同比增长45.4%，增速位居全省第2。

【政治机关建设】2021年，衡水海关坚持发挥党委理论学习中心组带头示范效应，扎实学习习近平总书记重要指示批示精神和重要讲话精神及党史学习教育有关学习内容等，全年共计开展党委理论学习中心组集中学习24期；各党支部创新学习方式方法，认真落实“三会一课”制度，创新开展“湖畔党韵”“围炉小讲堂”等形式，组织广大党员持续深入学理论、用理论，努力做到学思用贯通、知信行合一。严格落实“第一议题”制度，全年学习习近平总书记重要指示批示精神和重要讲话11次，结合辖区监管实际明确具体贯彻落实措施，建立任务台账，并在后续工作中持续跟踪督办，确保执行到位，形成工作闭环。掀起学习党的十九届六中全会精神热潮，举办3天24学时的全会精神专题集中学习班，邀请市委党校专家现场辅导、集体观看红色教育电影、组织重温入党誓词等特色活动；组织开展十九届六中全会精神暨党史学习教育知识竞赛活动，拓展学习方式、检验学习效果，取得良好效果。

【基层党建】2021年，衡水海关积极完善基层组织建设，完成1个党支部书记改选，新成立2个执法一线科室独立党支部。持续推进合格党支部建设，开展党建评比检查，党总支、党支部严格开展党建述职，接受民主评议，1个党支部被评为关区先进基层党组织，1个党支部被评为关区“四强”支部，1名党员被评为关区优秀共产党员。党建品牌建设巩固优化。党总支、兼职党务干部分类指导，各支部在原来品牌基础上继续完善修改，突出亮点和特色，涌现出“党建月报”“围炉小讲堂”等特色党支部活动，1个党支部被石家庄海关推报参与河北省优秀基层党组织评选。党建带团建成果明显，衡水海关团支部被评为全国“五四”红旗团支部。

【党史学习教育】2021年，衡水海关制订了“足迹”“铸魂”“传承”为主线的3个主题学习方案，确定7个版块、30项重点学习内容，为全年学党史活动的开展明确了基本框架。深入学习领会习近平总书记“七一”重要讲话精神。积极组织开展党课宣讲辅导；组织开展红色教育基地参观3次，开展唱红歌、演讲比赛等特色活动，激发广大干部学习热情。深入开展“我为群众办实事”实践活动。确定11个民生项目、29条落实举措，制定民生项目汇总、台账建立、督办落实、办结反馈、评价问效五个制度，形成工作闭环。党史学习教育经验在《中国国门时报》等媒体上进行了宣传报道。

【新冠肺炎疫情防控】2021年，衡水海关全年召开业务形势分析及督查工作例会11期、疫情防控工作指挥部会议13期，学习领会党中央、国务院以及总署党委和石家庄海关党委的具体工作要求，部署落实疫情防控具体工作。关党委严格落实主体责任，定期下沉到基层一线科室开展专项检查，切实将疫情安全防护工作落实、落细。坚持从严从紧，切实加强内部管理。重新编制印发了衡水海关疫情内部防控工作方案、衡水海关内部工作人员感染新冠肺炎应急处置预案等系列内部管理预案，明确具体要求和处置流程。严格履行出差出行审批，建立专项台账；严格排查来访人员疫情风险，组织内部防控突发事件应急演练，落实“日报告、零报告”制度，严格按照“应检尽检”要求进行核酸检测；加强执法一线人员安全防护，全力做好疫苗及“加强针”接种，凡符合接种条件的干部职工均已完成接种。

【安全生产】2021年，衡水海关严格落实安全生产工作主体责任，强化底线思维和红线意识，制订安全生产专项整治三年行动实施方案，动态更新“两个清单”，对重点领域和关键环节的安全风险隐患进行深入排查整改，建立自查自纠长效机制和安全预防控制体系，严防各类生产安全事故发生。关党委深入一线开展安全生产

▲2021年3月24日，衡水海关对辖区危化品进出口企业实验室自检情况进行监督指导，确保危化品进出口安全生产零事故

检查，针对自查发现的安全隐患，开展提醒谈话2次，涉及对象4人。

【实际监管】2021年，衡水海关努力提高监管能力素质，通过业务培训、学习交流、跟班作业、应急演练等形式积累实践经验，3批12人次取得进出口危险货物及其包装检验监管资质。大力加强风险研判，对疑似固体废物和濒危野生动植物等高风险商品加大风险分析力度；通过风险作业系统、查验管理系统等多种渠道和方式，不断提高监管能力。全年接受进出口报关单申报5,344票，监管货运量27.4万吨，监管货物总值5.97亿美元，完成出口属地查检7,365批，查发不合格9批；完成进口属地查检91批，查发不合格5批，完成出口危险货物包装使用鉴定和性能检验3,042批。

【国门安全】2021年，衡水海关坚决守牢危化品监管底线，开展“定期检查、随机抽查、风险排查”三位一体全覆盖式危化品进出口企业安全隐患排查，进行安全评估，制定“一厂一策，一品一策”监管措施。全年共完成出口危险化学品检验2,763批、货值1.13亿美元，同比分别增长7.9%、46.7%，辖区危化品出口首次突破1亿美元，检出危包使用不合格8批，约谈危化品出口企业3家。认真落实重大疫情防控工作，有效阻截非洲猪瘟等重大动植物疫情疫病传入传出和外来物种入侵，完成2021年外来有害生物监测工作，完成250批木质包装除害处理审核工作。严格确保进境粮食安全。提前介入指导企业建立完善疫情疫病防控措施，辖区5家企业进口粮食储备资质成功获批，储备能力总计达14.61万吨，创历史新高。

【税收征管】2021年，衡水海关全面推进落实属地纳税人管理深化税收征管改革，强化税收风险协同管理，提高税收征管效能，全年税收入库1.25亿元。强化原产地签证管理。全年签发各类原产地证书9,573份，涉及金额6.24亿美元，为企业出口商品实现关税优惠1,872万美元，签证准确率100%。用好用活海关减免税政策，全年出具征免税确认通知书20份，减免税款834.7万元。

【后续监管】2021年，衡水海关深入推进“多查合一”改革，加强定期管理类核查工作，提升后续监管效能，开展核查作业105起，其中通报企管部门4起，移交其他部门办理补税或者其他相关手续17起，规范整改60起，制发核查建议书3份。

【“放管服”改革】2021年，衡水海关持续推动“两步申报”应用，全年受理“两步申报”报关单226票，应用率57.3%。整体通关时间压缩成效进一步巩固。严格落实报关单通关日结周审机制，充分发挥报关单整体通关时间台账作用，充分应用HLS2017内控平台关注超长时间未结关报关单，落实“7×24小时”预约通关制度。12月，货物进出口整体通关时间分别为7.87小时、0.74小时，关区排名分别为第三位、第十位，较2017年分别压缩94.67%、96.86%。“单一窗口”应用成效进一步凸显。企业自助打印原产地证书5,744份，涉及金额3.83亿美元。

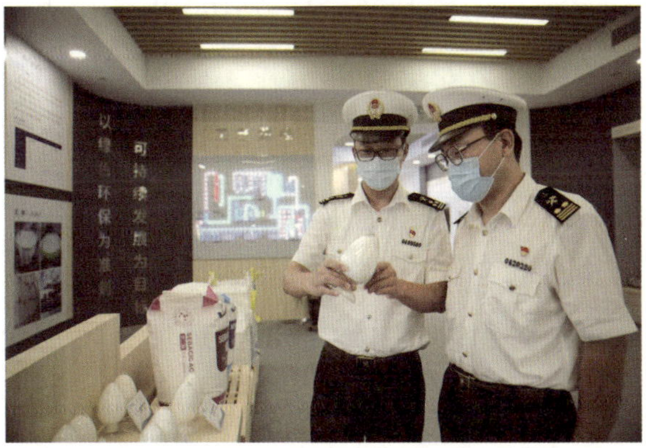

▲2021年8月18日，衡水海关组织关员对辖区外贸企业进行信用辅导，助推企业提升国际竞争力

【外贸营商环境】2021年，衡水海关大力推进海关特殊监管区域建设，发挥大营办公区驻点优势，为当地裘皮产业发展提出“打品牌，推强企”“提层次，做差异”“合力量、强监管”3份建议，均被衡水市人代会采纳讨论。加强保税物流中心（B型）建设的前期调研分析，向衡水市政府报送建设意见报告，多次到枣强县政府开展专门培训，指导企业按照海关有关要求推进申报进程，衡水市政府关于设立保税物流中心的申请已获省政府同意，项目建设有序推进。切实加强海关技术性贸易措施调查。开展对重点产业重点进出口产品的信息收集和企业影响调查等工作，加强技术性贸易措施工作宣传，组织开展海关政策宣贯会，建立参与国外技术壁垒交涉应对重点企业名单，围绕国外重大实施情况，帮助企业提高应对国外技术性贸易措施的能力。

【干部队伍建设】2021年，衡水海关不断加强自身建设和自我监督，制定印发衡水海关贯彻落实“三重一大”决策制度实施办法，确保关党委决策的科学性、民主性和规范性。认真学习石家庄海关党委印发的加强对“一把手”和领导班子监督的落实措施，梳理出隶属海关党委“一把手”及成员需要具体落实的事项27条，为党委规范用权打好基础保障。坚持“好干部”标准，突出业绩导向，注重培养选拔优秀年轻干部，激发干部干事创业积极性。技术中心衡水业务部努力创收，积极参与市场竞争，中标政府购买服务3项，有效保障了事业人员收入及思想稳定。

【清廉海关建设】2021年，衡水海关认真开展警示教育月活动，组织全体干部职工集体观看《党史中的清廉故事》，邀请衡水市纪委专家开展廉政授课，向干部职工家属发放廉政家书，提高警示教育月活动成效。切实加强准军事化纪律部队建设。巩固内务规范强化月活动成效，常态化开展内务督查检查，全年开展内务检查12次，制发通报6期；全面融入地方“提质提效、文明服务”竞赛活动，落实海关服务举措，推动海关“好差评”服务系统应用，服务满意率100%。“现场监管与外勤执法权力寻租”专项整治有效开展。坚持问题导向与目标导向相结合、坚持治标与治本相结合、坚持立足当前与着眼长远相结合的基本原则，制定整改措施 22 条，对 3 个科室共计 15 人运用“四种形态”中的第一种形态开展了提醒谈话。注重结果运用，构建长效巩固机制，针对排查出 68 条具体廉政风险问题形成 204 条具体防范措施，确保整改见长效、不反弹。

【综合保障】2021 年，衡水海关持续推进法制保障，严格落实行政执法公示制度，强化“谁执法谁普法”责任制落实，开展宪法宣传日、疫情防控法治宣传等活动，提高海关法治宣传效果。认真做好海关知识产权保护。重点走访企业 20 余家，累计发放宣传资料百余份，解答企业咨询 20 逾次，对河北瑞朗德医疗器械科技集团有限公司开展针对性帮扶，并作为优势企业加以培塑。不断加强技术保障，加强信息化运维保障，加强对信息化设备的管理，做好安全介质管理工作，保障日常办公业务需要；加强网络安全管理，做好“两会”、中国共产党成立 100 周年庆祝活动阶段网络安全保障工作，确保了网络安全底线不破。持续优化政务运行、财务保障，严格执行“三公”有关规定，加强办公用房和车辆管理，结合人员调整，重新测量、调整办公用房，登记造册并定期公示；认真贯彻落实“过紧日子”的要求，努力降低机关运行成本，节约型机关建设取得良好成绩，机关用水量、用电量、食堂支出同比下降明显。

（撰稿人：张　浩）

邢台海关

【概况】2021年，邢台海关坚持以习近平新时代中国特色社会主义思想为指导，深入学习贯彻党的十九大和十九届历次全会精神，全面落实石家庄海关工作部署，统筹做好疫情防控和促进外贸稳增长工作，有效发挥职能作用，全面做好强化监管、优化服务工作，推动地方开放型经济高质量发展。全年邢台市外贸进出口总值206.10亿元，首次突破200亿元大关，创历史新高，同比增长21.30%；出口183.10亿元，同比增长21.30%；进口23亿元，同比增长20.80%；进出口总值、出口值、进口值增幅分别位列全省第7位、第7位、第5位，邢台海关有效助力了地方外贸企业克服新冠肺炎疫情的不利影响，呈现逆势增长、结构优化、韧性强劲的良好发展态势。

【政治机关建设】2021年，邢台海关深化政治机关意识教育，深入学习贯彻习近平新时代中国特色社会主义思想和十九届六中全会精神，不断增强理论武装。发挥党委领导核心作用，召开党委会议31次，从讲政治高度推动上级各项部署要求落实到位。制订2021年重点任务分工方案，明确108项重点工作，及时向石家庄海关党委请示报告重大工作，坚决做到令行禁止、政令畅通。坚决落实习近平总书记重要指示批示精神和党中央重大决策部署，坚持“第一议题”制度，通过每月例会、党委中心组学习会议及时跟进学习习近平总书记重要讲话精神和党中央重要会议、文件部署。建立督办台账，明确专人督办党委议定事项，推动疫情防控、促进外贸稳增长等上级重大决策部署落实到位。受理报关单7,070票，与2020年基本持平，有效应对了辖区两次突发疫情带来的不利影响。调整驻村帮扶人员，主要负责同志5次深入帮扶村调研指导，推动精准脱贫与乡村振兴有效衔接。全面做好疫情防控、打击走私、压缩通关时间等习近平总书记关心关注的重大工作。

【党的建设】2021年，邢台海关持续夯实基层党组织建设，制订2021年度全面从严治党工作重点任务分工方案，明确36项具体工作措施。加强“四强”支部建设和支部书记队伍建设，新发展党员3名，用好“学习强国”、“钉钉”、智慧党建等学习教育平台，落实“三会一课”、主题党日等组织生活制度，开展12期党建与业务知识测试，各支部开展线上线下学习研讨等活动400余次。1个党支部和1名同志分别荣获2019—2020年度石家庄海关先进基层党组织、先进党务工作者。报关大厅被评为2019—2020年度河北省青年文明号集体。经复评，邢台海关保留省级文明单位称号。推进党风廉政建设和反腐败斗争，严格落实中央八项规定精神，严防“四风”反弹回潮。深入开展“现场监管与外勤执法权力寻租”专项整治，对13家企业开展稽核查廉政回访，未发现违反廉洁纪律行为。加强窗口作风建设，用好海关政府服务“好差评”系统，主动评价率和好评率均达100%。抓好常态化警示教育，深入开展“警示教育月”活动，各党支部书记讲廉政党课，督促全体党员严守党规党纪。

【党史学习教育】2021年，邢台海关推动党史学习教育走深走实，将党史学习教育贯穿全年党建工作全过程，党委书记为全体党员讲专题党课，全体党员结合工作实际撰写心得体会，参加并完成“党在我心中”全国海关党史知识竞赛、八期海关e课堂专题培训和海关系统党史学习教育网上专题培训班，进一步提升学习教育实效。组织党员赴董振堂革命纪念馆、冀南革命纪念馆参观学习，传承红色基因。深入开展“我为群众办实事”实践活动，关党委落实“三个走进”要求，聚焦“三大工程”制定12项重点民生项目清单，实施挂号销账管理，已全部完成。

【新冠肺炎疫情防控】2021年，邢台海关严格落实疫情防控责任，第一时间学习贯彻总署、石家庄海关及邢台市疫情防控部署要求，每月例会研究部署疫情防控工作。疫情管控期间设立快速通关绿色通道，大力推广“无接触、云审核”监管模式，实现海关工作不断档。认真落实预约通关、加班查检等便民惠企政策，保障外贸企业在特殊时期正常办理海关业务。认真落实安全防护管理主体责任，加强教育培训考核，严防职业暴露感染。积极参加地方进口冷链食品疫情防控工作，指导辖区5家进口肉类产品收货人备案企业上线河北冷链物品追溯系统。加强内部疫情防控，严格落实各项常态化疫情防控措施，全体干部职工除禁忌症外均已完成疫苗接种，积极推进加强针接种。组织开展内部人员感染疫情等7场应急演练，进一步提高应急处置能力。

【通关便利化】2021年，邢台海关深入推进全国通关一体化改革，推广“单一窗口”的应用，实现检验检验业务申报率、报关率、原产地证申报率100%全覆盖。全面推广“提前申报”等新型通关模式，助力外贸企业通关再提速。大力压缩整体通关时间，全年进口、出口整体通关时间较2017年分别压缩81%、91.9%，超额完成压缩整体通关时间“硬任务”。进一步精简进出口环节监管证件和随附单证，推进监管证件电子化，41 种监管证件除 3 种因安全保密需要不能联网外，其余 38 种监管证件全部实现联网核查。大力推动进出口报关单无纸化申报和入境货物检验检疫证明电子化申领，实现 100% 全覆盖，助力企业通关提速减负增效，提高国际市场竞争力。

【税费征管】2021 年，邢台海关加强海关税管政策宣传，将国家降低关税、进口环节增值税等惠企政策落实到位。加强海关减免税政策宣传，对符合国家鼓励发展项目下进口的机电设备快速办理减免税手续，助力企业享受税收优惠。深化综合治税，全面推广应用自报自缴、电子支付、汇总征税、关税保证保险等新型纳税方式，实现纳税无纸化，便利企业纳税。全年税收入库 6,469 万元，同比减少 54%（主要原因是重点税源企业邢钢未进口铁矿砂）。

【原产地业务】2021 年，邢台海关推动海关 RCEP 原产地业务新系统上线应用，向市委、市政府报送《邢台市对 RCEP 缔约国进出口调研情况》，为邢台市用好 RCEP 提供政策指导。全面推广出口货物原产地证书“智能审核”模式，积极推进原产地证无纸化申报及自助打印改革，实现系统在无人工干预情况下自动审核和企业自助打印，有效降低出口企业申领成本。企业自助打印原产地证书 2,100 余份，同比增长约 70%。加大自贸协定宣贯力度，新增原产地备案企业 616 家；签发原产地证 5,082 份、签证金额 2.24 亿美元，同比分别增长 7.9% 和 22.6%，有力支持了外贸企业开拓国际市场。

【加贸保税】2021 年，邢台海关积极推进加工贸易业务发展，优化加工贸易业务办理流程，第一时间审批通过 50 余本手册报核前申报单耗申请，及时为 12 家企业退还手册担保金。依法完成 13 本历史遗留手册核销结案，规范加贸业务发展。新增加工贸易企业 13 家，辖区加贸企业增至 55 家，数量居关区第一位。加强政策帮扶，推动邢台市保税监管场所建设，积极帮扶内丘县公用型保税仓库建设，推动其尽快通过验收，尽早投入使用产生经济效益。大力促进高新技术产品出口，辖区全年出口高新技术产品 28.1 亿元，同比增长 44.5%。积极助推更多产品打入欧美高端市场，辖区全年对欧盟和美国出口合计 69.2 亿元，同比增长 35.30%。积极扶持跨境电商等外贸新业态发展，主动为相关企业提供政策咨询服务。

【对企服务】2021 年，邢台海关认真落实“7×24 小时”预约通关机制，为 20 余家企业的 300 余批货物提供节假日零障碍通关服务。积极推进“报关企业注册登记”和“出口食品生产企业备案核准”由行政许可改为备案管理，对符合备案要求的当日办结，推进全程网上办理，实现“零跑腿”。全年新增进出口食品备案企业 8 家。新增报关单位备案企业 701 家，同比增长15.7%，辖区报关单位备案企业达4,459家。认真执行海关报关单位注销操作规程，简化注销手续为102家企业高效办理注销登记，提高报关单位注销便利度。大力推进信用管理和信用培育工作，推动2家企业通过海关AEO高级认证，辖区高级认证企业增至3家。积极组织“龙腾行动2021”，联合平乡县商务局对50余家企业开展海关知识产权保护集中宣讲，专项帮扶一家企业通过知识产权海关保护备案，辖区知识产权海关保护备案增至8家企业、40个商标。通过召开外贸企业座谈会、送政策上门等多种方式加强海关政策宣讲。新冠肺炎疫情防控期间，为企业提供邮寄代办、不见面审批、收货人免到场查检等专项服务，快速验放河北省眼科医院、邢台市人民医院进口的急需使用的20批、1.25亿元医疗器械，帮扶辖区5种产品实现首次出口。全力支持邢台市首次从国外引进向日葵、高粱、辣椒等优质试种种源，服务邢台市种业发展。各项服务举措受到进出口企业的一致好评，获赠企业感谢信1封、锦旗2面。

【打击走私】2021年，邢台海关认真落实习近平总书记关于禁止“洋垃圾”入境的重要指示批示精神，深入开展“国门利剑2021”“蓝天2021”专项行动，严把报关、查检、稽核查关口，严厉打击“洋垃圾”、象牙等濒危物种及其制品走私。加强与有关部门的协调配合，牵头联合邢台市6部门印发《关于加强新形势下打击冻肉走私工作的意见》，推动政府落实打击走私主体责任，凝聚打私合力。2021年，邢台海关辖区未发生走私违法犯罪情事。

▲2021年9月10日，邢台海关关员查验进口旧设备配件

【国门安全】2021年，邢台海关严把进出口商品安全关，强化进出口危化品、食品和动植物产品等重点敏感商品查检监管。受理检验检疫申请7,348批，同比增长9.5%。检出不合格产品12批，同比增长100%。监管进境种鸡3万只，完成进境粮食调运流向监管20万吨。开展出口饲料及添加剂风险监测、外来有害生物监测，准确掌握辖区相关情况。深入开展“安全生产月”活动，全面开展出口危化品企业安全隐患大排查，每月通过现场巡查和视频检查相结合方式对保税仓库进行监管，督促企业落实主体责任。与邢台市应急管理局建立联系配合机制，协同推进危化品生产企业综合治理。持续加强后续监管，深入贯彻稽查改革工作要求，取消常规稽查，推行直接稽查，顺利实施稽查改革后石家庄关区首起直接稽查作业。严格按照稽核查标准化作业规范开展稽核查业务，办结特许权使用费作业4起，开展辖区首起涉检专项稽查作业，办结主动披露作业2起。办结稽查作业31起，办结核查作业128起。推进法治海关建设，办理“一简一快”案件19起，罚款3.2万元，促进企业依法诚信经营。

▲2021年7月8日，邢台海关关员对出口危险品进行查验

【队伍建设】2021年，邢台海关加强领导班子建设，认真落实党委理论学习中心组学习制度，召开40次党委中心组学习会议，及时跟进学习党的创新理论，不断提升政治理论水平。严格落实民主集中制原则，修订制发“三重一大”决策制度、党委议事清单。关党委主动加强与派驻纪检组的沟通协调，自觉接受监督，对选人用人等重大工作，及时征求纪检组意见。深化调查研究，领导班子成员深入企业调研40余次，及时协调解决企业反映的突出问题。强化干部队伍管理，践行新时代党的组织路线，持续抓好一线科长队伍建设和优秀年轻干部培养，对8名职级干部进行轮岗交流，9名干部晋升职级，推动年轻干部成长进步。制订执法一线科长、副科长轮岗交流方案，多岗位锻炼中层干部。认真落实石家庄海关教育培训工作部署，全员实现年度学时、学分达标。坚持严管与厚爱并重，积极践行监督执纪“四种形态”特别是第一种形态，对苗头性、倾向性问题开展提醒谈话16人次，督促干部严格遵守着装、考勤、外勤执法等工作纪律规定，未发生酒驾醉驾情事。深化准军事化纪律部队建设，高标准践行准军事化纪律部队建设要求，狠抓关容风纪养成，深入开展“内务规范强化月”活动，人均队列训练时长达26小时。开展内务规范突击检查12次，通报发现的问题，督促关员及时改进提高。组织关员收看《海关内务规范》示范片12次，深化内涵学军。

【机关建设】2021年，邢台海关深化内控机制建设，加强新海廉平台应用，排查数据400余条，下发工作联系单50份。发挥专项督察作用，开展打击“洋垃圾”和象牙等濒危物种进境等7项督察，推动相关工作落实到位。开展2020年经济责任审计项目审计整改“回头看”，14个问题已完成整改13项，1项问题推进中。完善内部管理制度4项，确保制度刚性约束。加强网络安全管理，实时监控终端设备安全运行状况，加强海关业务数据安全管理，严守海关业务数据安全底线。组织开展微信泄密专项整顿行动，全员签订保密承诺书。推进科技和实验室发展，完成平乡自行车实验室搬迁，提升实验室硬件设施保障水平。参加总署标法中心组织的2021年毛织产品技术性贸易措施影响专项调查，完成巴基斯坦干辣椒输华风险评估。技术性贸易措施工作得分位居关区第二位。加强后勤综合保障，严格预算执行，落实“过紧日子”要求。加强机关管理制度建设，制修订财务报销管理细则、采购管理实施细则、政府采购领导小组工作规程、公务用车使用管理实施细则等4项制度，进一步规范采购、审批、报销流程，提高工作效率。加强办公场所安全管理，法定节假日前开展安全大检查，及时消除安全隐患。全面加强政务信息、新闻宣传、互联网信息工作，系统内外影响力进一步提升。优化工会、食堂等服务保障，为干部职工提供良好的工作生活环境。

（撰稿人：芦志涛）

邯郸海关

【概况】邯郸海关前身为石家庄海关驻邯郸办事处，2003 年 11 月 18 日石家庄海关驻邯郸办事处对外办公。2012 年 10 月 31 日，中央编办、总署批准设立邯郸海关。2015 年 10 月 28 日，邯郸海关正式挂牌成立。2018 年，根据国务院机构改革方案，按照总署和石家庄海关推进机构改革工作安排，邯郸出入境检验检疫局职责和队伍划入邯郸海关，4 月 20 日起，统一以“邯郸海关”名义对外办公。

2021 年，邯郸海关着力推进政治建关，强化监管，优化服务，筑牢国门安全防线，服务地方经济发展，建立健全内部管理制度，各项工作稳步开展、稳中有进。全年共计审核报关单 890 份，监管货运量 128.49 万吨，进出口货值 1.81 亿美元，税收入库 1.38 亿元。

【政治建设】2021 年，邯郸海关加强理论学习，以党委理论学习中心组为龙头，发挥示范带动作用，抓实两级党组织理论学习，依托“晨读一刻钟”、“三会一课”、主题党日等载体，广泛开展理论学习，引导全员在学思践悟中不断提高政治判断力、政治领悟力和政治执行力。庆祝中国共产党成立 100 周年，举办“永远跟党走”系列活动庆祝共产党百年华诞，制订党支部品牌建设星级考评方案，打造特色品牌，组织党支部开展星级创建展示活动，为党支部品牌创建“亮”星，为中国共产党成立 100 周年献礼。扎实开展党史学习教育活动，开展形式多样的读党史、听党史、看党史活动，营造全员颂党史、讲党课浓厚氛围。组织全体干部开展“走出去学党史”活动，到一二九师司令部旧址参观学习；邀请邯郸市委党校专家讲授党史知识；开展青年理论小组线上党史课堂；打造一批特色鲜明的“我们一起学党史”主题党课和主题党日活动。开展“我为群众办实事”实践活动，制订邯郸海关党委重点民生项目清单，梳理出 19 个重点项目 55 条具体措施，广泛开展辖区各业务条线企业调研，了解所需所盼，集中力量研究举措，组织开展线上 RCEP 原产地签证惠企政策宣讲，助企用足用好减免税政策，多项举措精准帮助企业纾困解难。深化党的建设，推进“强基提质工程”，发挥支部管到人头的特点，党员领导干部以身作则，落实党建主体责任。坚持每日“晨读一刻钟”制度，固定时间学习政治理论、业务技术规范等，将两者结合起来，指导日常工作，有效破解党建业务“两张皮”问题。紧盯党建能力水平提升，制订邯郸海关党建品牌创建星级考评方案，组织各支部进行品牌创建全过程、全方位展示，同时依据考评结果为获评五星、四星、三星支部挂牌“亮”星，支部建设比学赶超氛围热烈，支部标准化规范化建设取得明显成效。有效发挥党总支组织监督作用，着重对支部活动开展频率、内容、效果等每季度开展监督检查，总结共性问题，交流创建经验，有效推动党支部工作规范有效开展，党支部战斗堡垒作用充分彰显。

▲2021年6月7日，邯郸海关关员到“一二九师司令部旧址”参观学习并重温入党誓词

【优化服务】2021年，邯郸海关多措并举，在加强监管的前提下，提高服务效能。推进“提前申报”“两步申报”“两段准入”“关税保证保险”及“汇总征税”等便利措施，压缩进出口货物整体通关时间，优化营商环境，提高贸易便利化，进出口货物整体通关时间均完成比2017年压缩超半的目标。用足用好减免税优惠政策，立足邯郸辖区重点项目建设和科教用品免税实际情况，提前介入，主动服务，全年办理减免税货物税款担保6票，货值6,275.91万元；审批征免税证明10份，货值936.58万美元，同比增长13.8%；减免税款456.07万元，其中减免关税157.35万元，减免增值税298.72万元；办理留学回国人员购买国产免税车手续38人次。多方式多渠道宣传RCEP原产地新政策，签发各类原产地证5,870份，签证金额5.74亿美元，同比增长10.3%，共计为企业出口产品减免进口方关税约1,068万美元。落实简政放权改革事项要求，推进“证照分离”改革，取消报关企业注册登记和出口食品生产企业备案的行政许可事项，全面实施报关单位备案管理；推进海关注册注销便利化改革，实现所有企业备案业务全程无纸化网上办理，落实申请人“一地受理，一次办理”工作要求。优化出口食品生产企业及出口食品原料种植、养殖场等食品特定资质备案流程，探索运用“互联网+专家线上评审”等非现场的方式开展供港蔬菜基地验核作业。全年新增报关企业438家，同比增长22%；变更企业141家、注销企业92家。办理出口食品生产企业备案及变更18家，进口食品化妆品进口企业备案及变更5家，出口食品原料基地备案及变更3家。

【国门生物安全】2021年，邯郸海关严格规范监督，筑牢国门生物安全防线。首次开展供港类养鸡企业的监督抽检工作，严格规范监督程序，科学、规范、高效完成取样送检工作。科学设置监测点，开展国门生物监测，对进境种鸡实施隔离检疫。严格监管粮食进口企业在接卸、储存、加工和下脚料处理等关键环节做好相应防疫措施，防范植物疫情传入，全年审核办理进境粮食初审联系单29份，计27.38万吨。建立安全隐患排查和预防控制体系，对辖区内的6家危险化学品进出口企业不定期开展安全风险排查。严把进出口食品安全关，按系统布控指令开展进出口食品监督抽检及风险监测，落实进境食品准入制度。做好新冠肺炎疫情内部防控，落实好关于做好新冠肺炎疫情防控的各项工作要求，不折不扣执行到位，内部防控工作有条不紊。

【企业监管】2021年，邯郸海关深化企业源头治理，提升海关监管效能。清理注销无市场主体资质企业49家，从源头堵塞监管漏洞。严格执行核查标准化作业和“分类核查”改革工作要求，全年共办结各类核查作业105起。制订打私工作方案和责任清单，全年累计查发和移交违规线索8起。强化保税监管场所风险监控，制订邯郸海关保税监管安全巡查管理制度，指导企业完善仓库管理制度、严格依规存放货物；对辖区的保税监管场所重点区域实行视频监控全覆盖。

▲2021年4月9日，邯郸海关关员在辖区企业开展核查作业

【危化品监管】2021年，邯郸海关压实进出口危险化学品检验监管责任，规范危化品监管业务流程。邯郸海关辖区进出口危化品及危险货物、危险品包装生产企业共20家，涉及危险化学品进出口企业6家、危包使用鉴定企业7家、危包生产企业5家。建立安全隐患排查和预防控制体系，对辖区内的危险化学品进出口企业不定期开展安全风险排查，主要对企业的资质情况、安全制度、生产过程、包装情况、仓储环境、运输资质、消防设施等进行排查，消除安全隐患。实行一企一档，建立健全企业档案，所有作业保证双人持证上岗，准确按照指令要求进行查验作业，确保防护设备可以满足现场查验工作需要。完善单证拟制和归档管理。严格按照标准规范执行，单证采用一拟三审制度，对出关的证书，由双人施检人员审核签字，其他人员再审签字的原则，单证均

为有资质人员进行审核签字，保证单证质量。对需要留档待查的记录，由专人负责管理，并进行定期检查，发现问题及时纠正。制定邯郸海关出口危险化学品合格评定管理办法，规范出口危险化学品检验监管工作。全年出入境检验检疫货物 4,252 批、货值 20.98 亿元，危包性能鉴定 130 批、使用鉴定 635 批。

【服务地方】2021 年，邯郸海关主动对接政府部门，广泛开展调研。回应地方政府和企业诉求，支持地方开通中欧班列、建设跨境电商服务平台等多项新兴业态发展，赴相关业务成熟关区实地学习，保障业务顺利开展；指定专人“一企一策”跟踪服务，协助企业规划进出口物流模式，实现钢产品出口零的突破，助力企业打开市场，促进地方外向型经济进一步发展。全年河北武安保税物流中心（B 型）进口保税货物 1,818.8 吨，货值 22.32 万美元；出口货物 4,173 吨，货值 501.83 万美元。服务保税仓库发展，充分释放政策红利，保障邯郸鸡泽国际陆港管理运营有限公司公用型保税仓库保税货物快速通关，促进功能区健康发展。全年设立手册 22 本，同比增加 69.2%，手册总值 2,830.53 万美元；核销手册 23 本。

【统计监测】2021 年，邯郸海关强化统计分析，发挥海关统计监测预警效能。持续提升统计分析水平、夯实统计工作基础、完善业务数据管理，努力推动政策研究和统计工作高质量发展。用心做好数据质量控制工作，以海关日报子系统和报关单数据质量检控分析系统为依托，专人负责每日报关单数据质量监控；做实做细统计数据基础工作，每月初系统上报业务统计数据并第一时间编辑本关业务统计月报，每月定期督导国家先导指数样本企业及时上报基层行业调查情况，加大统计调查对企宣传力度，提升企业填报问卷质量，确保填报率和及时率达到 100%；充分发挥调查平台作用，认真参与关区出口先导指数调查、跨境电商调查、疫情防控物资统计和中小微、专精特新、中欧班列等一系列专题调研工作，主动了解企业的实际困难、难点堵点、合理诉求，立足贴近企业优势，梳理企业提出的问题 38 条，撰写调查调研报告 6 篇，有效发挥统计调查“直通车”“信息源”作用；积极参与政策研究工作，充分发挥海关统计监测预警效能，推动统计工作高质量开展。积极参加总署统研青年理论学习小组及石家庄关区贸易监测分析小组，依托实际组建邯郸海关统计分析小组，内部培训、跟班作业、“以干代训”，持续提升关区统计人员业务水平；根据总署要情选题，结合河北省特点，有针对性地对重点商品、重点国别、重点区域开展监测分析，参与撰写《多因素或支撑铁矿石价格继续高位运行》被中共中央办公厅及总署相关刊物采用；依托辖区钢企调研情况，撰写的《一季度我国钢材出口量显著增加 3 月份出口量创近 48 个月新高》《4 月份我国钢材出口量创53个月以来新高》等文章被总署相关刊物采用；紧紧围绕党中央、国务院高度关注的稳外贸稳外资工作以及河北省开放型经济发展需要，关注中长期趋势性变化，开展钢材、铁矿等重点商品和重点国别、区域的进出口监测分析，撰写全省钢材出口、铁矿沙进口情况及对欧盟贸易进出口等专题分析9篇，其中3篇选报省政府，为地方行业形势研判、经济调控提供强有力数据支撑，积极服务地方政府决策和河北省外向型经济发展。

【队伍建设】2021年，邯郸海关完善队伍管理制度，提升队伍建设水平。制定并实施邯郸海关工作人员临时外出审批制度，修订值班带班相关管理办法等，坚持“每日巡查”机制，常态化开展内务规范、工作纪律、作风纪律、疫情防控检查，每周一通报，设置内务规范红旗科室和内务规范达标科室，强化纪律意识，全面推进准军事化纪律部队建设。形成并坚持“晨读一刻钟”学习制度，以习近平新时代中国特色社会主义思想理论学习为主线，结合党史学习教育系列活动，扎实推进政治理论学习，各科利用“晨读一刻钟”平台，围坐研学，学习文件，探讨业务，解决问题，形成浓厚氛围，提升履职能力。建立健全内控制度，制订并印发相关督查工作任务清单、审计自查责任表，开展外勤执法廉政回访工作，规范业务执法，防范廉政风险，提高清廉海关队伍建设成色。

【党风廉政建设】2021年，邯郸海关强化标本兼治，一体推进“三不”机制建设。通过“六必谈”、重大节假日前廉政提醒、廉政回访、受处分人员跟踪回访等方式，持续推进“现场监管与外勤执法权力寻租”专项整治工作，召开企业座谈会，畅通举报渠道，保持惩治腐败高压态势不放松，强化不敢腐的震慑。通过各种监督，发挥监督合力，严格落实规范领导干部配偶、子女及其配偶从业行为等规定，持续开展政务服务“好差评”系统建设应用，深化“制度+科技”风险防控，依托新海廉系统对一线关员执法行为开展常态化监控，促行风转作风，扎紧不能腐的笼子。加强廉政文化建设，通过警示教育月活动、讲廉政专题党课、开展廉政主题党日、开展家庭助廉活动、警示案例教育学习、录制“基层书记谈责任”视频等活动，以案为鉴，教育引导干部职工从思想深处明法纪、知敬畏、存戒惧、守底线，增强不想腐的自觉。

【综合保障】2021年，邯郸海关根据机关运转实际，进一步优化流程、堵塞漏洞，厘清职责、压实责任。加强机要保密管理，做好海关普通密码设备装备规划和管理工作，提升机要密码治理能力。组织开展定期不定期检查，持续加强保密自查自评常态化建设。严格涉密人员管理，做好机要保密服务保障工作。提升信息工作水平，营造正面舆论氛围，创新形式、拓宽渠道全面反映邯郸海关防控疫情、促外贸稳增长、维护国门安全、打击走私、服务对外开放大局等工作进展、成效。年度政务信息得分排名位列石家庄关区隶属海关第五名，其中海关相关信息获中共中央办公厅采用 2 篇、总署采用 6 篇，参与撰写的统计信息获河北省委和省政府采用 4 篇，有效发挥了信息宣传辅助决策作用。

（撰稿人：李聪聪　吴　莹）

张家口海关

【概况】张家口海关于2011年1月21日正式开关，为正处级隶属海关，受石家庄海关直接领导。负责张家口市行政区域内进出境运输工具、货物、物品监管，征收关税及其他税费、编制海关统计、打私、卫生检疫、动植物检疫、食品检验和商品检验等领域业务执法工作。现有7个内设科室；在职在编干部职工38人，退休人员17人；在职党员35人，退休党员11人。

2021年，张家口海关以政治建设为统领，坚决贯彻落实党中央重大决策部署和习近平总书记重要指示批示精神，扎实开展政治理论学习和党史学习教育，全面强化政治机关意识；严格落实石家庄海关党委的各项工作部署，树牢政治意识，强化责任担当，扎实做好北京冬奥会筹办举办期间海关服务保障工作。以强化监管和优化服务为主责，深入推进法治海关建设，着力提升监管能力和服务水平；以从严治党为己任，加强队伍建设，努力营造风清气正的良好氛围。

【北京冬奥会服务保障】2021年，张家口海关建立北京冬奥会服务保障体系。根据总署、石家庄海关以及北京冬奥组委相关工作指引，完成制订张家口海关北京冬奥会工作方案、张家口海关进驻崇礼冬奥村人员新冠肺炎疫情内部防控工作方案等10个具体涉奥工作方案及相关应急预案，编写北京冬奥会张家口海关服务保障工作手册梳理汇总涉奥通关须知以及各类服务保障预案，编发张家口海关服务保障北京冬奥会综合信息呈报专刊，多渠道汇集指导性、针对性、实操性强的涉奥信息，对标对表，明确目标靶向，补齐短板弱项。成立张家口海关服务和保障北京冬奥会工作领导小组及疫情防控、通关业务、综合保障、现场监管等4个专项工作组。按照石家庄海关服务保障北京冬奥会“三级保障梯队”工作计划，集结两批集中工作人员并迅速定岗分工。开设冬奥大讲堂3期，开展防护服穿脱演练考核，通过宣讲冬奥知识、业务政策和夯实实操技能，全面提升关员疫情防控、通关监管、综合保障等方面的工作能力。组织全体干部职工和关区参与北京冬奥会集中工作人员举行“相约冬奥——扛红旗、当先锋”专项行动誓师大会，向张家口海关服务保障北京2022冬奥工作专班授旗，发出“感恩奋进、决战决胜、冬奥有我、请党放心”的行动号召。选派7名业务骨干参加北京冬奥会驻场监管及冬奥村服务保障工作，设立张家口海关北京冬奥会监控指挥中心。完成石家庄海关交办的北京冬奥会食品安全监管及食品安全突发事件风险识别与评估中的相关工作任务，为北京冬奥会食品安全保驾护航。协同口岸监管处与京津海关加强对接，及时沟通暂时进境奥运物资监管、境外代表团自用及境外赞助商专供代表团的食品（含保健食品）、动植物产品、化妆品等联合监管事宜，形成海关服务保障北京冬奥会筹办的执法监管合力。与政府部门对接跟进2021世锦赛及6项世界杯系列赛等北京冬奥会测试赛工作进展情况，与崇礼冬奥村管理团队对接听取冬奥村通关物流负责人对海关监管奥运物资工作的意见建议，与秦皇岛海关技术中心就加强食品安全检测进行工作交流并建立赛事举办期间食品安全检测协作机制，协助关区病媒监测专家组完成北京冬奥会张家口赛区病媒生物监测工作，受委托承接北京冬奥会期间崇礼区市场监管部门食品安全抽检任务。

【涉奥新闻宣传】2021年，张家口海关加强涉奥新闻宣传工作。结合支持冰雪产业发展、暂进货物监管、疫情防控等新闻主题，在新华网、人民网、“学习强国”、《中国海关》杂志、《河北日报》、《张家口日报》、张家口电视台等媒体刊发各类新闻宣传稿件二十余篇，为海关服务保障北京2022年冬奥会和冬残奥会筹办举办营造良好的新闻舆论环境和外部协作氛围。

▲2021年9月2日，张家口海关关员对天冰冰雪设备张家口有限公司进境铲冰机进行核验

【冰雪产业发展】2021年，张家口海关成立服务北京冬奥会和支持冰雪产业发展领导小组，指定专门科室负责对接政府部门和有关企业关于冬奥筹办和冰雪产业项目建设需求，推进辖区冰雪产业发展。建立冰雪货物“一企一策”工作机制和“一对一”帮扶措施，为冰雪产业经营单位量身定做“多元化”通关方案。协助冰雪企业与商业银行进行业务对接，引导企业采取“汇总征税”模式降低通关成本。加强与口岸海关的沟通联系，对于被布控查验的冰雪货物报关单，做到第一时间细化指令、派单查验。全年办理北京冬奥会冰雪货物报关单40票，货值1,966.1万元，主要为造雪机、吊箱、索道组装设备和结构框架、索道钢丝绳等。

【全面从严治党】2021 年，张家口海关深入贯彻全面从严治党方针，为张家口海关事业发展提供坚强保证。始终坚持将习近平总书记系列讲话和重要指示批示精神作为“第一议题”，确保第一时间传达学习、研究部署、推动落实，建立党委理论中心组系统学、形势分析及工作督查例会结合实际学的学习贯彻机制，确保走好“两个维护”第一方阵。全年开展党委理论中心组（扩大）集中学习 17 次，组织召开形势分析及工作督查例会 12 次。修订张家口海关贯彻落实“三重一大”决策制度实施办法，及时跟进上级党委的最新要求。规范领导班子的议事决策程序和规则，形成靠制度管人、按制度办事的工作机制。党委书记履行第一责任人职责，听取支部书记工作汇报 18 次，党委委员通过现场调研、谈心谈话等方式，抓好分管部门、分管领域风险防控工作，各党支部担负教育管理监督党员的直接责任，充分发挥支部“神经末梢”作用，把压力传导到每一名党员干部。规范“四种形态”特别是第一种形态的运用，及时发现苗头性、倾向性问题，抓早抓小，防微杜渐，年度开展提醒谈话 4 人次。落实党中央国务院关于“过紧日子”的要求，努力提升后勤管理水平，实现增收节支。

【党史学习】2021 年，张家口海关坚持把党史学习教育作为重要政治任务，高质量抓好落实。利用地方红色教育资源组织全体党员干部赴察哈尔烈士陵园、董存瑞革命纪念馆等革命传统教育基地参观学习 6 次，开展了“看红色电影　学百年党史”“百年风华正青春、接续奋斗把国门”“文学作品中的党史记忆”和“学史·铸魂”红色讲坛暨学习贯彻习近平总书记“七一”重要讲话精神专题宣讲会等活动。

【为群众办实事】2021 年，张家口海关以党史学习教育为契机，为群众办实事解难题。应张家口市设立张家口保税物流中心（B 型）的需求，在申报条件、申请程序和适合入区项目等政策方面提供业务支持。针对某企业面临查验率较高的问题，结合企业自身管理和产品风险评估整体情况，通过石家庄海关职能部门向海关总署进行反馈，将该类产品查验比例由 100% 下调为 20%。在对某企业开展调研过程中了解到其发展充分结合本地特色产业和跨境电商模式，并培育了一支相对专业的团队，建议政府进行帮扶和推广。获悉某出口马铃薯原原种的企业因未及时备案无法时，在企业提供具体生产记录和由第三方提供检验检测报告后，为其办理了出口手续。

【外贸增长】2021 年，张家口海关引导属地企业本地报关，宣讲全国通关一体化便利化措施，吸引本地企业回流，同时强化海关执法专业性、规范性、统一性建设，提升关员业务水平，拓展业务类别和业务量。全年张家口市进出口贸易总额

51.45亿元，同比增长31.5%，高于全省21.5%的平均增长值，增长率排名全省第4位，其中出口总值43.8亿元，同比增长43.1%。全年检验监管进出口货物4,882批次，货值6.92亿元；审核进出口报关单2,669票，同比增长27.52%，货值23.53亿元，均创开关以来历史新高。1—12月，辖区进出口货物整体通关时间分别为10.8小时和1.47小时，低于石家庄关区同期进出口平均通关时间。全年办理减免税备案5件，其中5,000万以上内资鼓励项目备案1件。办理征免税证明6份，审批金额509.7万美元，减免税款229.2万元；审批留学生购车辆27辆，同比增长68.8%。

【特色产品出口】2021年，张家口海关通过主动服务、建档立卡、源头把控、快速验放等多项举措助企纾困解难，促进辖区特色产品扩大出口。全年完成出口农食产品通关4,513批次、货值6.04亿元，同比分别增长8.3%、46.5%。出具证书7,218份，现场布控查验出口货物468批次，现场查验未发现出口不合格情况。助力16种产品首次出口到新的国家和地区，其中乳制品实现首次出口。为全市特色农食产品等出口生产企业免费提供检测服务1,819批次，累计为企业节约检测成本约400万元。全年助力辖区汽车龙头企业沃尔沃出口燃油发动机、电动驱动机94,810台，货值10.29亿元，同比分别增长2.93倍和2.51倍。

【综合治税】2021年，张家口海关推进税收征管方式改革。组织开展税收摸底调研，了解重点税源企业、商品进口变动情况。开展属地纳税人管理，建立重点企业底账，进行纳税遵从度评估，制订一企一策差别化合规管理服务方案。加强价格管理，规范现场海关估价操作，有效防范超期未结算风险，落实多元化担保方式，推进关税保证保险，加大"自报自缴""汇总征税"推广力度，助力降低企业纳税通关成本，全年累计征收税款7,530.92万元。

【国门安全】2021年，张家口海关把国家安全贯穿海关工作各方面，筑牢国门安全防线。首次对进境食品类商品开展现场布控查验，运用新查管系统对某食品企业进口的菌种进行现场查验。查检出口危化品98批次，对危险货物生产企业开展检查督导10余次，并提供送政策上门服务15次，着力推动安全生产。先后组织开展北京冬奥会进口食品安全突发事件应急处置、进口食品安全突发事件应急处置、进口冷链食品应急处置等演练，有力提升队伍对突发事件应对处置能力。坚持定期对辖区39个有害生物、外来杂草监测点进行现场监测，严格对进境种族鸡、进境皮张、进口粮食以及崇礼进境设备进行预防性二次消杀，捕获病媒生物鼠类、蚊类、蝇类和蜚类4类6种600余只，进境集装箱截获美洲大蠊若虫20余只，有效防范外来有害生物传入扩散。监管进境种鸡1批次33,280只，检测结果全部合格，种鸡隔离期间成活率 97.6%，监管出口苹果酸 3 批次，取样送样全部合格。

【企管效能】2021 年，张家口海关加强企业管理，营造良好营商环境。全年实际办结定期管理类核查作业 93 家，其中规范整改 30 家，未发现问题 54 家。全年开展风险指令类核查作业 5 家，其中 3 家企业联合执法作业。扎实做好“中国海关信用管理”微信平台应用推广工作，全年共有 76 家企业完成平台注册，占比为 42.29%。引导企业自觉守法、主动纠错，全年受理张家口沃尔沃发动机制造有限公司主动披露业务 2 起。

【队伍建设】2021 年，张家口海关做好干部选拔任用工作，夯实队伍建设基础，累计开展干部岗位交流 8 人次，其中按照石家庄海关党委要求开展高风险执法一线科级领导干部交流 3 人次，按照干部管理权限主动开展岗位交流 5 人次。围绕乡村振兴、北京冬奥会筹办举办等重大任务，选派 5 名同志驻村扶贫，在驻村扶贫工作中高义同志被授予全省脱贫攻坚先进个人称号；选派 1 名同志入驻冬奥村监管现场开展服务保障工作。

【基层党组织建设】2021 年，张家口海关加强基层党组织建设。组织为党员过政治生日，通过重温入党誓词、分享入党历程、追忆入党初心、赠送生日祝福、书写入党感言引导党员思考入党为什么、在党做什么，切实强化党员政治身份认同；抓好组织生活制度落实，落实“三会一课”、组织生活会、基层党组织书记述职等制度，切实强化党员组织观念。创建结合实际、特色鲜明的支部党建品牌，对已确定的党建品牌进行深化延伸，进一步丰富完善创建方案，保持品牌的先进性，在支部一线切实发挥党员的先锋模范作用。7 月综合业务科党支部被石家庄海关直属机关党委评为关区“四强”支部、先进基层党组织。

▲2021 年 4 月 9 日，张家口海关组织全体党员参观董存瑞纪念馆，开展“学党史祭英烈　守初心　担使命”主题党日活动

【新冠肺炎疫情防控】2021 年，张家口海关加强新冠肺炎疫情防控，各项防疫措施落实到位。重视关员职业安全和健康，坚持“零报告，日报告”制度，落实因公出差、因私出行提前申请报备并进行核酸检测的要求，建立出行台账并动态更新。规范关员尤其是外勤关员安全防护服穿脱操作，进行防护操作考核，以考促培不断提升安全防护能力，确保“打胜仗，零感染”。坚持定期全员核酸检测，全年组织 27 次全员核酸，累计检测 2,823 人次，组织新冠病毒疫苗接种工作，实现应接尽接。

【内控管理】2021 年，张家口海关持续优化内控管理。按照内部控制与监督子系统应用绩效考核办法要求，提高系统的应用效率。建立用户登录月度通报制度，将内控建设纳入形势分析及工作督查例会进行部署、督办，及时汇总通报内控执行情况。全年累计授权人数 12 人，人均使用天数 166.3 天，制发监控核查联系单 25 条，处置异常数据量 56 条，处置异常数据有效数 52 条，处置异常数据有效率 92.86%，警示风险移出率、审核率 100%，对风险做到有效发现和处置；报送系统内风险参考成果 3 项，总署督审司录用 2 项。

【专项整治】2021 年，张家口海关顺利完成成“现场监管与外勤执法权力寻租”专项整治工作。成立专项整治工作领导小组。组织 17 人填报违规事项个人申报表和撰写心得体会，前期梳理廉政清单问题 70 条，走访企业调研 7 家。配合专项整治工作第六排查小组来关开展现场排查工作，利用内部控制与监督子系统对 11 个“提示警示”模块中的 102 个专项模块进行全面覆盖式排查，排查出风险数据 12 条并及时制发监控核查联系单，对照“三个清单”内容开展自查整改，梳理张家口海关廉政风险防控清单问题 93 条。

（撰稿人：王占英　尹志玲　吕　涛
刘国明　许立博　李静茹）

承德海关

【概况】 承德海关是受石家庄海关直接领导，按授权负责承德市范围内海关各类管理工作的正处级隶属海关。现有内设正科级机构 6 个，共有在编人员 36 人，退休人员 13 人。承德海关党委于 2019 年底设立，设党总支 1 个、党支部 7 个，1 个支部为石家庄海关党建培育品牌，2 个支部为石家庄海关“四强”支部，共有党员 31 人。

2021 年，承德海关坚持以习近平新时代中国特色社会主义思想为指导，深入学习贯彻党的十九届历届全会精神和习近平总书记调研考察承德时的重要讲话，认真落实海关总署和石家庄海关重点工作部署，以政治建设为统领，扎实开展党史学习教育，严格海关监管，优化海关服务，努力建设新时代海关。

【政治建关】 2021 年，承德海关坚持政治建关，把学习贯彻习近平新时代中国特色社会主义思想作为首要政治任务。完善形式分析及工作督查月例会“第一议题”制度，全年传达学习习近平总书记重要讲话精神 18 次。学习贯彻习近平总书记到承德调研时的重要讲话精神，研究制定在钒钛新材料、清洁能源、绿色食品等领域上明确支持承德外贸发展的具体帮扶措施 10 条，为承德发展贡献提供海关政策助力。大力弘扬塞罕坝精神，邀请中宣部塞罕坝事迹报告团成员为全体党员干部作塞罕坝精神专题辅导讲座，在支部设立“塞罕坝专栏”学习专题，引导党员干部学习传承塞罕坝精神，增强践行初心使命的思想自觉性。10 月 13 日，派出业务骨干赴塞罕坝机械林场，与林场检疫人员交流生物安全防控工作，联防联守严防外来有害生物入侵，携手保护塞罕坝生态安全。11 月 1 日，与承德市农业农村局签署《服务乡村全面振兴推动农业对外开放高质量发展》合作备忘录，就农产品进出口、农产品质量安全监管等共商合作措施，共同推动承德农业农村发展。

2021 年，承德海关不断用习近平总书记重要理论武装头脑，指导工作。严格贯彻落实党委理论学习中心组学习制度，围绕习近平总书记在党史学习教育动员大会上的重要讲话、“七一”重要讲话等内容，以及党的十九届五中、六中全会精神重点组织集中学习研讨，带动广大党员干部持续在学懂弄通上下功夫，全年理论学习中心组学习37次。强化党支部政治学习，自8月起设立“每日晨读半小时”学习机制，明确学习规范和要求，跟进学习党委理论学习中心组学习内容，将党的最新理论成果武装覆盖到广大党员。青年理论小组实施青年理论学习提升工程，组织开展“不忘初心学党史、缅怀先烈颂党恩”诗歌朗诵、“诵读党史经典、感悟端午爱国情怀”读书分享会、“学史力行、不负韶华”研讨会、设立“红色电影周”等喜闻乐见的学习教育主题活动，持续提升青年干部理想信念。

【党史学习】2021年，承德海关认真开展党史学习教育，激励全体党员“不忘初心、牢记使命”。党委理论学习中心组开展4次专题研讨，带头研读党史规定书目和重要章节段落，党委书记和各党委委员带头做心得交流体会。党总支利用好周边红色资源组织党员干部赴承德热河革命烈士纪念馆、李大钊故居、承德县毛泽东批语公园就近就便开展现场体验式学习教育，传承红色精神。创新党史学习教育形式，开展“永远跟党走”群众性主题宣传教育活动，邀请专家开展党史专题辅导讲座3次、编辑微信小程序“百年辉煌、党史回眸”栏目237期、邀请抗美援朝退休老干部讲授入党初心见证党史辉煌，引导党员干部学史明理、学史增信、学史崇德、学史力行。开展“我为群众办实事”实践活动，通过走进政府部门、走进服务对象、走进基层一线征求各类意见建议16条，实施国门生物安全工程、便民利企工程、暖心聚力工程“三项工程”13项重点民生项目，研究制定33条配套措施，聚焦企业群众需求解难事、办好事、做实事。

【全面从严治党】2021年，承德海关坚持严管厚爱，把纪律挺在前面，不断提升党员干部纪律意识、规矩意识。党委履行党建主体责任，全年2次专题研究部署全面从严治党工作，制定14大项32小项重点工作任务分工，明确措施方法和责任分工，每季度向石家庄海关报告全面从严治党落实情况，开展基层党支部书记述职述廉述党建活动，建立上下贯通、责任清晰的党建责任履行机制。加强党委自身建设，先后印发中共承德海关委员会工作规则、承德海关贯彻落实“三重一大”决策制度实施办法、中共承德海关委员会议事清单，建立健全党委各项工作制度，推进落实民主集中制，加强党委对海关工作的全面领导。

持续深化“强基提质工程”，严格落实“三会一课”、集中学习、党日活动等组织生活制度，建立支部自查、党总支抽查、党委评估的三级检查方式，提升党建标准化规范化水平，综合业务科党支部复核通过石家庄海关党建培育品牌，综合业务科党支部、技术科技术中心承德业务部联合党支部被评定为石家庄海关“四强”支部。加强党员教育管理监督，全年新发展党员2人，3名退休干部荣获“光荣在党50年”纪念章。

【新冠肺炎疫情防控】2021年，承德海关提升政治站位、强化责任担当，履行好“守土有责、守土担责”的铮铮誓言，全年20次研究部署新冠肺炎疫情防控工作，严格执行石家庄海关和承德市新冠肺炎疫情防控要求，时刻绷紧新冠肺炎疫情防控这根弦。修订承德海关内部工作人员感染新冠肺炎应急处置预案，开展应急演练2次，提高应对新冠肺炎疫情的科学性。加强干部职工健康管理，实时掌握干部职工健康状况，全体干部职工坚持做到戴口罩、勤洗手，保持个人卫生、保持社交距离，落实“不前往中高风险地区”的纪律要求，干部职工外出一律审批，有序开展接种疫苗工作。加强办公场所管控，做好外来人员登记测温和健康码行程卡审核，在业务大厅安装智能测温仪做好第二道防护，定期对公共区域喷洒消毒，食堂严格执行餐具清洗消毒制度，对食材进货、加工、出品等环节严格管控。成立安全防护领导小组，梳理安全防护节点11个方面内容，组织开展外勤执法人员穿脱防护服培训，根据新冠肺炎疫情形势及时调整外出执法频次，防止暴露感染。

▲2021年8月18日，承德海关进行新冠肺炎疫情防控演练

【安全生产】2021年，承德海关党委始终坚持底线思维，把安全生产摆在各项业务工作首位。专题学习宣传贯彻习近平总书记关于安全生产重要论述，开展新修订的《中华人民共和国安全生产法》专题学习，坚决落实安全生产责任制。健全安全生产领导小组，继续推进落实承德海关安全生产专项整治三年行动实施方案，研究制订承德海关安全生产隐患自查工作实施方案，明确19项重点问题整改，自3月开始实施每月安全生产检查工作机制，各相关科室对办公场所、危化品企业、进出口食品等重点领域开展安全隐患专项排查活动，坚决防止安全事故发生。6月开展安全生产活动月，进一步夯实安全生产基础工作。开展重要时间节点安全生产宣传活动，全年分别开展食品安全宣传周、网络安全宣传周、数据安全宣传等专题宣传活动，利用“钉钉”平台进行安全生产专题测试，提高干部职工安全生产意识。

【打击走私】2021年，承德海关培树

全员打私意识，以“只争朝夕”的干劲扎进抓实抓细打击走私工作。开展“国门利剑2021”行动，与秦皇岛海关缉私分局密切配合。深化反走私综合治理，推动承德市政府强化反走私综合治理主体责任，牵头制定《关于加强新形势下打击冻肉走私工作的意见》，密切同地方公安、烟草、生态环境保护等部门执法协作，增强打击治理合力。开展跨境电商进口走私“断链刨根”专项整治行动，注销3家已备案跨境电商企业，对1家经营异常处理企业实施信息变更。

【保稳提质】2021年，承德海关充分发挥海关职能作用，保畅通促循环，提质效促增长，全力以赴促进外贸保稳提质。综合运用统计分析与监测预警、技术性贸易措施等各种政策手段，参与编写《2021年主要贸易伙伴技术性贸易措施研究报告》，开展技术性贸易调查3家、认真提交WPS技术性贸易措施评议，指导帮助企业积极应对破解贸易限制措施对出口的影响。组织辖区企业开展外贸知识RCEP原产地规则和关税减让政策培训、海关加工贸易知识培训，开展“4·15”国家安全教育日、“4·26”知识产权宣传、食品安全宣传周等法制宣传活动，推动关企共治进出口秩序。支持企业扩大出口“一带一路”市场，帮扶辖区某企业首次出口家具产品至莫桑比克、某企业首次出口冷冻禽肉至瓦努阿图。做好稳外贸稳外资问题收集和快速解决，领导班子深入企业走访调研现场办公，撰写专题调研报告《走访调研摸实情、为企服务解难题》受到承德市委、市政府双批示。全年承德市实现进出口总值20.5亿元，同比增长23.2%，其中出口总值16.4亿元、同比增长36.8%，进口总值4.1亿元、同比下降11.8%。

落实全面深化海关改革要求，在尊重企业通关自主选择的前提下，鼓励企业选取进出口“提前申报”和进口“两步申报”等模式，巩固压缩整体通关时效，持续放大海关改革效应。根据疫情形势开展原产地证寄递服务，推广原产地证自主打印改革，全年企业自主打印原产地证55份，占全年受理原产地证总数的7.7%。深化“放管服”改革，取消报关企业注册登记，进口肉类收货人、进口化妆品境内收货人备案2项审批事项。推进“双随机、一公开”监管，结合属地执法实际整合行政资源，随机选择执法人员开展企业核查、属地查验等工作，促进监管执法公平、公正、公开。

【强化监管】2021年，承德海关大力强化监管优化服务，堵塞管理漏洞，促进外贸健康发展。全年受理检验检疫报检货物3,023批、同比增长11.6%，金额1.51亿美元、同比增长35.6%；出具原产地证书713份、同比下降15.7%，金额5,883.1万美元、同比增长23.1%，原产地证关税优惠金额为221.9万美元。严格执行进出口货物现场查验规定和抽采样要求，把好进出口货物质量安全关，全年对

268 批出境货物、12 批入境货物进行了现场查验，其中出口查验危险货物包装实施使用鉴定 223 批、重量 6, 389. 98 吨、货值 3, 419. 5 万美元，检出并出具出境货物不合格通知单 13 份，对 2 家企业进行约谈，对 1 家企业发出限期整改通知。组织实施出口食品风险监控和疫病监测，抽检出口食品 19 批次；抽检出口动物源性食品样品 45 个；监测农兽药、污染物等共 45 个合计 177 个检测项目；重点对辖区 2 家出口禽肉企业开展微生物监控，抽检 120 个批次；对辖区 2 家供港禽肉养殖场开展禽流感、新城疫疫病监测，抽检 60 个样品，所有结果均为阴性，保障出口食品安全。组织实施外来有害生物监测，在承德辖区设置 29 个监测点监测检疫性实蝇、在 3 个进口粮库开展杂草监测共鉴定辨别 34 种植物，有效防止外来有害生物入境。强化企业日常监管，全年新增报关企业备案 49 家，注销报关企业 21 家，首次新增危险货物包装生产企业 1 家，开展核查作业 73 起，查发问题 40 起。完成中储粮进口美国大豆储备库现场检查，共计检查 3 个储备点 20 个存储库。参与承德市政府组织的全市粮食安全责任制考核工作，督促进口粮食储备企业落实安全风险及疫情防控工作。

开展供港澳活牛注册育肥场养殖、用药、饲料、疫病防控等日常检查，“瘦肉精”专项排查，指导供港澳企业建立健全动物防疫和食品安全管理体系。8 月，承德突发人感染肺炭疽病例，立即采取预防性动物疫情控制措施，禁止企业从疫情风险区域和受威胁区域采购活牛和投入品。实施供港澳活牛检验检疫，包括实施兽药和有毒有害物质监控，抽检 9 个样品开展 129 项次监测；实施供港澳活牛疫病监测，抽检血样 120 份、做皮试 40 头份，监测口蹄疫、布鲁氏菌病、牛结核病、牛副结核病、牛结节性皮肤病（牛结节疹）、蓝舌病 6 类疫病。积极与香港食物环境卫生署沟通，指导企业完善硬件设施和申报材料，11 月 24 日企业完成远程探访检查，连续三年顺利通过香港食物环境卫生署探访检查。全年承德海关检疫监管供港澳活牛 93 批、3, 554 头、货值 1, 464. 65 万美元，同比分别下降 11. 42%、11. 61%、1. 64%。

▲2021 年 6 月 10 日，承德海关关员对危险化学品进行查验

【内部监督】2021 年，承德海关加强内部监督工作，综合运用多种手段，促进内控工作从“被动纠错”向“主动防控”转变。全年通过新海廉系统制发联系单 4

次，处置异常数据4个，处置异常数据有效率100%。在“现场监管与外勤执法权力寻租”专项整治工作中落实数据分析，发现异常情事5项并整改规范，实现执法风险、廉政风险“双防控”。开展执法领域、非执法领域自查，重点开展“国门生物安全”“疫情防控和经济社会发展”“中央八项规定及其实施细则执行情况”等内部督察，向有关科室发出建议19个。加强政务保障工作，强化督促检查，将做决策、抓督查、保落实一体部署一体推进，聚焦重点工作、重大改革，提升信息报送质效，全年被石家庄海关采用政务信息67条，新闻宣传2篇。坚持“过紧日子”要求，进一步优化财务管理，积极向承德市政府争取财政支持，将有限的财力运用于工资福利、疫情防控和民生工程中，提升财务保障和管理质效。

【纪律作风】2021年，承德海关压实主体责任，强化纪律教育，对“四风”问题，抓常、抓细、抓长，推进日常纪律作风建设。采取定期检查和突击检查方式开展内务规范督察，全年督察内务11次，通报4次。4月份“内务规范强化月”活动期间，邀请消防专业教官组织进行队列训练，增加内务检查频次，促进纪律作风转变，持续培育新风正气。认真落实总署深入治理违反中央八项规定精神突出问题、进一步推进清廉海关建设各项措施，党委班子开展自查将9个“一律不准”作为硬规矩长期坚持。开展全员个人有关事项申报，以及离退职干部、干部配偶子女及其配偶等违规从业申报排查，坚决防止“贴着海关发财”现象。坚持重大节日升国旗仪式教育，增强干部职工使命感荣誉感。

【清廉海关】2021年，承德海关激发清廉文化活力，推动清廉文化建设，将廉洁文化融入各项工作，切实营造风清气正的工作氛围。开展“现场监管与外勤执法权力寻租”专项整治工作，向134家企业发出宣传告示主动接受监督，22名关员进行个人申报，梳理风险清单69条，自查8个问题隐患并已全部完成整改，开展纪法学习和廉政警示教育集中学习会14次，科室学习会20余次，学习有关文件70余篇/次。8月组织开展廉政警示教育月活动，通过支部集中学习党章党规党纪、廉政知识闭卷测试、支部书记讲廉政党课等方式深化纪法和警示案例专题学习效果，在办公场所张贴廉政纪律规定、设计廉政文化展板、家庭助廉信等方式加强廉洁氛围熏陶。积极配合石家庄海关第九派驻纪检组工作，“三重一大”事项和党委会重要议定事项均提前向第九派驻纪检组通报征求意见。加强元旦、春节、中秋、国庆等特殊时期廉政教育和酒驾醉驾提醒，推动干部职工树牢纪律规矩意识，进一步增强不想腐的自觉，全年未发生不廉洁和酒驾醉驾情事。加强外出执法廉政监督，组织开展外勤作业廉政回访3次，征求10名特约监督员对海关工作的意见建议，促进公正廉洁执法。

【文明创建】2021 年，承德海关坚定理想信念，培育时代新人，发扬榜样作用，弘扬时代新风，推动文明创建，照亮幸福底色。把精神文明创建纳入党委“三重一大”议事清单，定期研究部署推动，动态调整精神文明创建工作领导小组，形成一把手挂帅、专人负责、科室分工配合的创建工作体系。强化窗口文明服务，在业务大厅设置学雷锋志愿服务站，专人负责业务咨询、文明引导、疫情防控等工作，常备口罩、药品急救包等方便群众使用，持续开展“提质增效、文明创建”主题活动，深化“党员示范岗”建设，培育全体人员诚信理念和服务意识，综合业务科获评 2019—2020 年度河北省“双创双服”优秀青年集体。深入开展新时代志愿结对帮扶活动，全年组织志愿活动及“我们的节日”系列活动 13 次，其中 5 次被承德新闻网、承德文明网报道，展现了海关队伍文明风采。2021 年首次获评河北省文明单位。

加强和改进思想政治工作，通过定期谈话、日常交心、书面调研等方式深入分析研判队伍思想动态，积极回应诉求干部职工诉求，确保队伍思想稳定。坚持严管厚爱相结合，落实政策范围内的福利待遇，工会在节假日开展在职及退休老干部的走访慰问活动，完善羽毛球、台球等健身设施，定期开展羽毛球、乒乓球、台球、瑜伽等群众喜爱的文体活动，持续提振队伍精气神。办好食堂，每季度召开伙食委员会征求干部职工对食堂饭菜的建议意见，定期更换菜谱，提升后勤保障水平。

（撰稿人：李明杰）

第七篇

事业单位

石家庄海关后勤管理中心

【概况】2021 年，石家庄海关后勤管理中心（以下简称“后勤管理中心”）共有事业编制人员 23 人，其中管理岗位 16 人，专业技术岗位 4 人，工人岗位 3 人（管理五级 2 人，管理六级 2 人，管理七级 5 人，管理八级 5 人，管理九级 2 人，专业技术七级 1 人，专业技术八级 2 人，专业技术十级 1 人，技术工二级 1 人，技术工三级 2 人）。2021 年，后勤管理中心在石家庄海关党委的正确领导下，宣传贯彻党的十九届六中全会精神，深入学习习近平总书记重要讲话精神，坚决落实党中央、国务院决策部署，扎实开展党史学习教育，统一思想认识，明确工作重点，以实实在在的工作成效体现政治担当，进一步增强了后勤服务保障能力，提升了后勤服务保障水平。

【党史学习教育】2021 年，后勤管理中心坚决贯彻总署和石家庄海关重大决策部署，组织全体干部职工深入学习习近平总书记重要讲话精神，坚决落实党中央、国务院决策部署，按照总署和石家庄海关工作要求，立足本职工作，统一思想认识，增强忧患意识，明确工作重点，提高工作本领，以实实在在的工作成效体现政治担当，进一步增强“四个意识”、坚定“四个自信”、践行“两个维护”。认真贯彻落实习近平总书记在党史学习教育动员大会上的重要讲话精神，按照关党委开展党史学习教育相关要求，深入学党史、突出悟思想、坚持办实事、聚焦开新局，推动党史学习教育高起点开局、高标准起步，专题学习贯彻习近平总书记在中国共产党成立 100 周年庆祝大会上的重要讲话精神，推动党史学习教育入脑入心。将学习贯彻党的十九届六中全会精神作为党史学习教育重要内容，第一时间组织党员干部开展学习，把学习全会精神作为重要的政治任务，按照石家庄海关党委统一部署，结合中心工作实际，周密组织，精心安排，组织全体党员干部原原本本学习《中国共产党第十九届中央委员会第六次全体会议公报》《中共中央关于党的百年奋斗重大成就和历史经验的决议》和习近平总书记所作说明等会议文件，教育引导全体党员干部读原著、学原文、悟原理，认真学习、深刻领会、准确把握全会精神的基本内容、丰富内涵与核心要义，切实把思想和行动统一到党的十九届六中全会精神上来，把力量凝聚到后勤服务保障中去。

根据实际工作性质特点，秉承“服务为本，用心服务”的文化理念，抓党建工作时注重理论学习与实践工作相结合，以学习研讨、警示教育为主要形式，提升正能量，打造觉悟高、业务精、素质强的党员干部队伍，全面提升服务保障水平。中心党员干部在工作中能够做到积极主动、率先垂范，在开展“创先争优”活动、推进党支部标准化规范化建设、“我为群众办实事”等项活动中，利用参观红色教育基地、重温入党誓词、书记带头讲党课、普通党员上讲台等活动形式，强化使命意识，履行主体责任。班子成员积极参加所在支部组织活动，建立健全党群联系制度，日常工作中注意和同志们交流谈心，沟通思想，深入了解思想动态和工作进展情况，带头抓责任落实，凝聚人心，树立新风，营造高效有序、团结友爱的良好工作氛围。

【新冠肺炎疫情内部防控】2021 年，后勤管理中心按照石家庄海关持续深化准军事化纪律部队建设工作要求，进一步加强机关门卫保安管理，切实维护机关办公区域良好工作秩序。严格机关办公区出入管理，严禁无关人员及车辆进入办公区，设置大门、大厅两道测温点，认真落实测温、登记等制度。对所有进入办公区的人员严格落实“一测两查”，坚决禁止健康码、大数据行程卡变为非“绿码”状态的人员进入办公区，并要求其第一时间向所在社区报备，执行相应管控措施。在机关办公楼大厅安装启用红外热成像自动测温设备，大幅提升防疫安检工作效率，有效缓解上下班时间防疫安检压力。对进入工作场所的外来人员填写排查表，按照“谁批准谁负责”的原则实施审批。将第三方服务人员纳入本单位管理的范围，签订责任书。严格贯彻执行环境消杀、分时就餐等新冠肺炎疫情防控措施。机关公共区域消毒坚持每天消毒 2 次，中央空调、新风系统进风口每周消毒 1 次。定期对机关重点场所进行清洁消毒，加强电梯间、楼梯间、卫生间等公共场所使用期间的预防性消毒。对各公共区域的废弃物资集中清理。

坚持实行健康监测“日报告、零报告”制度，实时掌握中心全体干部职工包括聘用人员、服务外包人员的身体健康状况信息，按照“谁使用、谁负责”的原则，做到全员参与、全时段覆盖，杜绝瞒报、误报。做好台账记录，相关情况及时向办公室报备，做到第一时间排查、第一时间发现、第一时间处置。持续强化出差出行人员台账管理，并根据总署、石家庄海关最新要求及时动态更新出差出行审批单。全年共测体温 10 万余人次，其中外单位人员 3 千余人次。全力完成在编人员、聘用及外包服务人员新冠病毒疫苗第一针、第二针的接种工作，并加快新冠病毒疫苗加强针接种工作，做到应接尽接。

开展爱国卫生运动。按照省直工委“周五卫生清扫日”活动要求，组织人员对3个办公区楼宇和院落公共卫生重点部位如食堂、楼道、盥洗室、垃圾存放点等全面进行清洁、消毒。加强干部职工集中居住小区、职工宿舍的防疫工作，按属地要求落实防疫措施。办公区域及职工宿舍以清洁卫生为主，预防性消毒为辅，严格重要部位的通风消毒和环境清理的工作要求，并做好翔实登记记录，确保消毒消杀工作连贯和全时段覆盖。在办公区域配备医疗废弃物专用垃圾桶，桶内使用黄色双层垃圾袋。

【封闭人员管理】2021年，后勤管理中心扎实做好封闭管理人员后勤保障工作。强化政治意识、大局意识，加强组织领导，认真落实封闭管理相关工作要求。对封闭管理场所根据需要合理设置三区两通道，对消洁消毒员、安全保障员、后勤保障员等工作人员进行岗前培训，重点培训穿、脱防护装备流程、个人防护要点及各种注意事项，经培训后进驻集中封闭管理场所。根据职责分工，建立相关工作制度和相关台账，与机场海关封闭管理负责人即时沟通，全力做好石家庄地区海关第一、二批次封闭管理人员的餐饮、住宿、交通、消毒等保障工作。每天按照相关要求对生活区、封闭管理区至少进行3次消毒。集中封闭管理人员解除封闭后，严格按要求对集中封闭管理场所实施终末消毒。

【后勤服务保障】2021年，后勤管理中心完成重大活动、重要节日期间安全管控工作。做好“两会”期间安全检查，组织专人结合春节前安全检查工作中发现的问题及整改措施，有针对性地进行安全检查，重点是实验室、机房、配电室、库房等防火、防盗重点部位逐一进行落实，确保“两会”期间安全工作万无一失。清明节、五一、国庆节前，会同办公室组织开展安全大检查，加强节日期间应急值守，确保机关安全稳定。端午节、国庆节前夕对各办公区、宿舍区进行节前安全检查。结合安全生产月活动，对东、西办公区进行了消防安全检查，清理消防重点区域内报废家具，督促西区食堂清理抽油烟管道，联系消防设施检测单位对西区进行检测工作。完成关区学习贯彻党的十九届五中全会精神暨党史学习教育专题培训班的服务保障。培训之前对会议所用房间的设施设备进行全方位的检查、更换和保洁，对会议培训资料进行分装和发放。培训期间做好餐饮、会议、住宿等各项服务保障工作。完成石家庄海关2021年度考试录用公务员面试的保障工作，做好相关人员的用餐、住宿等保障服务工作，并按规定维护关内秩序。全年共保障总署工作组11次、大型会议4次公务用车。

【安全隐患排查】2021年，后勤管理中心按照总署安全风险隐患排查整治工作部署和石家庄海关开展办公场所安全自查要求，对机关相关办公场所安全隐患进行排查，对办公区水、电、气、消防设施功能进行检查，重点查找公共设施安全隐患和突出短板，尤其针对暑期用电高峰风险较高特点，定期对办公楼空调用电进行巡检，对发现的问题都一一进行整改。加强重点人群培训，对办公场所安全责任人开展安全教育培训，全面提升安全防范意识。严格车辆管理，及时检查保养检修，落实用车审批登记，加强对驾驶员的日常行车安全教育，随车配备所需灭火器材，要求司机随时提醒乘车人员系好安全带，全力确保行车安全。根据安全生产和防灾减灾工作有关要求，组织了机关消防培训、疏散演练活动，进一步提升应急处置能力。

【财务管理】2021 年，后勤管理中心完成 2020 年度财务决算编制上报、国管局固定资产决算编制上报、财政部固定资产决算编制上报、审计及决算编制上报、2021 年度财政拨款用款计划编报、公积金基数测算及缴费、2022 年预算“一上”“二上”编报、住房改革预算编报工作。在财务部门组织下，完成涉案财物精品库物品的称重、计量、建账等工作，对库存涉案财物安全保管情况进行全面详细盘查，并完成对 1,700 件涉案物品的出库移交工作。按照总署、石家庄海关相关要求，河北瑞海保洁服务有限公司自 8 月 23 日起停止所有检疫处理业务，根据石家庄海关事业单位所属企业脱钩工作有关要求，攻坚克难，同中国检验认证集团河北分公司积极协商，顺利完成所属河北瑞海保洁服务有限公司的脱钩、资产清算、职工安置、注销工作。

【安全保卫】2021 年，后勤管理中心从 4 月开始在机关实行“巡更棒”巡逻制度，共设立 15 个巡更点，对技术中心“易制爆仓库”巡更点加大巡逻频次（按照每两小时一次的要求执行）。按照规定设置室内外消防栓、灭火器和微型消防站，加强物防配置。运用消防自动报警系统、视频监控系统、周界报警系统，对档案室、保密室、科技处机房、机关食堂等特殊重点部位进行 24 小时无死角监控，对发生的安全隐患第一时间处置。对机关电梯设备进行安全检测和模拟电梯故障应急救援演练，进一步提升电梯设备险情应急处置能力。组织东办公区、西办公区安保人员对机房气体灭火系统进行实战演练，编写应急预案操作预案，进一步提升实战能力和应急处置能力，全力防范遏制事故发生。组织相关人员梳理完善消防安全相关管理制度，确保相关职责人了解熟知并掌握，安全工作有章可循。结合消防部门检查和定期自查工作，对发现的问题立查立改，不留隐患。全年总计巡逻 1.5 万余次，未发生失密、失窃、失火等安全责任事故。

▲2021 年 11 月 13 日，石家庄海关进行消防演练

【物业管理】2021 年，后勤管理中心全力做好机关水、电、暖、保洁等工作。对机关中央空调通风系统进行维保，更换机关生活水泵，对机关生活水箱消毒、清洗，对消毒后的生活水箱进行水质监测，保障用水安全。对机关电梯进行例行维保，为技术中心危险品仓库安装防爆电箱。加强公有住房日常管理，安排临时周转用房、交流干部用房及借调人员住宿相关事宜，并配备生活家具。完成石家庄海关排污费、公有住房物业费、交流干部租赁房相关费用房租等费用的缴纳工作。完成公有住房 2020 年租金的收取工作。按照政府采购有关要求，完成机关电梯维修、维保，工农路办公楼东配楼玻璃幕墙维修项目招标、合同签订工作。完成西办公区四楼平台防水项目、中控室及保安休息室修缮、玻璃门和阳光顶玻璃更换、前院水池防水项目、电梯维保服务等工作。完成工农路办公区和宿舍区换热站移交供热公司工作。全年完成日常维护维修 1.2 万余次。配合完成省直工委“无烟机关”迎检工作，配合开展节约型机关创建工作，分区安装独立水表、电表，张贴节能标识，提供相关数据。完成正定技术业务用房部分业务工作的接收。

【生活服务】2021 年，后勤管理中心贯彻落实习近平总书记关于“厉行节约，反对奢侈浪费”的指示精神，加强文明用餐宣传，餐厅设置厉行节约、反对浪费等宣传标语，树立勤俭节约理念，杜绝舌尖上的浪费，全力为干部职工提供更好的服务。食堂管理制度全部上墙，设置专职消毒人员、建立消毒登记卡制度，每日分时段对餐厅进行消毒等措施。做好食品安全和卫生工作，加强供货商管理，保证食材安全、新鲜。按要求对食堂排烟系统进行清洗，更换东办公区食堂燃气报警器，部分灶具加装熄火保护装置，消除安全隐患。完成部分交流干部用房租赁合同续租工作。完成 2021 年度脱贫地区农副产品采购工作。全年共保障就餐总计约 32 万余人次。

【物资采购】2021 年，后勤管理中心根据石家庄海关新冠病毒感染的肺炎疫情防控工作指挥部后勤保障组下达的采购计划，采购防疫物资 28 个品种、42 批次，接收总署调拨防控物资 2 批次。为机关各部门、各隶属海关发放防疫物资 240 批次，共计发放口罩 17.8 万只，手套 6.8 万只，

84 消毒液 930 升，圆满完成全年防疫物资采购保障任务。根据政府采购相关规定，共完成相关部门政府采购项目 50 余个。按照办公用品包干规定，发放办公用品 100 个品种、200 余批次，共计 2 万余件。

（撰稿人：齐恒来　郅长胜　段玉杰
段永强　施静媛　贾晓勇
曹彦强　魏　立）

石家庄海关技术中心

【概况】2021 年，石家庄海关技术中心（以下简称“技术中心”）内设机构 18 个，内设检测实验室 7 个。技术中心在职干部职工 105 人，其中拥有正高级技术职称专业技术人员 8 人，副高级技术职称专业技术人员 22 人，中级职称专业技术人员 48 人。技术中心党支部中共党员 28 人，在编党员 25 人，聘用人员党员 3 人。技术中心全面贯彻落实习近平新时代中国特色社会主义思想和党的十九届历次全会精神，认真落实 2021 年全国海关工作会议、石家庄关区工作会议部署，全面加强领导班子和人才队伍建设，全力服务法定检验检测、检疫、鉴定业务，大力开拓社会委托检验检测市场，扎实推进各项工作，为石家庄海关事业发展提供了坚强的技术保障和技术服务。

【全面从严治党】2021 年，石家庄海关技术中心制定发布了技术中心层面“三重一大”议事决策机制，建立起主任办公会制度，对议事和决策事项范围、程序、执行及监督检查进行规范。9 月执行该制度以来，已召开 16 次主任办公会，构建起风清气正，廉洁纯净的政治生态环境。认真履行管党治党政治责任，抓早抓小、防微杜渐，让“红红脸、出出汗”成为常态，全年没有发生违纪违规事件，运用监督执纪“第一种形态”开展提醒谈话、约谈 3 次，发布内部批评通报 2 份。

【服务地方经济】2021 年，技术中心发挥技术检测优势，利用公共服务技术平台，参与了石家庄市本级、桥西分局、沧州市、衡水市本级及桃城区、高新区各层级市场监管部门，及教育局系统、公安系统、农业农村局系统的食品安全抽检工作，为保障人民群众舌尖上安全，贡献力量；与以岭药业开展技术合作，在原材料、成品质量把控上提供检测数据支持，助力其连花清瘟等产品顺利出口美国、新加坡、中国香港等市场；针对沧州辖区鲜梨出口时效性强的特点，加强对沧州业务部的指导，第一时间收样安排检测、第一时间出具检测报告提交客户，帮扶鲜梨出口企业顺利报关出口。

张家口业务部为张家口辖区农食产品生产企业、备案种养殖场提供生产种植原料质量监测、生产过程质量控制、最终产品质量检验等技术服务工作，免费为相关企业提供技术指导和人员培训。全年累计为企业提供质量监测及风险应对技术指导12次，为企业技术人员开展培训45人次，累计为企业节约检测及质量控制成本费用约400万元。

衡水业务部裘皮检测中心多年来一直扎根基层，在衡水市枣强县大营镇与皮毛协会开展了“政府买单，服务产业”的检测活动，全年共检测项目800个，出具检测数据3,200个，为当地产业国际贸易的顺利进行和裘皮产品制造工艺的转型升级贡献技术力量支撑。

保定业务部在完成法检任务的同时，积极开拓委托检测市场，深耕细作中药材检测，加强自身检测能力，细化中药材检测中各项环节，为客户制订VIP套餐服务体系，建立“检测技术+”的业务服务模式；为保定地区中药材质量把关提供可靠技术支撑。

沧州业务部紧盯当地政府有关食品质量安全的检测需求动向，主动联络、积极准备、促成合作，依托沧州市委、市政府联合参与开展了“创建文明城市暨校园环境整治活动”“全市质量提升百日攻坚活动”等主题活动。此外，还积极与院校开展人才交流培养合作，先后与河北医科大学、河北农业大学、沧州师范学院开展科研实习技术交流。

廊坊业务部继续承担廊坊市进出口食品农产品检测服务平台的建设及运转工作，为食品农产品进出口企业提供免费检测服务，提升廊坊食品农产品国际竞争力。

【科研制标】2021年，技术中心主持立项河北省科技计划项目2项，参与5项；参与国家自然基金项目1项；主持制定兽药残留检测国家标准1项，参与2项；立项行业标准2项，主持立项海关技术规范2项，参与2项。获得石家庄海关一级科技成果1项。参与总署课题6项，行业标准4项，其中，发挥技术优势助力科技冬奥，总署科技项目《进出口食品中食源性兴奋剂的高通量快速检测技术研究》顺利通过验收。申请发明专利10项，实用新型专利17项，计算机软件著作权2项；发表科技论文32篇。保定业务部1项工信部标准审批实施；保定业务部派员参加河北省第二届科学实验展演汇演并获得二等奖，组织拍摄的趣味性科学实验视频《驴火保卫战》对PCR检测技术进行的科普素材，在2021年全国科技活动周及重大示范中获得集体和个人荣誉证书。

积极组织参与2021年全国海关第二科技协作区论文征集报送，报送论文涵盖综合管理、风险管理出入境卫生检疫、出入境动植物检疫、进出口食品安全、进出口商品检验、信息化等专业技术领域，获得一等优秀论文7篇，二等优秀论文6篇，三等优秀论文5篇的优异成绩。

▲2021年9月7日，技术中心与河北科技大学、河北医科大学开展联合培养实践活动，教职员工与学生代表参观技术中心实验室

【实验室能力】2021年，技术中心完成了检测能力扩项303项，完成标准变更1次，涉及33个项目，保持检测能力范围所用标准均为最新版本；完成了农产品质量安全检测机构许可换证评审，检测能力项目674项；按照体系文件的要求，组织完成了2020年度检测实验室和能力验证提供者两个管理体系的管理评审；全年共组织能力验证计划7类15项，参加两家国际棉花机构组织的比对试验活动。为了加强各业务部技术能力考核验证工作，组织各业务部参加中心组织的2021年能力验证计划，以作为对业务部检测能力的检查；积极推进危险化学品分类鉴别及包装鉴定重点实验室和进口废弃医疗物属性鉴定区域中心实验室两个署级重点实验室的筹建工作。

【检测业务】2021年，技术中心在克服新冠肺炎疫情反复、第三方检测机构竞争日益激烈等不利因素影响下，全年技术中心（含业务部）共检测样品113,015批次，涵盖食品、农产品、饲料、纺织品、裘皮、化工品、矿产品、原油、煤炭、电缆、金属产品等领域。

全年共开展进出境产品法定检验批次56,436批次。为了提高服务制发把关能力，根据法检商品检测需求，积极拓展危险化学品、肥料产品检测领域；严把国门安全，提高检出率：全年进境种牛疫情疫病样本检测34,746个，检出阳性104个，阳性比例2‰，筛查出1批进口自巴西的11万吨铁精粉为高度疑似固体废物；全年共检出外来有害生物1,829种次，其中检疫性有害生物263种次。

全年共开展委托检测41,156批次，实现委托收入4,300.18万元，且未收到客户投诉。在开展好现有检测业务基础上，以市场为导向，拓展检测能力范围。2021年，新开拓了中国检验认证集团输非箱包检测业务，开展了涉水产品检测、进口非危涂料（丙烯酸树脂类）检测、废水中美罗培南、头孢唑林钠及普鲁卡因青霉素检测方法验证等项目。同时，加强交流合作，与中国检验认证集团有限公司签订了战略合作协议、与中国质量认证中心（CQC）、河北海浩锻造股份有限公司就拓展电线电缆和金属材料的委托业务，签订委托检测协议。

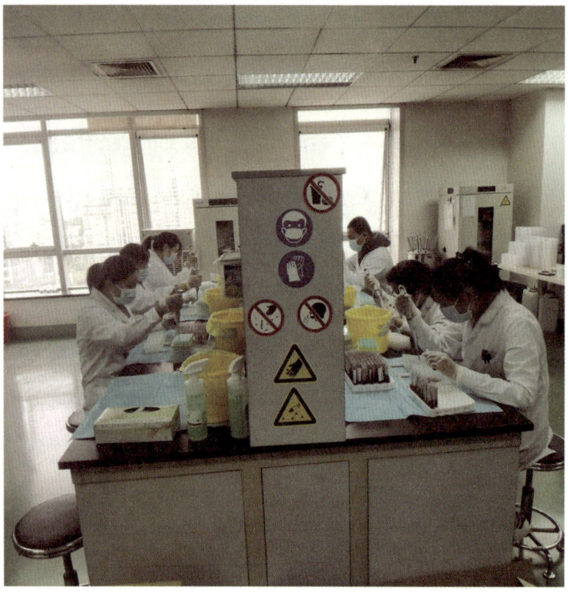

▲2021 年 10 月 15 日，技术中心检测人员开展进境乌拉圭种牛疫情疫病检测

【科研团队建设】2021 年，技术中心围绕法检业务领域、聚焦大宗检测业务，加强科研团队建设，着力提升检测队伍科研能力，助力不断提高检测能力水平，增强行业影响力。初步形成三个领域科研团队。一是生物安全团队，主要开展动物疫病快速检测、外来有害生物鉴定、食源性微生物快速检测、肉类掺假检测等领域的科学研究。团队全年申报总署一级成果 1 项（参与）、三级成果 1 项（主持）；申请发明专利 6 项；授权实用新型专利 2 项；制修订 SN 标准 2 项；发表论文 6 篇。二是食品安全团队，主要开展食品中非法添加物高通量研究、食品真实性识别和鉴伪技术研发，以及食品快检技术开发等领域的科学研究。团队主全年持立项河北省科技厅项目 2 项，参与 2 项；海关技术规范 2 项，国家标准 1 项；申请发明专利 4 项；发表论文 5 篇。三是危险化学品分类鉴别及检测团队，主要开展化工品检测技术研究、危险化学品分类鉴别研究以及危险化学品包装检测技术研究。全年新开发检测技术 10 余项，扩展检测产品 30 余个，申请发明专利 3 项，发表论文 3 篇。

【内部管理工作】2021 年，技术中心加强制度建设，不断规范管理。技术中心新班子任职以来，仅用 4 个多月时间，制修订各项规章制度共计 15 项，搭建起了涵盖准军建设、内务规范、薪酬绩效、科研管理、财务管理各领域，形成了从部署落实、检查督办、奖勤罚懒等一整套管理工作机制，实现了各项工作有章可循，有据可依。为确保各项工作落实落地，对各业务领域明确了督办部门及程序：办公室（人事部）负责准军事化建设、内务考勤常态化监督检查，对检查情况定期汇总通报；质监部负责实验室安全、能力提升常态化监督检查；综合部负责对收集客户问题反馈，落实客户意见建议情况检查督办。不断提高管理质量，实现技术中心各项工作有部署、有落实、有反馈、有监督、有奖惩。随着督办检查机制的实施，技术中心已初步形成“1+2+3”治理体系。

按照石家庄海关新冠肺炎疫情防控要求，持之以恒加强内部新冠肺炎疫情防控，做好新冠肺炎疫情期间员工健康监测及风险排查，严格落实石家庄海关制发的新冠肺炎疫情期间出差出行管理制度，认真落实台账管理。落实新冠病毒疫苗、加强针接种工作，对未接种或者未完成全程接种的应接人员实行台账管理，指定专人负责到期提醒接种和超期催办接种，确保做到应接尽接。

为有效提升技术中心文明程度和干部职工思想觉悟、道德水平、文明素养，积极参与省直精神文明创建活动，积极准备，迎接中共河北省委省直机关工委精神文明创建考核验收，并最终荣获河北省2018—2020年度省直文明单位称号。

【安全生产】2021年，技术中心对石家庄海关下发的石家庄海关实验室安全管理规范及监督机制中涉及的12项制度开展了系统培训，并完成“安全明白卡”张贴上墙；加强演练培训，提升异常情况处置能力，组织各实验室，根据实验室业务特点，针对性开展关键防护设备操作、日常检验防护、试验废弃物处理、紧急事故应急处理以及消防等方面的培训和演练；组织开展了石家庄海关实验室安全管理责任书签订工作，明确实验室安全生产主体责任，层层签订责任书，建立安全管理闭环；按照关区安全生产月要求，组织对办公场所和各检测实验室进行了全面风险隐患自查、排查，对排查、检查中发现的安全隐患积极落实整改。特别是针对暑期安全事故频发、高发的特点，制定了暑期安全值班制度，切实做到早监测、早发现、早报告、早处置，确保“八小时”外安全值守保障不打折扣、落到实处；对技术中心在用互联网、业务网、管理网电脑进行完全分离，在配足配齐管理网电脑基础上，完全实现了数据隔离，保障数据安全。

【清理规范工作】2021年，技术中心根据总署工作部署及石家庄海关针对未经批准设立的事业单位清理规范工作要求，完成河北省检验检疫科学技术研究院注销登记；石家庄海关技术中心管理河北出入境检验检疫协会已完成与石家庄海关脱钩事宜；按照关区事业单位所属企业脱钩工作要求，技术中心对所属企业情况、业务类型等进行了全面排查，对业务性质进行了甄别，确保做到应脱尽脱。技术所属企业2家，分别为河北达信检测技术有限公司、河北出入境检验检疫协会所属企业河北恒通认证咨询服务中心，已全部完成与技术中心股权转让及脱钩工作。

（撰稿人：王雪莲　刘晓慧　孙　雷
余　涛　张　琳　项佳林
贾翠棉　甄建辉）

河北国际旅行卫生保健中心（石家庄海关口岸门诊部）

【概况】河北国际旅行卫生保健中心（石家庄海关口岸门诊部）依据《中华人民共和国国境卫生检疫法》及《中华人民共和国国境卫生检疫实施细则》有关规定，承担出入境人员健康体检和评估、传染病监测、卫生保健咨询、疫苗接种、国际医疗救助、卫生检疫技术科研开发与技术服务、国际旅行健康检查证明书和疫苗接种或预防措施国际证书等证书的签发、境内外顾客委托的相关检验检疫业务及其他医疗服务等工作。自2003年起，实验室工作人员利用午休时间进行实验室检测，在全国同行业中率先提出“当天体检，当天出证”的服务承诺，为河北省出入境健康监测人员节约了往返于石家庄的路费和时间，吸引了许多北京、河南等周边地区的出入境人员前来办理出入境健康监测与预防接种业务，有效促进了省内外向型经济的发展。

2021年，河北国际旅行卫生保健中心（石家庄海关口岸门诊部）严格落实党建主体责任，开展政治理论学习和党史学习教育，推进“五心”耀医路党建品牌创建进程，营造创先争优氛围，提高党支部推动发展、凝聚人心的能力和实效；紧紧围绕“为执法提供可靠的技术保障、为客户提供优质的保健服务”的质量目标，做好传染病监测预防和口岸卫生技术支撑工作；规范落实现行新冠肺炎疫情内部防控措施，统筹做好日常业务工作和安全防护工作，全面压实口岸防控责任，充实口岸防控力量，健全常态化防控机制、补齐短板弱项，加强监督检查，筑牢疫情防控安全防线；组织社会人群核酸检测，为出国人员开设便捷服务，开展特色宣传教育活动，向群众征求意见建议，不断提升社会服务水平；学习各级卫生健康委员会和海关系统新冠肺炎疫情防控指导政策和技术方案，制定中心新冠肺炎疫情防控安全防护制度，增强预检分诊、流行病学调查、实验室检测与生物安全管理能力，持续加强内部培训，增强业务知识水平，打造一流管理、一流队伍、一流环境、一流技术和一流服务。2021 年获选全国巾帼文明岗，党支部获评 2021 年度全国海关党建示范品牌，内设部门连续获选第 20 届全国青年文明号。

【传染病监测预防】2021 年，河北国际旅行卫生保健中心（石家庄海关口岸门诊部）扎实开展传染病监测预防工作，共完成出入境人员传染病监测体检 12,786 人次，同比增长 35.1%。完成出境人员体检 11,941 人次，占出入境体检总数 93.4%。其中出境人员体检以劳务和船员为主，占出境总人数的 69.2%；其他类型出境人员体检 3,672 人次，以留学人员为主；海事局船员健康体检 3,645 人次；入境外籍人员体检 845 人，同比减少 18.4%，其中外籍人员以劳务人员为主，占比为 42%；非洲归国人员体检 2 人次。完成艾滋病监测 10,838 人次，检出传染性疾病 45 例，同比增长 28.6%，检出率 0.35%。完成社会人群健康体检 17,713 人次，同比增长 59.4%。其中食品药品从业人员发放健康证 2,228 份，同比减少 61.5%。完成出境人员接种疫苗 18,807 人次，同比增长 40.1%。为留学人员进行结核菌素试验（PPD）310 人次；为某维和部队 70 余名官兵进行疫苗预防接种，接种种类为黄热病疫苗、流脑疫苗、甲肝疫苗、霍乱疫苗。完成外籍人员健康证明验证 841 份，签发国际旅行健康证明书 9,879 本，同比增长 39.9%，签发艾滋病证明 1,426 份；签发疫苗接种或预防措施国际证书 5,556 本，同比增长 35.1%；疫苗转签 2,219 份，预防接种禁忌证明 1 份。

【口岸卫生技术支撑】2021 年，河北国际旅行卫生保健中心（石家庄海关口岸门诊部）全力做好口岸卫生检疫技术支撑工作，全年共检测媒介生物检测蚊子 13 组、鼠类 1 只，未检出携带病原体。完成核酸检测入境航空器 2 架次 392 人，入境船舶 4 艘次 65 人，航班环境样本 29 份，中心环境样本 821 份，中心职工 3,063 人次、石家庄驻地海关关员 24,561 人次、社会人员 19,422 人，核酸检测量共计 48,363 份。完成关区新冠病毒疫苗接种后抗体监测任务。

在室间质评方面，重点加强分子生物学和临床检验检测，加强对实验室人员、设备、耗材、环境及室间质评能力的管理，持续提高实验室的综合检测能力。卫生检疫实验室通过 2021 年卫生部临检中心感染 A、C 类、生化、尿液、病毒学 PCR、血细胞分析、血型等室间质评活动；完成卫生部临检中心乙肝、丙肝、新冠病毒德尔塔变异株核酸检测室间质评与河北省卫健委和石家庄市卫健委组织的新冠病毒核酸检测室间质评。在协助提升口岸技术质量方面，派医生支援石家庄机场海关采样组，协助开展血液标本和咽拭子标本采集、医院感染管理、个人安全防护、预防消毒等专业技术上岗培训；协助秦皇岛国际旅行卫生保健中心（秦皇岛海关口岸门诊部）完成核酸检测实验室体系建设和执行情况的现场检查，从实验室布局、生物安全和管理方面提出六项建议，督导实验室环境建设，规范样本采集、运输、保存、废弃物处置等关键环节的管理，并参加石家庄海关组织的第四季度暨“两节前”新冠肺炎疫情防控综合性督导检查，现场检查实验室，提供技术指导，针对检查提出两条建议；协助沧州海关申报建立核酸检测实验室，协助编写口岸样本转运方案，参与科技处实验室安全生产工作规范的编写。在应急演练方面，共进行4次新冠核酸检测实验的演练：样本溢撒、呼吸道暴露（口罩歪斜）和防护服穿脱应急演练，锐器刺伤应急演练，防护服破损应急演练。在科研建设上，加强与北京海关、宁波海关、广东海关、中国检验检疫研究科学院、河北医科大学等海关、高校、研究机构的对外交流合作，参与4项河北省科技厅项目，获得《口岸传染病职能风险管控系统》和《口岸风险评估和预警系统》2项软件著作权。

【新冠肺炎疫情防控】2021年，河北国际旅行卫生保健中心（石家庄海关口岸门诊部）统筹推进疫情防控与中心业务工作，各项工作均取得显著效果。专业技术人员参与石家庄关区培训授课：进口商品新冠病毒实验室检测工作流程（第七版）视频培训、口岸一线室外工作人员高温中暑应急处置讲座、心肺复苏和常用创伤急救技术现场授课、新冠病毒鼻咽拭子采样及抗体采样技术要点概述讲座、石家庄机场海关新进人员岗前培训。录制并上报总署2021年海关卫生检疫岗位个人防护装备规范使用网上培训班中的《实验室三级防护穿脱演示》课程。制定针对进入中心办理业务人员的预检分诊制度，对其实施进门处第一道体温筛查，查验健康码和行程码，进行14天内行程风险和新冠肺炎十大症状排查登记，进入大厅后进行第二次红外测温。严格落实河北省应对新冠肺炎疫情工作领导小组办公室自8月10日起开展的33类重点人群核酸检测工作，完成石家庄驻地海关工作人员和中心人员核酸检测工作，并通过河北省“1+6+1”疫情防控平台按时上报核酸检测结果。制订河北国际旅行卫生保健中心（石家庄海关口岸门诊部）发热病人应急预案，组织开展新冠肺炎疫情常态化期间处置中心发现的发热人员应急模拟演练。成立生物安全检查小

▲2021年3月18日，河北国际旅行卫生保健中心（石家庄海关口岸门诊部）为关区参训人员讲授新冠病毒鼻咽拭子采样及抗体采样技术要点

组，组建安全防护专家组，对安全防护进行指导和监督检查。

建立健全每日巡查制度，各部门医院感染管理小组成员以月为周期不定期进行个人防护、预防消毒、样本采集、实验室检测等监督检查工作。将日常业务工作和安全防护检查、培训演练与实践结合起来，以实际工作检验并推进日常的安全防护。建立安全防护监督制度，以“岗前检查、工作巡查、全程督查”“双人作业、互相监督”为工作要求，在防护监督过程中详细记录防护监督量化表。组建兼职防护监督小组，明确监督内容，制作安全监督清单，涵盖准备实验穿戴防护装备、实验中各个操作环节和实验结束脱卸防护装备的所有环节；在实验室设置安全检查员，实行检测过程全程监督检查，实现实验室内有安全防护监督员现场监督，在外部设置安全检查员，通过监控设备实现全程检查；完善安全防护培训考核管理制度、监督管理制度、自查督查制度和实验室生物安全意外暴露应急预案等突发事件应急处置预案。

【社会服务】2021年，河北国际旅行卫生保健中心（石家庄海关口岸门诊部）积极开展社会人群核酸检测，全心全意服务社会，尽己所能助力石家庄发展。在1月、10月和11月石家庄突发新冠肺炎疫情期间，第一时间为民航、建投、天然气有限公司等单位员工，以及多家学校师生等社会人群进行上门核酸检测工作，采样人员和实验室检测人员经常连续作业，以便能够及时出具检测结果，既确保了企业复工和学校复课，又缓解了新冠肺炎疫情期间各核酸检测机构的工作压力。为出国人员开设便捷服务，为持有国内接种新冠病毒疫苗凭证的出国人员，免费转签为英文接种证明，解决出国时需要携带英文版新冠病毒疫苗接种记录的需求；外地人员开设邮寄补办证书和新冠病毒疫苗接种转签等业务，有助于减少新冠肺炎疫情期间人员流动。开展特色宣传教育活动，开展全民国家安全教育日暨海关口岸生物安全日活动，宣传《中华人民共和国生物安全法》；根据总署疫情常态化防控要求，结合2021年疟疾防治宣传核心信息，利用服务受众主体是出入境人员的优势，针对其个性化需求，加强对来自疟疾高发区入境人员的卫生检疫，做好健康申报、流行病学调查、医学排查、样本采集和实验室检测等工作，强化疟疾防控闭环，主动加强与各级疾病预防控制中心、留学生较多的高校、传染病医院等单位的沟通合作，共建技术互补、资源共享、信息互通、患者共治体系，联合开展疟疾防治宣传活动，巩固消除疟疾成果，设置“一对一”咨询台、电子显示屏播放宣传图片画、发放宣传折页等形式开展宣传活动，进一步落实落细各项防控措施；开展“生命至上　终结艾滋　健康平等”——河北国际旅行卫生保健中心（石家庄海关口岸门诊部）党史学习教育“我为群众办实事”主题党日活动，通过张贴宣传海报、电子显示屏播放宣传图片和资料、工作人员表演三句半《知艾防艾》、向出国人员发放宣传折页和开展有奖问答的形式，为出国人员进行预防艾滋病防治知识宣传，切实增强预防艾滋病的宣传效果。

▲2021 年 12 月 1 日，河北国际旅行卫生保健中心（石家庄海关口岸门诊部）开展艾滋病日宣传活动

开展以“幸福从接纳开始”为主题的妇女节专题讲座，为更年期女性普及保健知识，助力缓解女性工作生活所面临的压力，保持积极乐观的状态，开启自我的幸福模式。向群众征求意见建议，结合石家庄海关“我为群众办实事”实践活动“走进基层一线”征求意见建议工作，通过向中心全体人员发放调查问卷征求意见建议，建立工作台账，积极反映中心职工诉求；长期向体检者发放满意度调查问卷，了解体检者对体检各个环节的工作质量与服务质量的意见建议，规范工作行为，提高工作效率；针对群众对中心职责分工和办事程序不了解、不熟悉的情况，进一步修改中心首问负责制，切实做好服务工作，提高服务质量。

【内部培训】2021 年，河北国际旅行卫生保健中心（石家庄海关口岸门诊部）扎实开展内部培训，共开展培训 126 期，应急演练 8 次。积极学习各级卫生健康委员会和海关系统下发的新冠肺炎疫情防控指导类通知文件和技术方案，及时制定并更新中心新冠肺炎疫情防控安全防护制度，并对中心行政管理人员、专业技术人员及其他相关人员进行专题培训，包括前台接待人员预检分诊、发热病人流行病学调查、实验室人员核酸检测与生物安全管理、医护人员医院感染管理、消毒人员环境卫生与预防消毒、采样和实验室检测人员个人防护用品使用等新冠肺炎防控技术内容。组织参加总署新冠肺炎疫情防控安全防护监督员网上培训、新冠病毒检测实验室安全管理培训、2021 年海关卫生检疫岗位个人防护装备规范使用网上培训班、河北省医疗机构感染控制能力提升线上培训、石家庄海关实验室危化品安全管理专题培训、口岸艾滋病防治与国际旅行健康宣传教育和新冠肺炎疫情防控知识网上培训班。持续以“周三大讲堂”的方式，组织人员开展出入境健康体检与预防接种工作规范、医学专业知识、医学技术操作技能等内容的培训和考核，全面提升专业知识和专业技能，同时进行消防安全培训与疏散演练，加强消防安全意识。新开设主检医师系列讲座，集合中心医师针对心脑血管系统疾病诊断方法与疾病预防、肺结节解读和新冠病毒疫苗简析等进行交流研讨，并邀请河北省三级甲等医院知名专家讲解脑动脉瘤、脑大血管急性栓塞、脑血管慢性症状性重度狭窄相关知识，扩展学习领域。

针对新冠肺炎疫情防控期间减少人员聚集的要求，首次使用“钉钉”云课堂培训平台开展线上培训和考试，内容涵盖讲话精神、党史学习教育、警示教育、安全教育和业务学习等，全年开展全体人员培训31次。组织人员参加各级卫生健康委员会组织的线上培训，学习样本采集、核酸检测和防护服穿脱等内容并参加考核。制订内部工作人员感染新冠肺炎应急处置预案，并通过桌面推演和模拟演练，加强内部应急防控。新冠病毒疫苗接种医护人员按时参加疾控部门培训，取得预防接种上岗证，常年开展心肺复苏实操培训，并进行预防接种应急反应处置演练，提升新冠病毒疫苗接种禁忌症筛查和不良反应应急处置能力。组织各部门骨干人员参加质量管理体系内审员培训班，通过考试取得内审员资格证书，定期开展质量管理体系内部审核和管理评审，提升中心质量管理水平。

【党建工作】2021年，河北国际旅行卫生保健中心（石家庄海关口岸门诊部），共开展党员大会4次，支委会12次，党课4次，主题党日活动13次，集中学习5次。把学习贯彻习近平新时代中国特色社会主义思想作为中心首要政治任务，深入贯彻党的十九大和十九届历次全会精神，认真落实党中央、国务院、总署和石家庄海关的重要决策部署，坚持以党史学习教育为思想基础、以系统思维、底线思维、辩证思维、整体思维为逻辑保障，以全面从严治党为抓手，以争创基层党建品牌为动力，以加强党的建设为着力点，严格落实“第一议题”制度与“三会一课”等组织生活。持续加固“五心”耀医路党支部委员会党建品牌建设，严格落实“五带头”工作方法坚定理想信念，创建组织文化，兑现服务承诺，坚持创新改革，勇攀技术高峰。在党史学习教育活动中，策划并完成“党建七个一”活动，即开展“一次党史教育”、参观“一个红色基地”、观看“一部党建影片”、拍摄“一个党建视频”、助力“一个企业复工”、组织“一首红歌合唱”、进行“一次入党宣誓”。参观全国第一个农村党支部纪念馆、孙犁故居以及安平县丝网展馆，全体党员重温入党誓词，学习红色历史，感悟红色精神，全方位感受革命老区的文化和经济底蕴；收看《河北老英雄红色故事报告会》，聆听英雄事迹，发扬红色传统；观看纪录片《他们与天地永存》，缅怀革命先烈，致敬英雄人物；参观“红色经典　百年历程《人民的艺术》特别展暨冀美主题出版成果展”，回顾百年奋斗历程，厚植家国情怀；支部党员开展主题为“学史明理　学史增信　学史崇德　学史力行”的学习交流；支部书记开展党建品牌汇报宣讲。报送创建全国巾帼文明岗纪实新闻、《中国海关》强国号新闻宣传稿件和全国巾帼文明岗微视频、“海关在总体国家安全观中的历史使命与责任担当”主题征文；参加全国海关党史学习教育领导小组办公室组织开展的“青年心向党——我在抗疫第一线”100个抗疫故事接力展示活动，投稿题为《从0到100的坚持》视频类微信，在“金钥匙杂志”公众号发布。

（撰稿人：闫冀焕　李　云　李　薇
李茹雪　张　倩　张宏炜
徐　颖　甄若楠）

中国电子口岸数据中心石家庄分中心

【概况】中国电子口岸数据中心石家庄分中心于2003年6月5日成立，是经中央机构编制委员会办公室批准，设在河北的中国电子口岸数据中心分支机构，具有独立法人资格，经费独立核算，是石家庄海关的直属事业单位，实行石家庄海关和中国电子口岸数据中心双重领导的管理体制。现有2个内设部门，下设1个企业单位，在编人员4名。负责中国电子口岸应用项目在本地区的推广，为地方电子口岸建设提供技术支持，并向本地用户提供客户服务。

2021年，中国电子口岸数据中心石家庄分中心认真学习习近平总书记系列重要讲话和重要指示批示精神，坚决贯彻落实党中央、总署和石家庄海关党委的各项决策部署，做好关区网络安全技术服务保障、优化电子口岸窗口建设、推广“单一窗口”项目、优化营商环境等方面工作，全力保障电子口岸有效运行。

【网络运营维护与建设】2021年，中国电子口岸数据中心石家庄分中心负责保障石家庄海关、缉私局、鹿泉海关使用的政务信息化管理系统日常运行维护，全年接听热线电话2,720个，完成终端运维2,988次，进出核心机房管理登记1,562人次，异常处理情况110次，安全管理平台、运行管理平台日常监控异常处理1,435次。

【安全服务保障】2021年，中国电子口岸数据中心石家庄分中心为全力做好“两会”期间及庆祝中国共产党成立100周年石家庄海关关区网络安全保障工作，提高网络安全事件应急处置能力，联合科技部门开展网络安全事件应急演练，其间模拟河北跨境电商系统遭受黑客攻击删除大量数据、破坏系统，造成系统瘫痪等演练课程，训练应急指挥部按规定紧急启动Ⅲ级网络安全事件应急流程，做到熟练掌握应对突发情况做好应急处置和后续处理等相关工作，圆满完成安全保障工作。

全年全力组织人员在日常工作时间和节假日等关键节点进行现场值守，确保监控指挥中心及关区电视电话会议系统运行畅通和视频监控信号的正常传输，完成总署及关区例行点名测试86次，与总署的连线会商34次，配合点名120次，应急演练6次，保障各类会议322次，完成监控摄像头推送、调整1541路。

【“单一窗口”建设】2021年，中国电子口岸数据中心石家庄分中心实现海关查验通知信息推送。8月，协调指导河北省口岸公司制定技术方案，上报中国电子口岸数据中心开启海关查验通知信息推送，保障河北省口岸公司实时通过“单一窗口”接收河北辖区进出口企业、港口、码头、口岸作业场站的查验通知。

【通关贸易便利】2021年，中国电子口岸数据中心石家庄分中心有效缩短企业通关时间，减低企业通关成本。通过协同科技处、监管处针对相关放行数据的提供方式与唐山港集团进行技术交流与研讨，编制向唐山港集团提供部分放行信息的方案，通过对数据传输通道进行联调测试，提供接口文档，保障港口与数据传输对接，完成向京唐港港口按照单票货物理货报告卸货地代码为依据定向放行数据的推送工作，实现对监管场所存放货物的精准验放管理，优化外贸货物通关放行单证办理流程，为企业减负。

【跨境电子商务服务】2021年，中国电子口岸数据中心石家庄分中心实现跨境电商服务有效提升。通过组建跨境电商技术保障小组，统筹合理配置人力资源，设立专岗专人跟进等措施进行有效保障，制订应急方案，及时解决突发问题；建立与河北跨境公服平台技术层面的联系配合机制，组织开展数据负载压力测试，确保高峰时段电子口岸专网数据通道畅通，及时跟踪掌握高峰时段跨境电商进出口业务运行数据，根据实际业务需求及时扩充数据传输节点资源，保障通关速度。河北跨境公服平台全年总单量达90余万单，平台日均单量达到3,000单。

【“关银一KEY通”项目全面实施】2021年，中国电子口岸数据中心石家庄分中心全面落实中国建设银行河北省分行签署的《“关银一KEY通”项目（分对分）合作协议》，全力推动合作制卡代理业务。1月19日，河北省第一个合作制卡代理点中国建设银行唐山卫国路支行办理了首笔电子口岸制卡业务，标志着“关银一KEY通”项目在石家庄海关关区顺利推广落地。全年设立合作制卡代理点达13家，覆盖河北省各市，并涵盖雄安、曹妃甸、正定自贸区，实现电子口岸卡多项服务“就近办、多点办、一站办”，进出口企业登入中国电子口岸身份认证系统平台全程在线上办理业务，申请审核通过后可直接至当地中国建设银行合作代理点领取电子口岸卡，办理数字证书更新、电子口岸卡密钥解锁等业务，降低了进出口企业的“时间成本”和“脚底成本”，对河北省外贸企业办理电子口岸业务形成有效支撑。

【电子口岸窗口服务建设】2021年，中国电子口岸数据中心石家庄分中心电子口岸窗口服务建设得到有效提升。全年通过中国电子口岸身份认证系统办理电子口岸卡的进出口企业增加5,102家，各项制卡业务办理18,215张，变更电子口岸卡办理1,881家，电子口岸卡延期办理2,647张，解锁、增换、注销电子口岸卡办理3,583张，使进出口企业享受报关申报、网上支付、外汇核销、出口退税等“一站式”服务。推行“网上办+邮寄”的办事方式，引导进出口企业采取网上申请的形式，通过邮寄电子口岸卡和资料完成业务办理，为1,172家企业提供了邮寄服务。

【系统开发应用】2021年，中国电子口岸数据中心石家庄分中心系统开发项目实现开启模式。8月，开发建设随机查验人员选取系统，正定海关作为应用单位，实现在无人为干预的情况下，对“双随机”查验工作的自动化、智能化，全程可追溯，有效防范执法风险、管理风险和廉政风险。

【科研课题研究】2021年，中国电子口岸数据中心石家庄分中心科研项目取得最新进展。参与由秦皇岛海关技术中心主持的河北省科技厅科研课题——《河北口岸输入性重要传染病及病媒生物传入风险评估与防控体系建设研究》，负责资料收集、统计分析、数据库和风险评估模型的建立等工作；与中国电子口岸数据中心北京数据分中心共同编制课题《进出口重要战略物资快速通关和质量提升关键技术集成应用示范》的研究申报工作，参与数据收集、建模分析和应用示范环节等工作。

（撰稿人：李春梅）

第八篇

大事记

2021 年石家庄海关大事记

1 月

▲**6 日**　根据《海关总署关于同意秦皇岛综合保税区验收结果的批复》，秦皇岛综合保税区认定验收合格，正式封闭监管、开关运作。

▲**29 日**　副关长、新闻发言人王锡刚出席石家庄海关在省政府新闻办召开的 2021 年首场新闻发布会，介绍 2020 年河北省外贸进出口和石家庄海关开展业务改革服务河北外贸稳增长有关工作情况。法综处、统计处负责同志参加新闻发布会，并回答记者提问。《人民日报》、《河北日报》、河北广播电视台、长城新媒体等新闻媒体到会报道。

2 月

▲**2 日**　石家庄海关召开 2021 年海关工作会议。关长、党委书记闫伟东传达全国海关工作会议精神并作讲话。

▲**9 日**　石家庄海关召开 2021 年关区缉私工作电视电话会议。关长、党委书记闫伟东出席会议并讲话，总结回顾 2020 年及“十三五”时期打私工作成绩、分析形势任务和短板不足，对做好 2021 年打私工作提出相关要求。

3 月

▲**1 日**　石家庄海关破获首起邮递渠道走私雪茄案，抓获犯罪嫌疑人 6 名，现场查获涉嫌走私雪茄 58, 000 余支，查证涉案雪茄十万余支，案值 1, 300 余万元，涉税 700 余万元。

▲**22 日**　石家庄海关召开动植、食品、商检、口岸监管、科技工作电视电话会议。副关长石金峰作主题讲话，肯定了各业务条线 2020 年取得的工作成绩，并就做好 2021 年工作强调相关意见。动植、食品、商检、监管、科技五个部门分别回顾了 2020 年关区相关业务条线工作，部署了 2021 年重点工作任务。总工程师及关区相关业务条线副科以上领导干部参加会议。

4 月

▲**23 日**　副关长、新闻发言人王锡刚出席石家庄海关在省政府新闻办召开的

2021年第二场新闻发布会，介绍今年一季度河北省外贸进出口情况，以及石家庄海关发挥税收征管职能支持河北外贸稳增长有关工作情况。关税处、统计处负责同志参加发布会，并回答记者提问。

5月

▲8日 石家庄海关召开关区2021年督审工作会议，党委书记、关长闫伟东出席会议并讲话。党委委员、副关长王锡刚主持会议并作督审工作报告。会议传达了2021年全国海关督审工作会议精神。

▲13日 石家庄海关召开关区2021年法综工作会议，副关长王蔚冰作主题讲话，就做好2021年重点工作提出要求。

▲14日 关长闫伟东、副关长王锡刚拜会省委常委、副省长、雄安新区党工委书记、管委会主任张国华，汇报石家庄海关积极参与雄安综合保税区规划建设情况，以及支持服务雄安新区建设发展的工作思路，就综保区项目土地性质转化、产业导入和拟入区项目土地面积与规划面积占比等方面提出了针对性建议。同日，走访中交雄安融资租赁有限公司，听取对海关支持企业拓展进口设备融资租赁业务的有关需求。与雄安海关科以下干部职工进行座谈，听取在队伍建设、综合保障等方面的意见和建议。

▲26日 河北首列“保定—莫斯科”中欧国际班列从保定鸣笛启程，标志着中欧班列保定至莫斯科线路常态化开行。

▲27日 石家庄海关召开关区2021年卫生检疫工作会议暨疫情防控工作视频调度会，副关长王蔚冰做主题讲话，提出相关要求。石家庄机场海关、曹妃甸海关分别就本口岸卫生检疫工作情况做交流发言。

6月

▲11日 石家庄海关召开关区口岸监管工作会议，关长闫伟东从政治监管、严密监管、智能监管、廉洁监管四个方面对关区口岸监管工作提出要求。副关长石金峰肯定了2020年以来关区口岸监管工作取得的成绩，分析了关区口岸监管工作面临的形势任务，对贯彻落实全国海关口岸监管工作会议精神和下一步工作作出具体部署。

7月

▲1日 关党委委员、一级巡视员，总工程师，机关各部门单位主要负责同志，各隶属海关党委班子成员，以及党员代表共633人集中收听收看庆祝中国共产党成立100周年大会盛况。党委书记、关长闫伟东主持召开党委会议，专题学习习近平总书记在庆祝中国共产党成立100周年大会上的重要讲话，党委委员交流学习体会，研究学习贯彻措施，并提出相关要求。

▲27日 副关长、新闻发言人王锡刚出席石家庄海关在省政府新闻办召开的

2021年上半年河北省外贸进出口情况新闻发布会，介绍今年上半年河北省外贸进出口情况，以及石家庄海关发挥职能作用支持河北中欧班列运行有关工作情况。监管处、统计处主要负责同志参加发布会，并回答记者提问。

8月

▲3日　石家庄海关召开关区统筹口岸疫情防控和促进外贸稳增长工作指挥部电视电话会议。副关长王蔚冰传达总署、河北省有关疫情防控工作会议、文件精神，关长闫伟东对当前和今后一段时期疫情防控重点工作作出部署。

▲11日　石家庄海关召开关区全面从严治党暨党风廉政建设工作会议。党委书记、关长闫伟东总结回顾关区上半年全面从严治党、党风廉政建设和反腐败工作，对下一步工作作出部署和要求。

▲13日　关长闫伟东、副关长王锡刚出席关区“学史力行　不负韶华”学习习近平总书记“七一”重要讲话精神青年干部专题研讨（视频）会。闫伟东关长领学了习近平总书记在“七一”重要讲话中关于青年的重要论述以及在中央党校（国家行政学院）中青年干部培训班开班式上的重要讲话精神，对青年干部提出希望。王锡刚副关长就主动作为、扎实做好工作、检视学习成果等方面与青年同志进行交流。关区17名团支部书记及11名青年代表结合党建、抗疫、扶贫、业务等工作经历畅谈学习体会，分享岗位建功的思考与实践，并对青年工作提出意见建议。

9月

▲9日　石家庄海关召开中国共产党石家庄海关直属机关第二次代表大会。会议听取并审议党委委员、副关长王锡刚代表第一届直属机关党委所作的工作报告，审议直属机关纪委工作报告及党费收缴使用管理情况报告，选举产生第二届直属机关党委和直属机关纪委。党委书记、关长闫伟东作讲话，首先带领与会代表一起认真学习习近平总书记9月1日在2021年秋季学期中央党校（国家行政学院）中青年干部培训班上的重要讲话精神，提出相关意见。省委省直工委曹宪锋副书记到会莅临指导并对石家庄海关进一步做好机关党建工作提出期望。党委委员、副关长王蔚冰主持大会。

▲9—12日　总署缉私局教育整顿第二督导检查工作组对缉私局开展实地督导检查。缉私局局长刘滨生介绍该局简要情况和教育整顿工作开展情况。经检查，督导组认为该局教育整顿工作安排部署周密、学习资料翔实，特色亮点鲜明，同时对下一步工作提出要求。

▲14日　石家庄海关与河北省农业农村厅签署合作备忘录，关长闫伟东出席并致辞，副关长石金峰代表石家庄海关与农业农村厅签署《服务乡村全面振兴　推动农业对外开放高质量发展》合作备忘录。

▲24日　曹妃甸海关助力河北省首个原糖保税仓库顺利通过验收。

▲28日　石家庄海关召开关区财务工作电视电话会议。王蔚冰副关长作主题讲话，分析当前关区财务工作面临的新形势、新问题，提出要求。

10月

▲17日　石家庄海关查获关区首起走私药品案件。缉私局联合地方公安破获一起走私药品进境案，抓获犯罪嫌疑人4人，现场查扣涉案药品2,800余盒，经初步估算案值约2,300余万元，涉税约300余万元。

▲28日　中央第二督导组河北小组副组长黄文辉出席缉私局党组教育整顿专题民主生活会。缉私局局长刘滨生代表局党组通报本次专题民主生活会准备情况及第二批教育整顿开展情况，并代表局党组作对照检查，局党组成员分别进行个人对照检查，开展批评和自我批评。组长黄文辉充分肯定教育整顿学习教育、查纠整改各项工作，要求把此次民主生活会作为第二批教育整顿深入开展的动力，切实深化思想认识、抓好问题整改、推进成果转化。

▲31日　石家庄海关于3—10月开展了“现场监管与外勤执法权力寻租”专项整治，组织关区执法领域1,400余名工作人员深度参与。

12月

▲6日　石家庄海关召开党委理论学习中心组（扩大）学习暨党的十九届六中全会精神专题学习班，党委书记、关长闫伟东作开班动员和宣讲，交流学习体会。关党委委员，一级巡视员，总工程师，机关各部门单位主要负责同志在主会场参会；机关各部门单位领导班子成员、各隶属海关党委委员和党员代表在分会场参会，关区共483人参会。

鹿泉海关对河北省首趟葵花籽仁进境专列办理快速验放，此趟班列载有100标准集装箱，进口货物为葵花籽仁，总重量1,325吨，货值338.8万美元，是河北省首次大批量铁路运输进口葵花籽仁，丰富了中欧班列货物品类。

▲13日　关长闫伟东主持召开石家庄海关北京冬奥会工作领导小组专题会议，组织与会部门、单位学习总署北京冬奥会海关工作方案，听取监管处关于石家庄海关北京冬奥会海关工作方案修订情况及任务分工汇报，就切实做好进出境人员疫情防控、物资通关保障等工作进行部署并提出要求。副关长王蔚冰、王锡刚、石金峰分别提出具体工作要求。石家庄海关北京冬奥会工作领导小组成员单位负责同志和冬奥专班全体同志参会。

▲20日　副关长王蔚冰参加北京大兴国际机场综合保税区（一期）正式验收，向总署等8部门组成的联合验收组汇报预验收有关情况，并陪同联合验收组对区内基础和监管设施实地验收。经过实地验收和集中评议，联合验收组同意北京大兴国

际机场综合保税区（一期）通过正式验收，并与北京市、河北省政府代表签署验收纪要。

▲26 日　京唐港海关监管石家庄关区首票集装箱“抵港直装”业务，为出口太阳能电池组件货物，共计 14 标箱、85 吨。

附录

2021 年石家庄海关公告

中华人民共和国石家庄海关公告

2021 年第 1 号

按照《国务院办公厅关于进一步优化地方政务服务便民热线的指导意见》（国办发〔2020〕53 号）有关要求，为进一步畅通政府与企业和群众互动渠道，提高政务服务水平，海关 12360 热线将以分中心形式归并到河北省 12345 热线，石家庄海关现就有关事宜公告如下：

自 2021 年 10 月 25 日 0 时起，石家庄海关 12360 热线以分中心形式归并到河北省 12345 热线，归并后保留石家庄海关 12360 热线号码和话务坐席，与河北省 12345 热线电话建立转接机制，提供 7×24 小时全天候人工服务，企业或群众可拨打 12360 或 12345 热线进行业务咨询和投诉建议。

特此公告。

石家庄海关

2021 年 10 月 13 日

石家庄海关首次荣获“光荣在党 50 年”纪念章名单

张　光	戴宝荣	杨玉芬	姚振英	刘文义	孙亚民	施殿英	李双桥
祖庆生	董翠巧	谢智方	郭秀一	刘秉信	杨　志	吴纪昌	陆一生
林　红	刘树田	李卫洪	崔先明	杨绍仑	周建华	陈希伏	乔树和
刘立群	鲍玉芬	刘福昌	胡梦林	白起鹏	李学文	龚谏升	龙家瑞
刘锁臣	李传慧	张建华	马振祥	邢万友	包玉太	徐从林	李占林
吕保庭	李　洪	赵士平	高占来	张亚忠	孟庆凡	杨子成	李宝玉
全革军	付铁林	丁志朝	王志明	庞俊义	李英杰	田宇良	聂庆余
靳国英	高东泰	姚随群	陶文茹	单秀林	王振均	刘会章	梁国志

2021年度石家庄海关荣获省部级以上先进模范名录

衡水海关团支部被共青团中央授予全国五四红旗团支部称号。

董海军、高文2人被河北省委、省政府表彰为河北省脱贫攻坚先进个人。

石家庄机场海关旅检通道、河北国际旅行卫生保健中心（石家庄海关口岸门诊部）病原检测部被共青团中央等23部门命名为第20届全国青年文明号。

河北国际旅行卫生保健中心（石家庄海关口岸门诊部）被全国妇联授予全国巾帼文明岗称号。

石家庄海关业务统计报表

指标	单位	年度		
		2021 年	2020 年	同比（±%）
进出口货运量	亿吨	3. 1233	3. 5305	-11. 5
进口	亿吨	3. 0083	3. 4546	-12. 9
出口	亿吨	0. 1150	0. 0759	51. 5
监管运输工具总数	万辆艘	1. 7247	1. 5013	14. 9
监管进出境总数	万辆艘	0. 5586	0. 8081	-30. 9
其中：进出境汽车	万辆	0. 0000	0. 0000	—
进出境火车	万节	0. 0000	0. 0000	—
进出境船舶	万艘	0. 5557	0. 6141	-9. 5
进出境飞机	万架	0. 0029	0. 1940	-98. 5